Summerhill

CIP-Brasil. Catalogação na publicação
Sindicato Nacional dos Editores de Livros, RJ

A658s

Appleton, Matthew
    Summerhill : uma infância com liberdade / Matthew Appleton ; tradução Luis Gonzaga Fragoso. – São Paulo : Summus, 2017.
    280 p. : il.

    Tradução de: A free range childhood : self regulation at summerhill school
    Inclui bibliografia
    ISBN 978-85-323-1062-0

    1. Summerhill School. 2. Educação. 3. Crianças – Formação. I. Fragoso, Luis Gonzaga. II. Título.

16-38169   CDD: 371.04
                                            CDU: 37.01

www.summus.com.br

Compre em lugar de fotocopiar.
Cada real que você dá por um livro recompensa seus autores
e os convida a produzir mais sobre o tema;
incentiva seus editores a encomendar, traduzir e publicar
outras obras sobre o assunto;
e paga aos livreiros por estocar e levar até você livros
para a sua informação e o seu entretenimento.
Cada real que você dá pela fotocópia não autorizada de um livro
financia o crime
e ajuda a matar a produção intelectual de seu país.

Matthew Appleton

Summerhill
Uma infância com liberdade

summus
editorial

Do original em língua inglesa
A FREE RANGE CHILDHOOD
Self regulation at Summerhill School
Copyright © 2000, 2017 by Matthew Appleton
Direitos desta tradução reservados por Summus Editorial

Editora executiva: **Soraia Bini Cury**
Assistente editorial: **Michelle Neris**
Tradução: **Luis Gonzaga Fragoso**
Revisão da tradução: **Samara dos Santos Reis**
Capa: **Santana**
Projeto gráfico e diagramação: **Crayon Editorial**
Fotografias: **Matthew Appleton**
Impressão: **Sumago Gráfica Editorial**

Summus Editorial
Departamento editorial
Rua Itapicuru, 613 – 7º andar
05006-000 – São Paulo – SP
Fone: (11) 3872-3322
Fax: (11) 3872-7476
http://www.summus.com.br
e-mail: summus@summus.com.br

Atendimento ao consumidor
Summus Editorial
Fone: (11) 3865-9890

Vendas por atacado:
Fone: (11) 3873-8638
Fax: (11) 3872-7476
e-mail: vendas@summus.com.br
Impresso no Brasil

SUMÁRIO

Prefácio 9

Introdução. 11
Crianças livres 15
O conflito com o Ministério da Educação. 19

1 DESCOBRINDO SUMMERHILL 25
O ensino público 26
Uma escola que seja adequada à criança. 30
Visitando Summerhill. 33
A "idade dos gângsteres". 37

2 O RELACIONAMENTO ENTRE O ADULTO E A CRIANÇA 45
O papel dos adultos 49
As crianças recém-chegadas e a saudade de casa. 57
As crianças longe dos pais 63

3 UMA CULTURA DAS CRIANÇAS 71
A vida social das crianças. 77
A ida à cidade. 80
A hora de dormir 84
Pais, visitantes e novos funcionários. 86
As crianças mais velhas e sua influência na comunidade. 91

4 AS ASSEMBLEIAS COMUNITÁRIAS 99
O respeito aos direitos alheios 103
A elaboração das leis. 108
O descarte das leis 115

5 DESTRUTIVIDADE E MELANCOLIA 121
Um trio problemático. 122
O conflito entre os pais e a escola. 130
A liberdade e a aceitação são terapêuticas. 134

6 AULAS NÃO OBRIGATÓRIAS 141
O autoisolamento. 144
A "adulteração" da infância. 146
Cuidando das emoções. 149
Os alunos escolhem seus cursos. 158

7 XINGAMENTOS, MALCRIAÇÕES E CAMAS DESARRUMADAS . . . 163
 Xingamentos e obscenidade. 163
A civilidade natural 170
Nutrição alimentar e emocional 172
O adulto controlador 177
Espiritualidade e religião 183

8 AS EMOÇÕES E A COURAÇA 191
A expressão emocional e o desenvolvimento da sensatez 193
As emoções em bebês e em crianças pequenas 199
Wilhelm Reich 202
Expansão e contração. 208

9 O CONTINUUM SEXUAL 217
A sexualidade infantil. 224
A sexualidade adolescente 230
O adulto diante da sexualidade da criança e do adolescente 234

10 A LINGUAGEM DA CULTURA, A LINGUAGEM DA VIDA 241

A educação no Japão 246

As crianças japonesas em Summerhill. 250

Rumo à autorregulação. 254

Bibliografia selecionada e comentada 261

Posfácio. 269

Um breve relato autobiográfico 273

PREFÁCIO

DURANTE NOVE ANOS, Matthew Appleton foi o *pai*[1] das crianças que moram nas *House Kids*[2] em Summerhill. Nesse período, tornou-se parte integral da escola. Sua estadia em Summerhill e suas observações acuradas colocam-no numa posição invejável para escrever a respeito da escola de uma perspectiva pessoal. Claro que não concordo com tudo no relato de Matthew sobre Summerhill, pois esta é uma comunidade de crianças democrática, próspera e orgânica, em constante mudança e evolução, de modo que ninguém poderia defini-la com precisão ou apresentar uma perspectiva definitiva dela.

Depois da partida de Matthew, lutamos na Justiça contra o governo, que pretendia mudar Summerhill radicalmente ou então fechá-la. E ganhamos a causa. Em consequência do grande interesse por Summerhill despertado por esse caso judicial, percebi que essa não é somente uma escola numa cidadezinha pacata no interior da Inglaterra. Em razão de toda essa publicidade, a comunidade de Summerhill quase dobrou de tamanho desde a saída de Matthew, mas seu testemunho sobre a escola ainda é atual, original e pleno de vigor, e tão bom quanto qualquer outro.

A visão de Matthew sobre a infância e sobre Summerhill se expandiu e se desenvolveu durante sua estadia como *pai* na escola. Este livro descreve a vida cotidiana em Summerhill tal como era quando ele trabalhou conosco. Em essência, a estrutura da escola é a mesma hoje. O leitor poderá,

---

1. No original, *houseparent*, cuja tradução literal seria *pai da casa*. A função do *houseparent* é atuar como pai substituto das crianças, tanto resolvendo questões práticas do dia a dia (lavar suas roupas, por exemplo) quanto lidando com eventuais problemas emocionais. Daí nossa opção, na tradução, pelo termo "pai", que será grafado em itálico toda vez que se referir à função de "pai substituto". Note-se também que o termo "pai", em nossa tradução, será usado no sentido genérico (*parent*), referindo-se tanto ao pai quanto à mãe. [N. T.]
2. Crianças que têm entre 10 e 13 anos. São assim chamadas porque vivem na grande casa (*House*) que costumava ser o prédio principal da escola. [N. T.]

portanto, ter uma boa ideia do que significa viver em Summerhill, tanto para uma criança quanto para um adulto. Aqui, o autor recorre a inúmeros exemplos e histórias para ilustrar uma visão da escola que somente alguém em sua posição poderia ter. Bem-humorados, muitos dos relatos me remetem à época em que eu mesma fui aluna da instituição.

Matthew era bastante popular na escola, permitindo a Summerhill operar sua mágica sobre ele, ao mesmo tempo que, em troca, oferecia uma grande contribuição à comunidade. Esta é uma visão pessoal e ingênua de sua convivência conosco. Seu relato é saboroso e aborda algumas questões importantes, ainda que delicadas, sobre métodos modernos de educar crianças. Por isso, não tenho a mínima hesitação em recomendar a leitura de *Summerhill – Uma infância com liberdade*.

ZOË READHEAD
Diretora da Escola Summerhill
Leiston, Suffolk, Reino Unido, 2002

INTRODUÇÃO

A IMAGEM CORRENTE de Summerhill na sociedade sempre foi cercada de polêmica. Na mídia, a instituição é muitas vezes retratada como a "escola do escândalo", a escola onde "você faz o que bem entender" e a "escola sem regras". A ideia de que as crianças regulam a própria vida sem a interferência dos adultos é estranha para a maioria, e facilmente descartada e classificada como modismo ou excentricidade irrelevante, sobretudo quando a linguagem da mídia é a única pela qual grande parte das pessoas ouve falar de Summerhill. Os inúmeros jornalistas e cineastas que visitam a escola têm interesses particulares. Sua pauta é normalmente centrada no seguinte trinômio: sexo, palavrões e fumo – palavras que carregam preocupações em relação ao progresso acadêmico em um ambiente em que as crianças não são obrigadas a frequentar as aulas. No entanto, são poucas as tentativas sérias de entender os processos mais profundos da vida de Summerhill e o que estes têm a nos dizer sobre a natureza da criança.

O mesmo se aplica aos círculos acadêmicos. Na esteira do sucesso do livro de A. S. Neill, *Liberdade sem medo*[3], na década de 1960 uma obra intitulada *Summerhill: prós e contras* foi publicada nos Estados Unidos. Trata-se de uma compilação de ensaios escritos por educadores, psicólogos, críticos e outros, em que cada qual dá sua opinião sobre Summerhill. O primeiro autor declara: "Prefiro mandar um filho meu a um bordel a matriculá-lo em Summerhill". O segundo, membro do clero, descreve Summerhill como "um lugar sagrado". Tal é a natureza da disputa filosófi-

---

3. *Liberdade sem medo (Summerhill) – Radical transformação na teoria e na prática da educação*, publicado pela editora Ibrasa, de São Paulo. A primeira edição brasileira do livro (cujo título original é *Summerhill*) é de 1960. [N. E.]

ca que permeia o livro. Cada um desses ensaios reflete as ideias acadêmicas e teóricas de seu autor, seus preconceitos e anseios, e a área particular de "especialidade" na qual ele se baseia. Lendo-os da perspectiva de alguém que morou em Summerhill, onde trabalhei como *pai* durante nove anos, o que me surpreende é a pouca relação entre tais ensaios e a vida real em Summerhill, sejam eles a favor ou contra a escola.

Esses livros são fonte de entretenimento intelectual, mas, como era de esperar, não tocam no ponto principal. Não estão baseados na experiência, mas na opinião, e tão somente nela. Muitos dos autores certamente têm experiência com crianças, mas não com crianças no ambiente de Summerhill. Poderíamos esperar do responsável por um zoológico uma explicação minuciosa sobre o comportamento dos animais em seu ambiente natural sem que ele os estude antes? A conclusão a que chegamos, no caso de um tigre, por exemplo, é que, em estado natural, ele passa os dias caminhando de um lado a outro, sem energia nem entusiasmo, sendo incapaz de se defender. A experiência em uma área não justifica o julgamento em outra. É preciso, antes de tudo, ter familiaridade com o novo campo de estudo para falar com propriedade sobre seu conteúdo.

Nesse sentido, o mundo da criança criada com liberdade ou autorregulada escapa aos limites de qualquer instituição ou tradição acadêmica, seja psicológica, sociológica ou educacional. Até que tais disciplinas aceitem esse mundo de maneira séria e prática, ele permanecerá sob o domínio daqueles que o construíram, a saber: os poucos pais, educadores, médicos e outros que tiveram uma experiência empírica em Summerhill, além das próprias crianças.

Em razão da abundância de conceitos equivocados, e também em virtude da minha relação com o tema, procurei escrever um livro descritivo e fidedigno sobre a vida diária em Summerhill em vez de me preocupar com teorias abstratas. (Na verdade, não existe uma teoria grandiosa que molde Summerhill; a escola constrói a si mesma em torno das necessidades práticas e emocionais das crianças e dos adultos que ali vivem em determinado momento. Assim, a única premissa é a confiança de que as crianças aprenderão a seu ritmo e não devem ser "impulsionadas" nem "moldadas" por adultos ansiosos para tornar-se "cidadãos decentes".) Embora eu tire conclusões dessa experiência e a compare com outras abordagens em relação às crianças, minha intenção é a de que essas observações questionem as ideias universalmente aceitas sobre a natureza infantil. Porém, este não é um manual de instruções que descreve como educá-las. Tal abordagem não pode ser aprendida de forma metódica nem aplicada mecanicamente; é uma maneira de abordar a vida que precisa ser sentida e na qual se deve confiar. Além disso, cada situação tem um meio social próprio que necessita ser levado em conta.

Os relatos mais detalhados sobre Summerhill são aqueles descritos nos livros de A. S. Neill. Estes remontam à década de 1920, quando ele fundou a escola, e se estendem até a década de 1970, quando faleceu. Até o momento, além do relato de Neill sobre Summerhill, este é o único, em detalhe e em primeira mão, a ser publicado. Não o escrevi por considerar Neill ultrapassado, mas, ao contrário, pelo fato de sua compreensão da infância e da adolescência ser tão válida hoje quanto era naquela época. Na verdade, ela pertence mais ao futuro que ao passado.

Qual é, então, a relevância particular deste livro? Em certa medida, à minha maneira, reitero parte do que Neill escreveu. Isso é inevitável, já que estamos tratando do mesmo assunto. Contudo, não estou aqui simplesmente regurgitando sua filosofia, tampouco fazendo pregações sobre suas políticas; escrevo com base em minha experiência e faço observações e questionamentos próprios.

Comecei a sentir necessidade de escrever este livro depois de conversar com visitantes da escola e de ter dado palestras. As perguntas surgidas deixavam claro que ainda havia muitos aspectos incompreendidos sobre Summerhill. Foi com base nessas questões e nos mal-entendidos formados na mente das pessoas que este livro começou a tomar forma. Ele nasceu, também, de certa frustração que senti após mostrar a escola a jornalistas e cineastas que a visitavam. Os artigos e filmes resultantes dessas visitas, em geral, eram clichês decepcionantes que, de alguma forma, pareciam se distanciar da essência de Summerhill. Concluí, então, que eu mesmo deveria tentar traduzir a essência da escola em vez de esperar que outra pessoa o fizesse.

Além disso, a sociedade passou por profundas alterações desde os tempos de Neill. Seus livros foram escritos numa época em que as crianças deveriam ser "vistas e não ouvidas", o castigo físico era a norma e tanto a escola quanto o lar eram, em grande medida, dominados por valores rígidos e autoritários. Que importância tem Summerhill hoje, se é que tem alguma? A escola teve de mudar para se adaptar aos nossos tempos? Que tipo de problema as crianças trazem consigo atualmente? Essas são as perguntas feitas pelas pessoas e às quais procurei responder aqui.

Este é um período estimulante na história de Summerhill. Hoje, mais de 25 anos após a morte de Neill, seu bebê atingiu a maioridade e se mantém firme sobre os próprios pés sem a presença do pai. Em *Summerhill: prós e contras*, Bruno Bettelheim escreve sobre Neill: "Ele não percebe que Summerhill dá certo não somente por ter o ambiente adequado para criar crianças, mas porque ela é nada mais que uma extensão de sua personalidade". Muitos acreditaram que, quando Neill morresse, Summerhill também pereceria. Alguns esperavam que isso ocorresse. Mas Summerhill é hoje uma escola bem-sucedida, mesmo sem Neill no comando. Isso não diminui o valor de seu fundador; mostra, porém, que a escola não é apenas produto de sua personalidade, mas também de sua profunda compreensão das necessidades infantis.

Minha descrição da vida em Summerhill não é imparcial, mas permeada por fortes convicções e por meu envolvimento pessoal. Porém, tentei ser tão sincero e objetivo quanto possível. Ao longo dos anos que vivi em Summerhill, tive de rever permanentemente minhas ideias, à medida que novos acontecimentos mostravam-me um caminho diferente. Uma das alegrias de Summerhill é o fato de as crianças serem abertas e compartilharem de imediato o que estão pensando e sentindo. Aprendi muito com elas, ouvindo e cedendo, esperando para ver o que acontecia. Este é um tipo de liberdade que Summerhill oferece ao adulto: viver com crianças sem ter de lhes fazer imposições.

CRIANÇAS LIVRES[4]

A expressão "crianças livres" era usada na escola na época em que nela permaneci e apareceu em um ou dois artigos de jornal naqueles tempos. Eu a usei no título original deste livro por achar que ela descreve muito bem a liberdade descontraída que as crianças experimentam ali. Elas são verdadeiramente livres, no sentido de que podem brincar pelas dependências da escola quanto quiserem sem a supervisão de adultos. Mas elas também são livres no âmbito dos pensamentos e sentimentos, podendo expressá-los sem ser restringidas por conceitos adultos como "bondade" ou "civilidade". Isso nos dá a oportunidade única de observar a natureza das crianças sem nossas limitações morais e de organização. Podemos aprender algo não apenas sobre a natureza da criança, mas também sobre a nossa natureza – que está, afinal, enraizada em nossa experiência de criança. Como disse um pai em uma palestra realizada na escola: "Não se aprende sobre a natureza das galinhas estudando galinhas movidas a pilha".

Para tirar conclusões sobre a natureza das crianças de Summerhill, é essencial entender a dinâmica mais ampla da capacidade infantil de lidar com a autorregulação – e como esta é obstruída por costumes e atitudes sociais correntes. Neill começou a falar em autorregulação no final da década de 1940. O termo, da forma como é aplicado a crianças, tem origem no trabalho de Wilhelm Reich, que era amigo íntimo de Neill. Embora seja verdade que as crianças regulam socialmente a própria vida em Summerhill, a capacidade de regular a vida emocional varia de indivíduo para indivíduo. Tanto Neill, como educador em Summerhill, quanto Reich, que era médico, reconheciam os danos causados a bebês e a crianças pequenas quando suas necessidades eram atendidas de forma precária, bem como os efeitos que isso pode causar pela vida afora.

Nosso senso de identidade é moldado pela experiência, e as experiências de nossa mais tenra idade moldam o núcleo da identidade – base na qual

---

4. No original: *free range children*. Quando aplicado, por exemplo, a galinhas, o adjetivo refere-se às galinhas caipiras, que são criadas em liberdade. [N. T.]

Matthew Appleton

as percepções futuras serão modeladas. O contato físico é a linguagem primordial da vida. É por meio dele que o recém-nascido se aproxima de forma mais imediata do mundo. A maneira como ele é tocado naquelas primeiras horas, dias, semanas e meses define o que ele é: um ser amado e querido ou alheio à vida e incompreendido. Sua relação com o mundo começa a ser delineada. Este é um lugar em que seus desejos são satisfeitos ou o mundo lhe impõe as próprias regras, mecânica e friamente? Quando ele chorava, desejando o contato com o outro, foi carregado no colo e recebeu consolo ou deixaram-no chorar sem lhe dar ouvidos até que se cansasse e desistisse? Essas experiências nos modelam. Quando ele procurava o seio, o bico era quente, úmido e vibrava à medida que interagia com as membranas sensíveis de sua boca? Ou duro, frio e contraído? Talvez ele tenha apenas experimentado a borracha dura da mamadeira. Ele ficava com a impressão de que faltava algo? Quando olhava para os olhos da mãe, o que via? Ternura e amor, ambiguidade, ódio? Que conhecimento ele terá de si mesmo no futuro?

A criança pequena não racionaliza. Tudo acontece no momento, e se o momento é insuportável, ela se retrai, fechando os olhos, prendendo a respiração e contraindo os músculos. Da mesma forma, se as necessidades da criança são atendidas, ela se expande para o mundo, olhando-o de frente, inspirando-o fundo em direção ao seu âmago, desfalecendo nele e no prazer de suas sensações corporais. Talvez a criança tenha as necessidades satisfeitas em alguns aspectos, mas não em outros. Se ela reclama, como seu protesto é encarado? Com indiferença? Raiva? Compreensão? O que isso nos diz sobre o que podemos esperar da vida? A criança não pensa a esse respeito, mas suas reações moldam suas expectativas: não sinta muito profundamente, pois dói; não adianta tentar, não vale a pena; você precisa lutar por aquilo que quiser; a vida supre as necessidades: ela é boa.

Durante a infância, esses modelos podem ser reforçados ou enfraquecidos por experiências novas. De que forma nos fazem sentir em relação a nosso corpo? Devemos ter orgulho ou vergonha do que somos? Quando crianças, que reações provocamos quando desfilamos nus pela casa ou descobrimos prazer em nossos genitais? Fomos forçados a ir regularmente ao banheiro antes de nossos intestinos estarem prontos para isso? Tivemos de forçar para que algo saísse, a mando de alguém, ou de produzir algo para agradar à mamãe, ou isso aconteceu naturalmente no tempo certo? Sentimos como se tivéssemos de lutar contra nosso corpo, que ele nos traiu, que ele não mais nos pertencia, mas lá estava para agradar aos outros? Segurávamos as necessidades fisiológicas por ódio? Sujávamo-nos com fezes por vingança? Ou isso não era grande problema, somente algo que ocorria naturalmente, uma fonte de satisfação e de prazer?

A autorregulação só pode ser desenvolvida quando os pais são capazes de acompanhar o desenvolvimento natural da criança e de atender às suas necessidades sem infligir crenças desnecessárias – como deixar o bebê chorando, restringir a alimentação a horários rígidos, instituir precocemente o treino do uso do banheiro ou reagir de forma negativa à masturbação e à nudez. Por natureza própria, a autorregulação não é um "método" que possa ser aplicado; depende de um profundo contato emocional entre os pais – especialmente a mãe – e a criança. Como esta não se expressa com palavras, os pais devem ser capazes de se guiar por suas expressões e de interpretá-las. Mais tarde, terão de recuar e dar ao filho maior independência.

A maneira como as crianças maiores, ou até mesmo os adultos, conseguem regular as próprias necessidades depende, em grande medida, de como estas foram satisfeitas quando elas eram pequenas. Esse aspecto, que vi claramente nas crianças em Summerhill, é abordado em todo o livro. A capacidade de regular a vida sem ansiedade nem frustração é variável – até mesmo em Summerhill. A experiência me permite dizer que os alunos de lá, em geral, são mais capazes de regular a própria vida – social e emocionalmente – do que muitas crianças que são submetidas a dez anos de educação compulsória. Mas, para compreender isso de maneira ampla à medida que influencia a vida do indivíduo, é importante não perder de vista as primeiras influências na vida da criança e considerar a autorregulação um processo unificado do nascimento até a adolescência.

Este livro não pretende, em absoluto, ser porta-voz de Summerhill. Ou seja, o que escrevi não deve ser considerado a "política oficial" da Escola Summerhill. O que ele representa é minha experiência nessa escola, descrita com base nos nove anos que ali vivi e trabalhei como *pai*. A questão fundamental é que não há contradição entre o que escrevi e como a escola se apresenta de modo geral, o que não significa que todas as conclusões a que chego, ou a ênfase que dou a áreas específicas da vida comunitária, sejam compartilhadas por toda a comunidade ou por sua diretora, Zoë Readhead. A experiência de Summerhill é muito mais ampla e diversa do que o ponto de vista de uma única pessoa. No entanto, não desejo passar a impressão de que este livro é mera opinião. Ele é resultado de anos de observação paciente e trabalho árduo, escavando para chegar ao que está sob a superfície, tanto na escola quanto dentro de mim à medida que reagi a isso.

Já faz dois anos que deixei Summerhill. Este livro foi escrito enquanto eu estava na escola e, relendo-o agora, sinto pouca necessidade de fazer alterações. Embora meus pontos de vista tenham mudado um pouco em um ou outro aspecto, prefiro deixar o texto como está, para que ele se expresse com a voz autêntica do momento. Da perspectiva que tenho agora de ver Summerhill de fora para dentro, ao invés do contrário, estou muito feliz em acreditar no que escrevi e em sentir, mais do que nunca, que a sociedade como um todo precisa movimentar-se em direção à abordagem de Summerhill. Depois de ter escrito esta obra, houve algumas mudanças estruturais nos prédios e na forma como os funcionários estão organizados; além disso, respeitando a natureza do autogoverno, as regras da escola estão em constante mudança. Em essência, porém, elas permanecem as mesmas e só diferem em detalhes menores. Ouvi muitos ex-alunos de Summerhill, ao retornar às vezes 30 ou 40 anos depois, comentarem sobre as poucas mudanças ocorridas em comparação com a época em que estudaram ali; essa é a essência que procuro relatar aqui.

Em um nível mais pessoal, há no livro pequenos, porém comoventes, detalhes que já estão desatualizados, mas prefiro deixar intactos. Descrevo Ena Neill (esposa de A. S. Neill) dando mesada às crianças. Logo depois que deixei Summerhill, Ena faleceu. Como bem sabem aqueles que a conheceram, ela tinha uma personalidade muito marcante; durante a maior parte do tempo em que estive em Summerhill, foi uma presença forte na comunidade. À medida que envelhecia e se tornava mais frágil, ela tinha mais dificuldade de sair e de se locomover, mas, sempre que pôde, se esforçou para estar presente nas assembleias, mantendo assim sua influência sobre o ritmo de vida da escola. A maioria dos colegas e das crianças que retrato neste livro já partiu. Ainda conheço muitos dos adolescentes em Summerhill, mas, além de Zoë, há ali somente um funcionário com quem trabalhei. Isso ilustra a rotatividade de funcionários que menciono no texto. Visitei a escola várias vezes nos últimos dois anos, e tenho uma sensação peculiar ao retornar a um lugar que foi meu lar por tanto tempo e encontrá-lo habitado por rostos estranhos. No entanto, a abertura e a aceitação com que tanto os novos alunos quanto a equipe me recebem – além da sensação familiar de penetrar um ambiente em que as coisas fluem mais facilmente – asseguram-me de que a essência de Summerhill, como tentei mostrar neste livro, continua a estimular aqueles que hoje lá vivem.

O CONFLITO COM O MINISTÉRIO DA EDUCAÇÃO

A maior motivação para escrever este livro foi pensar que talvez, um dia, Summerhill fosse obrigada a fechar. Eu temia que, caso isso ocorresse, independentemente dos motivos que levassem Summerhill a encerrar suas atividades, ela fosse registrada nos livros de História como uma experiência mal-sucedida. Minha expectativa era a de que, ao publicar um documento que mostrasse o contrário, eu pudesse fazer algo para atenuar essas concepções errôneas. É particularmente comovente que, no momento em que escrevo esta introdução, Summerhill esteja sendo ameaçada de fechamento, após a publicação de um relatório condenatório emitido pelo Ofsted[5]. Summerhill sempre teve um relacionamento difícil com os inspetores do governo. Em um documento particular escrito em 1972, pouco antes de sua morte, Neill escreveu: "O relatório feito pelo inspetor John

---

5. Sigla para "Office for Standards in Education", órgão do governo inglês encarregado de verificar o cumprimento das exigências e dos critérios legais impostos pelo Ministério da Educação. [N. T.]

Matthew Appleton

Blackie é a única prova de que pelo menos um homem dentro do HMI[6] tinha uma pálida ideia do que Summerhill estava fazendo".

Nos últimos dez anos, a escola foi inspecionada quase anualmente, e essas visitas foram sucedidas da publicação de quatro relatórios oficiais. Neill descreveu Summerhill como "talvez a escola mais feliz do mundo". Eu acrescentaria a esse comentário que também se trata da escola mais avaliada por inspetores no mundo. Estes têm sido tão intolerantes em relação a Summerhill quanto implacáveis em seu impulso de enquadrá-la numa caixinha burocrática pequena e organizada. A filha de Neill, Zoë Readhead, hoje diretora da escola, comentou após uma inspeção: "Enviar os Inspetores de Sua Majestade a Summerhill é como pedir a ateus que inspecionem uma igreja". Para mim, acompanhar os inspetores nas visitas à escola equivalia a levar um daltônico a uma galeria de arte e tentar lhe transmitir as impressões das cores vibrantes de um Van Gogh ou de um Jackson Pollock. Lembro-me, sobretudo, de uma cena em particular: dois dos inspetores andavam pela área da piscina. Era uma tarde quente de verão. Eles permaneciam em pé, imóveis, vestidos de cinza, segurando suas pranchetas, em total contraste com as crianças que brilhavam ao sol, bronzeadas, e corriam ao seu redor, pulando e brincando na água e dando risada. Era como se eles tivessem vindo de outro planeta e tentassem entender o que se passava no local onde aterrissaram. As pessoas expressivas em geral não se tornam burocratas; como podem então burocratas julgar o valor da livre expressão da emoção? Neill escreveu sobre os inspetores: "Eles não enxergam o fato de que Summerhill atua com base no princípio de que, se as emoções estiverem livres, o intelecto cuidará de si próprio [...] eles podem avaliar matemática, mas não podem avaliar a sinceridade, o equilíbrio, a tolerância, a felicidade – de qualquer modo, ninguém deveria tentar fazer tal julgamento. Não se pode ensinar nada que importe, [como] amar e fazer caridade, e não se pode avaliar nada que seja importante".

---

6. Her Majesty's Inspectors (Inspetores de Sua Majestade), substituídos em meados da década de 1990 pelos funcionários do Ofsted. [N. T.]

Summerhill

O relatório mais recente foi especialmente condenatório e, em consequência, o Ministério da Educação emitiu uma "notificação de queixa-crime"; isso significa que, se a escola não obedecer às recomendações do relatório, o governo a removerá de seus registros e ela será obrigada a fechar as portas. Atendendo às recomendações feitas pelos inspetores ao longo desses anos, a escola realizou várias mudanças estruturais, como a redução do número de crianças por sala – por ter poucos centímetros a menos do que o espaço exigido por criança – e a instalação de uma pia extra aqui e acolá. Tornou-se piada corrente na comunidade o fato de que, sempre que visitavam a escola, os inspetores pediam ainda mais banheiros! As crianças chegaram, ao fim do trimestre[7], a encenar uma peça de teatro baseada na obsessão burocrática pelos banheiros. Embora muitas dessas mudanças tenham se revelado caras e fossem consideradas desnecessárias pela escola, Summerhill sempre buscou cooperar com os inspetores, embora não esteja disposta a fazer concessões quanto à sua filosofia básica. Se tivesse de fazê-lo, Summerhill não seria mais Summerhill.

O conflito recente enfocou a questão de facultar ou não às crianças a escolha de assistir às aulas, o que sempre foi uma pedra no sapato dos inspetores. "Aqueles que estão dispostos a trabalhar", descreve o relatório, "alcançam níveis satisfatórios ou até mesmo bons, enquanto ao restante é permitido permanecer à deriva e ficar para trás". O *ethos* dos inspetores é que as crianças devem alcançar níveis específicos em estágios determinados. Essa abordagem não considera o fato de que elas aprendem em ritmos diferentes e têm um amplo leque de necessidades a ser atendidas além daquelas de ordem acadêmica. Muitos professores de escolas públicas e muitos pais de crianças cuja vida foi prejudicada pela formação escolar sabem que essa abordagem não funciona. Os inspetores foram incapazes de entender que muitas crianças se sentem excessivamente pressionadas e extremamente infelizes com a rotina na qual certos padrões devem ser atingidos. Quando chegam a Summerhill, muitas "ficam à deriva" e "atrasadas", mas isso não é

---

7. O ano letivo no sistema educacional inglês é dividido em "termos" (que equivalem a um trimestre), não em semestres. [N. T.]

Matthew Appleton

visto pela escola como um problema. Essa é a oportunidade que elas têm, por certo tempo, de brincar e vivenciar a infância sem as pressões acadêmicas. Cedo ou tarde, ficarão entediadas de brincar o dia inteiro e começarão a se interessar pelas aulas, alcançando rapidamente o nível dos demais, já que agora estão motivadas a aprender (esse aspecto é explorado em detalhe no Capítulo 6). Se, na visita seguinte, os inspetores acompanhassem algumas das crianças que "estavam à deriva" e "atrasadas", muito provavelmente as encontrariam absortas em alguma atividade na sala de aula e "alcançando níveis satisfatórios ou até mesmo bons". Mas, em vez de acompanhar o progresso individual das crianças ao longo dos anos, eles sempre concentram a atenção naquelas que não estão assistindo às aulas; não conseguem, portanto, enxergar o quadro geral. Seus relatórios são como fotografias instantâneas pouco relacionadas com o processo como um todo.

Reagindo à ameaça de fechamento, Summerhill buscou assessoria jurídica e está se preparando para levar o caso ao Tribunal Europeu dos Direitos Humanos. Além do destino da escola, há questões mais abrangentes ligadas a esse conflito. Os pais têm direito a opinar quanto à forma como seus filhos são educados ou o Estado pode desconsiderar completamente os desejos daqueles e impor seus critérios? O que isso diz sobre a democracia em nossos dias ou sobre a função da educação aos olhos do Estado? Se as reclamações tivessem partido dos pais, das crianças ou de ex-alunos, seria legítimo agir em nome deles para proteger seus direitos. Contudo, os pais optaram por mandar seus filhos a Summerhill, uma escolha pela qual eles têm de pagar do próprio bolso, e a maioria das crianças está muito feliz com essa escolha. Vários dos meus *filhos* deixaram Summerhill e são hoje meus amigos. Todos estão irados e aflitos com a maneira como a escola vem sendo julgada e condenada. Longe de vê-la como um lugar que as decepcionou quanto à educação, eles a encaram como uma instituição que os apoiou e respeitou em seu crescimento como seres humanos e como membros de uma comunidade afetuosa.

Para muitos dos que viveram em Summerhill, a ameaça de fechamento significa uma enorme perda pessoal. Para a sociedade como um todo, isso também representa uma perda; afinal, se nós, como coletividade, não

Summerhill

conseguimos tolerar que uma escola pequena, que atrai menos de 80 crianças de várias partes do mundo, faça as coisas de uma maneira ligeiramente diferente, esse é um triste reflexo da cultura de conformidade de massas que se apoderou de nós.

MATTHEW APPLETON
Bristol, Inglaterra
Setembro de 1999

1 DESCOBRINDO SUMMERHILL

A PRIMEIRA VEZ que ouvi falar de Summerhill foi por intermédio de Bron, amiga cujo filho estudava nessa escola. Na época, ela morava na Dial House, uma bela e antiga casa no interior de Essex, a poucos quilômetros de Epping. Umas 12 pessoas dividiam a casa e viviam juntas numa comunidade pequena e informal. A maioria delas era membro da Crass, banda em torno da qual gravitava a contracultura anarcopunk daqueles tempos. Foi durante shows dessa banda que me aproximei de várias das pessoas que viviam na Dial House, e as visitava com frequência. Isso foi em meados da década de 1980. Na época, eu morava no Sul de Londres e apreciava o contraste entre a tranquilidade do campo e o barulho incessante, ensurdecedor e caótico da vida urbana. Havia sempre alguém visitando a casa – alguns só de passagem, outros em estadias mais longas. Sobretudo por causa da banda, a comunidade parecia atrair todo tipo de gente com os interesses mais variados, e era comum eu sair de lá com a cabeça a mil, entusiasmado com as ideias novas com que eu tinha contato. Alguma menção a Summerhill sempre surgia em conversas que pareciam estar em evolução constante, fossem ao redor da mesa da cozinha ou na pequena biblioteca ao lado.

Não foi algo que me chamou a atenção de imediato. Summerhill era uma escola, e nem escolas nem a educação eram assuntos que me despertavam grande interesse. Eu havia abandonado aquilo tudo no dia em que deixei o colégio, alguns anos antes, em 1977, depois de fazer as provas finais. Passei pelo portão de saída da grande escola de Bristol, onde era aluno, e não olhei para trás. Esse lugar de concreto e vidro, macadame e cerca de arame não me deixou nenhum sentimento de nostalgia. Ele me cuspiu como uma semente de fruta anônima. Senti que meus anos ali foram desperdiçados, miseráveis e ameaçadores. Se tive alguma alegria, foi apesar da escola e não por causa dela. Essa alegria tinha sido encontrada nos pequenos laços de amizade que se desenvolveram em meio a mais de mil alunos que se encontravam por acaso, nas travessuras entre companheiros, que ocorriam às costas dos professores, e nos raros momentos de empolgação arrebatados da monotonia entediante dos horários e que até hoje permanecem como minhas únicas lembranças felizes daquela época.

Meus pais haviam me persuadido a continuar por mais dois anos, para que eu obtivesse os certificados finais. Eles me convenceram de que, sem tais qualificações, eu estaria perdido na vida, e esse medo me deixou preso à escola, embora eu odiasse seu embotamento e sua brutalidade. Do ponto de vista acadêmico, eu não era indolente nem mentalmente lerdo: obtive boas notas na maioria das provas, mas achava os estudos entorpecedores. Entediantes e repetitivos, em nada estimulavam minha imaginação ou minha consciência. Aqueles dois anos extras foram somente mais dois anos de trabalho enfadonho e ainda hoje me recordo deles como um desperdício de tempo.

O ENSINO PÚBLICO

Um clima de violência ameaçadora pairava na escola, e com ele aquela sensação horrível de apreensão e de medo que tantas crianças passam a aceitar como normal. Durante os primeiros dois anos na escola, sofri intensamente com esse clima. A intimidação predominava, ameaças e humilhação eram rituais. A violência fazia parte do dia a dia. Em certa ocasião, um garoto maior me jogou no chão, montou sobre mim e me deu murros no rosto. Resultado: fraturei o maxilar e meus dentes ficaram moles durante semanas. Isso aconteceu fora da escola, mas configurou uma extensão da vida escolar e de sua dinâmica. Tive pesadelos com esse incidente durante anos. Como várias crianças, sofri com isso em silêncio. Havia um acordo tácito entre os alunos: não "contar para o professor" nem para os pais, pa-

Summerhill

ra evitar que eles fossem ao colégio e "fizessem um escândalo". Em razão da estrutura de poder da escola, o adulto é sempre, de alguma forma, o inimigo mútuo, e colocar tais questões nas mãos (inimigas) de adultos significa abdicar delas. Portanto, uma vez que a bola é lançada, tudo que você tem a fazer é se sentar e ficar assistindo. O medo de usar tal poder e a subsequente marginalização por parte dos pares são, muitas vezes, maiores que o medo do intimidador.

De qualquer maneira, os professores nem sempre se mostram solidários ou sensíveis em relação a isso. Lembro que em minha escola primária me faziam sentar ao lado de uma garota que beliscava minhas pernas sob a carteira. Quando eu tinha um sobressalto, o professor me repreendia por fazer barulho. Isso continuou por dias, semanas. O professor não acreditava em minhas explicações, sendo convencido pelas alegações de inocência de minha vizinha de olhos arregalados e cabelos encaracolados. Acabei me descontrolando e a ataquei, mordendo seu pescoço, fazendo-o sangrar. Indignado, o professor me mandou falar com a diretora, que ficou igualmente indignada. Acho que me consideraram um vampiro iniciante e levei uma dura por meu comportamento.

Até mesmo os professores recorriam à tática da intimidação. Gostavam de ver os alunos constrangidos e volta e meia implicavam com eles, humilhando-os diante dos colegas. Todos tínhamos medo do professor de Matemática, um escocês caolho que odiava crianças: ele se gabava do medo que inspirava em todos. Sua história predileta era a de um garoto que certa vez acompanhara ao hospital após um acidente. Ainda semiconsciente depois de bater a cabeça, o garoto delirava e repetia: "Por favor, não, senhor Mullen, por favor, não, senhor Mullen". Ele se orgulhava de que, apesar do delírio, o medo do garoto se manifestasse com tamanha clareza.

Se alguém não estivesse prestando atenção à sua aula, ele arremessava o apagador de madeira em sua direção. Tendo sido alvo de mais de um desses ataques, posso garantir que eles machucavam. Outro de seus prazeres sádicos era devolver a lição de casa gritando "lixo!" e jogar todos os livros para o alto. Selecionava então uma vítima (todos brigávamos pelos assentos no fundo da sala) para recolhê-los e pisava em sua mão, girando os

Matthew Appleton

pés como se estivesse moendo a mão do aluno com a sola do sapato. O professor de Educação Física era outro sádico. Um de seus hábitos, quando estava de mau humor, era nos deixar amontoados no chuveiro após a aula e mudar a água de quente para gelada. Tempos depois, vi um professor agindo assim no filme *Kes*, baseado no romance de Barry Hines, um excelente retrato da vida escolar. Eu me perguntava, e ainda me pergunto, se foi nele que esse professor se inspirou ou se essa prática era comum entre os profissionais de Educação Física e foi refletida no filme. O que me deixa estarrecido hoje é que eles eram homens qualificados encarregados de cuidar de crianças e, no entanto, suas qualidades pessoais eram obviamente contrárias ao nosso bem-estar. Talvez essa seja a razão pela qual sempre me impressiono mais com o que as pessoas dizem e fazem do que com o seu número de títulos ou sua qualificação.

Essa foi, portanto, minha experiência escolar. Gostaria de acreditar que se trata de um caso raro, mas infelizmente tais experiências não são incomuns. Talvez não sejam tão desagradáveis quanto algumas das que descrevi, mas a maioria das crianças tem suas histórias de sofrimento para contar. As crianças se adaptam e sobrevivem à sua maneira. Algumas se fortaleceram com esse mundo hostil; outras se conformaram, aceitando passivamente o que acontecia. Algumas sentem uma inquietação, uma angústia que não compreendem. Nem todas, no entanto, sobrevivem e, de tempos em tempos, nossos jornais noticiam suicídios de estudantes, quase sempre resultado de intimidação ou de pressão acadêmica. O sistema educacional não costuma ser questionado – ao menos em seus princípios essenciais – pelas crianças ou por adultos, pois é o único que eles conhecem. Porém, causa danos considerados aceitáveis, como se não existisse outro caminho. Isso pode ser tão óbvio quanto a tristeza profunda, expressa claramente em suas queixas, com a qual tantas crianças toleram a escola. Tal tristeza pode também ser identificada nos sintomas de doenças psicossomáticas que acometem tantas delas. Quando nos tornamos adultos, tendemos a racionalizar nossa experiência escolar a fim de superá-la.

Descansando no tranquilo interior de Essex, eu certamente não fazia questão de lembrar de nenhuma dessas cenas. No entanto, meus senti-

Summerhill

mentos eram contraditórios. O assunto escola me deixava indiferente, mas a infância me fascinava. Eu adorava ler sobre a infância de outras pessoas, e algo dos meus tempos de criança parecia permanecer dentro de mim – um profundo desejo pela vida, um anseio de levá-la com a maior plenitude possível. Havia uma sensação de vitalidade e de vigor que associei à infância e à qual nunca consegui renunciar. A escola, desinteressante e opressiva, era a antítese desse sentimento. Em vez de intensificar essa vitalidade, sufocava-a. Em vez de inspirar vigor, matava-o. Tomava as cores vivas da infância e as cobria de cinza. O sentimento que me era inspirado pela palavra "escola" era não tanto o desinteresse, mas a injustiça e a tristeza.

Com o tempo, comecei a perceber que Summerhill não era uma instituição comum. As pessoas a descreviam como uma "escola livre". Eu não sabia ao certo o que tal expressão significava, mas ela me soava antiquada, uma relíquia dos anos 1960 que enterrara a cabeça no passado. Não me despertava nenhum interesse maior. Vez ou outra, em minhas viagens, deparava com conceitos como "direitos das crianças" e "educação libertária", mas eles pareciam ser polêmicas de adultos e não abordavam as questões emocionais que tinham sido tão importantes para mim como criança. Por vezes, os antiacadêmicos usavam argumentos ainda mais teóricos que os dos acadêmicos, e pareciam não tocar no âmago da questão.

Minha experiência levara-me a considerar liberdade e infância duas categorias distintas, e eu nunca de fato questionara a distância entre ambas. Nas poucas ocasiões em que deparei com crianças "livres", não fiquei impressionado. Certa vez, sentado num barzinho, vi um garotinho de menos de 4 anos, com a face repleta de ódio, bater nas pernas dos passantes com um pedaço de pau enquanto seus pais assistiam à cena calados. Se aquele era um exemplo de liberdade para crianças, não parecia nada atraente.

Também lembro que, quando morava em Islington, uma das mulheres com quem eu dividia a casa vivia se gabando de ter criado o filho com liberdade. O garoto, uma criança de 12 anos, pálida e retraída, permanecia no quarto a maior parte do tempo, com as portas fechadas ao mundo, e ficava sem aparecer durante vários dias. Aos poucos, passei a conhecê-lo e às vezes me sentava ao seu lado por algumas horas, à noite. Sua ocupação principal era montar e pintar soldadinhos e tanques. Obcecado pelo Exército, envolvia-se em longos monólogos que louvavam as virtudes da disciplina (mais tarde ele se alistou no Exército). Não tinha amigos e por vezes passava dias sem encontrar a mãe ou qualquer outra pessoa. A mãe ia a festas noite após noite e, ao voltar, ostentava o fato de os dois serem "bons amigos". O menino enrijecia e se afastava quando ela o agarrava e o enchia de beijos afetados. Se aquilo era liberdade, era um tipo triste de liberdade. De imediato, associei aquelas atitudes com falta de sensibilidade e negligência.

UMA ESCOLA QUE SEJA ADEQUADA À CRIANÇA

Essas eram as referências que eu tinha à época em que ouvi falar dessa "escola livre", Summerhill, pela primeira vez. Mas, aos poucos, adquiri mais informações. A instituição havia sido fundada por A. S. Neill, um escocês, em 1921. Não era, portanto, uma sobrevivente fortuita da década de 1960; tinha quase 70 anos de vida. Parecia que as crianças não eram obrigadas a assistir às aulas se não quisessem, mas, à medida que cresciam, começavam naturalmente a aproximar-se da sala de aula e do ensino formal. As leis sob as quais todos viviam não eram elaboradas somente pelos adultos, mas pela comunidade toda em assembleias semanais. Todos, fossem adultos ou crianças, tinham poder de voto nessas assembleias. As pessoas podiam vestir-se da maneira como quisessem, dizer o que bem entendessem – não havia proibição aos palavrões – e não havia nenhuma forma de instrução moral ou religiosa imposta pelos adultos. A escola tinha uma miscelânea de alunos bastante internacional, vindo um grande número deles, àquela altura, do Japão.

Um dos rapazes da Dial House passara os dois verões anteriores ajudando na supervisão da piscina externa em Summerhill. No verão boa parte da vida escolar centrava-se ao redor da piscina. Muitos dos adultos e das crianças se banhavam nus, aparentemente com pouca ou nenhuma inibição. Parecia idílico. Enquanto a maioria das crianças britânicas passava os dias longos e quentes debruçados sobre livros em salas de aula abafadas, as crianças em Summerhill brincavam na piscina ao ar livre, andavam de bicicleta pelos arredores, construíam casas em árvores no bosque ou divertiam-se com jogos dentro do prédio principal e ao redor dele. Algo dentro de mim começou a se agitar, um suposto interesse, mas também um sentimento de inquietação, pois esse cenário tentador lançou uma nova luz sobre os meus dias de estudante.

Aquela parte da vida que eu deixara para trás novamente me causava irritação. Eu aceitara a escola como algo inescapável, um destino compartilhado por todas as crianças. De algum modo, seu caráter inevitável a tornou um fardo mais leve para mim. Se ela era um mal, era um mal necessário. Contudo, ali estavam crianças cujos pais não pensavam assim. Crianças que escaparam do destino comum. Fui tomado de ressentimento e tentei racionalizar: essas crianças devem ser mimadas, filhos de ricos desocupados, dizia a mim mesmo. No entanto, Bron não era rica; na verdade, ela dava duro no trabalho para ganhar o dinheiro necessário a fim de custear os estudos de seu filho em Summerhill. Fez dessa tarefa uma prioridade, à custa de outros confortos. Seu filho também não era aquela mistura particular de excessiva indulgência e infelicidade que chamamos de "mimado". Na verdade, sempre o considerei muito calmo, agradável e sincero. Fiquei também impressionado com sua autoconfiança. Certa vez, quando ele tinha 15 anos, viajamos juntos para a Europa continental. Prestes a sair de Dover, fomos levados a um canto por alguns soldados, que nos interrogaram longamente querendo saber aonde estávamos indo e por quê. Tal imposição das autoridades me deixou com os nervos à flor da pele, mas ele não se mostrava nem um pouco intimidado nem ressentido; ao contrário, lidou tranquilamente com a situação.

Em diversas ocasiões, Bron sugeriu que eu talvez gostasse do livro de A. S. Neill sobre a escola, cujo título era simplesmente *Summerhill*[8]. Adiei essa leitura por um tempo. Olhando em retrospecto, vejo que isso acontecia porque eu tentava evitar as intensas emoções que o assunto provocava em mim.

---

8. Para a referência bibliográfica, veja a Nota 3. [N. E.]

Várias vezes, desde então, ao conversar sobre Summerhill com as pessoas, percebi nelas essa mesma evasão, essa rejeição aos fatos, e a busca de refúgio nos preconceitos. Isso é compreensível, tendo em vista a maneira como muitos de nós fomos criados. Quando, afinal, peguei um dos livros de Neill, não foi *Summerhill*, mas uma compilação de cartas intitulada *[Desejamos] tudo de melhor, Neill – Cartas de Summerhill*. As percepções de Neill sobre a infância tocaram-me fundo. Ele falava não por abstrações acadêmicas, como muita gente faz, mas partindo de um conhecimento profundamente instintivo que não só ensinava como praticava. As cartas eram ora apaixonadas, ora pessimistas. Falavam de esperança e de medos, retratando um homem comprometido por inteiro com as crianças e seus conflitos.

Decidi que queria ler mais. Ao todo, Neill escrevera 20 livros, incluindo *Summerhill*, que era uma compilação de quatro dos demais. Havia também um volume de cartas, que consistia na correspondência entre Neill e Wilhelm Reich, bem como inúmeros livros escritos sobre Neill e sua escola. Muitas dessas obras estavam fora de catálogo, sendo difíceis de encontrar, mas vasculhei os sebos e em pouco tempo tinha uma pequena coleção. À medida que lia, ia compondo uma imagem mais nítida desse homem e de seu trabalho. Embora a mensagem de Neill fosse simples em muitos aspectos, ele certamente não era um homem simples, no sentido negativo da palavra – tampouco ingênuo, como às vezes apontavam seus detratores.

Neill fundara Summerhill com o propósito de criar uma escola que "se adaptasse à criança", opondo-se a outras instituições que exigiam que a criança se adaptasse a elas. Para ele, as crianças nasciam boas, e não más, ideia amplamente aceita como verdade na época. Neill argumentava que a sociedade desvirtuava a bondade original infantil por meio de seus métodos de educação, gerando assim conflitos internos que, mais tarde, se expressariam num comportamento antissocial e neurótico. Ao criar uma escola que eliminava esses conflitos da vida das crianças e lhes dava a maior liberdade possível, Neill tentava mostrar ao mundo que sua crença na natureza da criança estava correta. Ele dirigiu Summerhill de 1923 até sua morte, em 1973, colocando esses princípios em prática, e nesses 50 anos sua fé nas crianças não arrefeceu.

Ele fazia questão, no entanto, de distinguir o que denominava "liberdade" de "licenciosidade". Liberdade significa fazer o que quiser, contanto que isso não prejudique ninguém, nem mesmo a si próprio. Licenciosidade implica fazer o que quiser sem levar em conta de que forma isso interfere na liberdade do outro. Neill usava o exemplo de uma criança que não assistia às aulas. Isso era assunto dela, que estava livre para não comparecer às aulas. Por outro lado, tocar um trompete tarde da noite interferia no direito que os outros tinham de dormir, o que constituía licenciosidade. Portanto, em Summerhill, aquele menino do barzinho não poderia agir daquela forma. Lidava-se com esse comportamento antissocial nas assembleias. A comunidade como um todo era quem o discutia. Para Neill, a licenciosidade surgia, em parte, do curso natural do aprendizado de conviver com os outros e da descoberta dos limites; e, também, de uma forma secundária de comportamento resultante de conflitos que a sociedade impusera às crianças. Nessas crianças ele identificava uma forma de licenciosidade neurótica, compulsiva e geralmente carregada de ódio. Para "curá-las" desses conflitos – raiz de suas atividades antissociais –, ele às vezes as recompensava por seus crimes, ou juntava-se a elas em suas travessuras. Tais atitudes, aliadas ao clima de liberdade e aceitação de Summerhill, ajudavam-nas a superar sua tristeza; com o tempo elas se tornavam membros felizes e interessados da comunidade escolar.

Após a morte de Neill, sua mulher, Ena, encarregou-se de dirigir a instituição. Em 1985, quando Ena decidiu se aposentar, a filha deles, Zoë, assumiu a direção. A escola progrediu, ao mesmo tempo que manteve os princípios de liberdade e de autogoverno com os quais Summerhill foi fundada e com base nos quais tem funcionado há mais de 50 anos.

VISITANDO SUMMERHILL

Tendo lido tanto sobre Summerhill, eu estava ansioso por conhecer a escola. Perguntei a Bron se, na próxima vez que ela fosse visitar o filho, eu poderia acompanhá-la. A oportunidade surgiu rapidamente: seria o intervalo

Matthew Appleton

do meio do trimestre, dali a duas semanas, época em que os pais eram convidados a ir à escola e a se juntar a suas atividades. Alguns apenas passavam o dia, enquanto outros acampavam por semanas na ampla área adjacente ao prédio principal. Nessa ocasião, Bron estava indo apenas passar o dia e não se importava em me dar uma carona. Enquanto trafegávamos pelas planas estradas da região de Suffolk, rumo a Leiston, onde está situada Summerhill, senti um misto de empolgação e ansiedade. Os livros de Neill eram emocionantes e inspiradores, mas a realidade corresponderia à expectativa criada pela página impressa? Como eu reagiria às crianças dali? Como elas reagiriam à minha presença? Neill escrevera sobre as dificuldades causadas por tantos visitantes à escola. Certa vez, a assembleia proibiu visitas, o que decepcionou Neill, pois ele considerava importante que Summerhill mostrasse ao mundo que as crianças podiam viver juntas se lhes fosse permitido. Perguntei-me se os alunos me tomariam como um intruso em seu mundo privado, um turista intrometido. Minha presença seria levada a mal? Aliás, o que eu esperava dessa visita?

Logo nos aproximamos da entrada principal. Passamos pelo letreiro Summerhill School, rusticamente pintado com tinta branca em um muro baixo, pela estatueta primitiva de uma figura com uma grande bola no colo, pelas árvores altas e pelo emaranhado de arbustos que ladeiam a entrada para carros. Eu tinha visto todas essas coisas em fotografias de vários livros e revistas, e elas me pareciam muito familiares. Estacionamos ao lado do prédio principal da escola e saímos. Fazia um dia lindo. O céu tinha um azul intenso, com pequenos fragmentos de nuvens brancas. Estendia-se com grande amplitude – enorme se comparada com os míseros relances de céu que a vida de Londres, entre telhados de casas, proporciona. Bron saiu em busca de seu filho. Várias pessoas perambulavam por ali, adultos e crianças. Eu estava meio constrangido. Todos pareciam se conhecer e mostravam-se imersos em suas ocupações cotidianas. Decidi, então, que daria uma espiada ao redor, para sentir o clima do lugar.

A escola em si consistia em um grande prédio de tijolos vermelhos, complementado por vários anexos um tanto quanto dilapidados e *trailers* variados. Limitei-me a examinar a área externa do prédio principal. Vozes infantis ecoavam do lado de dentro, e de vez em quando um grupo de crianças pequenas entrava ou saía correndo por entre uma das portas do prédio, ou surgia de bicicleta, zunindo, ignorando a presença desse adulto estranho que invadia seu território. Grupos de duas ou três crianças passavam, acenando com a cabeça sem grande interesse, e dizendo "oi" ao cruzar comigo. Também pareciam indiferentes à minha presença. Eu começava a apreciar o anonimato. Chamou minha atenção o conjunto de nomes gravados no muro, no qual gerações de crianças de Summerhill tinham deixado sua marca. Por um instante uma imagem diferente me veio à mente: a de um memorial de guerra, com sua lista organizada de nomes e datas. Mas esses muros tinham uma mensagem diferente. Aquela lista estranha não falava de sacrifício, de morte nem de guerra, mas de felicidade, da infância e da vida. O fato de essa imagem ter me ocorrido agora resume a antítese entre os rumos que, segundo minha percepção, Summerhill havia escolhido e os caminhos trilhados por nossa sociedade.

Ao longo da tarde, houve uma série de atividades. Estandes foram montados na frente da escola, incluindo jogos de tabuleiro, com prêmios, e venda de artigos variados e de produtos artesanais. A essa altura, Bron já tinha se juntado a mim e me apresentado a vários funcionários e professores da escola, pais e crianças. Todos se mostraram receptivos e simpáticos, embora também ocupados com os próprios afazeres. Mais tarde, houve jogos no "campo de hóquei", mas já era hora de partirmos. Na viagem de volta para Londres, ao refletir sobre a visita, senti uma alegria enorme. É difícil precisar o que provocou tal sensação. Havia algo no clima daquele lugar. Ainda me lembro de uma menina pequena passeando tranquilamente de bicicleta pelas dependências de Summerhill, sozinha, sem a menor preocupação com o que os demais faziam. Ela irradiava uma presença de espírito e uma serenidade que achei lindas. Havia uma naturalidade espontânea lá que eu nunca vira antes, que se expressava de forma simples, quase imperceptível, e, no entanto, era forte. Eu sabia que em uma visita tão breve eu conseguiria somente arranhar a superfície desse mundo pequeno e aparentemente utópico. Mas também sabia que, fossem quais fossem as contradições escondidas sob a superfície, eu ainda assim tivera o vislumbre de algo muito real e vivo.

Matthew Appleton

Na mesma época em que eu descobria Neill e Summerhill, estudava para obter um diploma em anatomia, fisiologia e massagem no Itec (Conselho Internacional de Exames Terapêuticos[9]) e assistia regularmente a seminários e sessões de treinamento. Pela primeira vez desde que deixara a escola, eu redescobria que aprender podia ser agradável e estimulante (embora eu tivesse estudado Humanidades na Politécnica, senti que aquele material potencialmente interessante era apresentado de forma árida e acadêmica por professores que tinham pouco interesse genuíno naquilo que ensinavam). As pessoas no curso de massagem formavam um grupo amistoso e nos socializamos bastante após as aulas. Várias vezes contei a eles sobre meu interesse em Summerhill e tivemos alguns debates animados, nos quais as pessoas revelavam as próprias experiências da infância, lembrando incidentes e sentimentos havia muito tempo arquivados e esquecidos na pasta "mal necessário". Algumas histórias eram fascinantes e fiquei impressionado com o interesse profundo despertado pelo assunto.

Algum tempo depois do término do curso, uma ex-colega me escreveu, anexando à carta um anúncio de jornal com uma vaga de *pai* em Summerhill. Hesitei; não sabia se me candidatava ou não. De um lado, estava bastante satisfeito com minha vida em Londres. De outro, era como se eu tivesse sido chamado para um duelo. Era um desafio. Uma chance de agir em vez de somente falar, de descobrir por mim mesmo a verdade por trás da teoria. Uma voz dentro de mim continuava a repetir: "Chega de teoria, comece a agir!" Eu tinha 28 anos, era solteiro, mas hesitava em assumir a responsabilidade de ser pai por procuração de cerca de 20 crianças. Adquirira alguma experiência trabalhando com crianças, mas não muita. Tinha feito um trabalho de recreação com crianças pequenas e com deficiência intelectual. Durante um tempo, trabalhei num albergue para jovens sem-teto, mas em Summerhill o público era de adolescentes. Trabalhara durante anos em um hospital, como técnico no setor de ortopedia, onde estava habituado a lidar com crianças. Estava também acostumado a uma série de interações informais com elas em meu círculo de amigos em Londres, o

---

9. International Therapy Examination Council. [N. T.]

que gerou muito prazer em ambas as partes. Mas conviver com crianças 24 horas por dia, nove meses por ano, era outra história.

Em anos recentes, eu me envolvera com música e arte performática. Minhas preocupações atuais estavam relacionadas a saúde e nutrição; trabalhando numa empresa de fornecimento de alimentos, juntei algum dinheiro. Eu obtivera o diploma de massagista no Itec e estava interessado em atuar naquela área. Boa parte do meu tempo livre foi usado em treinos de aikidô, arte marcial japonesa. Sempre que deixava o tatame me sentia relaxado e cheio de energia. Também tinha amigos em Londres que eram importantes para mim. Significaria renunciar a muita coisa. Contudo, meu breve vislumbre de Summerhill e os livros de Neill que eu lera exerciam uma atração magnética sobre mim. Já me ocorrera a possibilidade de um dia trabalhar em Summerhill, mas eu a adiara para um futuro distante. Até então, não sabia se teria a paciência ou a maturidade necessária para tal tarefa. Mas a voz continuava a me importunar: "Chega de teoria, comece a agir. Chega de teoria, comece a agir".

Então me candidatei – e não obtive resposta. Toda manhã, com expectativa, eu verificava cuidadosamente a correspondência. Escrevi uma segunda carta. Passaram-se semanas, e nada de resposta. Meus sentimentos pairavam entre a decepção e o alívio. O convite ao duelo parecia ter sido retirado. Então, um dia, chegou um cartão-postal escrito às pressas, assinado simplesmente "Zoë", com um número de telefone e um pedido para que eu ligasse e marcasse um horário. Foi o que fiz, e combinei de visitar a escola dois dias depois. Fiquei sabendo que minha carta original se perdera em meio a uma pilha de papéis na secretaria, e quando minha segunda carta chegou as entrevistas já estavam acontecendo. Só quando todos os demais candidatos foram considerados inaptos à função fui finalmente contatado.

A "IDADE DOS GÂNGSTERES"

Uma entrevista em Summerhill não é parecida com uma entrevista para um emprego convencional, como eu logo descobriria. Mas eu não fazia a mínima ideia do que esperar, e ainda não tinha certeza se queria ou não aquele emprego. A viagem de trem de Londres até a estação de Saxmundham, um pequeno distrito comercial, leva cerca de duas horas. De Saxmundham, gastam-se mais dez minutos de táxi até Summerhill. Logo cheguei àquela familiar entrada para carros pela segunda vez, meu coração aos sobressaltos. Duas crianças pequenas brincavam na frente da escola, e perguntei a elas se sabiam onde Zoë estava. Elas me levaram para dentro da casa, onde a encontramos com sua filhinha, Neillie, no colo, olhando para o quadro de avisos no qual várias mensagens e pedidos rabiscados estavam pendurados. As crianças correram para fora, dizendo "tchau" alegremente, para continuar a brincar. Zoë me cumprimentou com um aperto de mão e um sorriso afáveis. De repente, senti-me muito à vontade. Passeamos juntos pelo corredor e saímos em direção à luz do sol na frente da casa.

Havia duas vagas para *pais*, ela explicou, uma com as crianças menores e outra com o grupo de faixa etária intermediária, a "idade dos gângsteres", como o pai dela costumava chamá-los. Conhecidas como as "crianças da Casa", uma vez que moravam na grande casa que era o prédio principal da escola, tinham, em média, entre 10 e 13 anos. Neill apelidou-as de "gângsteres" porque aquela era a idade em que o "rompimento" com as antigas inibições tendia a ser mais expressivo – e, ao fazê-lo, bombardeavam a escola com traços personalidade que, até então, eram considerados repulsivos para o gosto público. Isso, inevitavelmente, implicava a infração de leis. A identificação "gângster" também se referia às brincadeiras prediletas dessas crianças – embaladas por muita fantasia, elas eram complementadas por revólveres de brinquedo, espadas de madeira, arcos, flechas e coisas do gênero. Embora essas atividades pertencessem sobretudo ao universo dos meninos, as meninas não ficavam em segundo plano: eram tão barulhentas e impetuosas quanto eles.

Zoë disse considerar o trabalho com as crianças da Casa mais adequado para mim. Ela achava que as crianças menores tinham mais necessidade de uma figura materna, ao passo que as crianças da Casa podiam se relacionar melhor com a figura de um irmão mais velho. Advertiu-me, contudo, que às vezes era tentador para funcionários novos se identificar totalmente

Summerhill

com as crianças "infratoras", que agiam de maneira antissocial, em detrimento das necessidades da comunidade como um todo. Embora fosse bom para elas procurar válvulas de escape, seria péssimo se os funcionários começassem a correr riscos e se juntassem a elas. Cabia ao adulto proteger as crianças e apoiá-las, assegurar seu bem-estar e criar um ambiente seguro no qual elas pudessem viver a infância com a maior plenitude possível. Summerhill não estava ali para cuidar de adultos que quisessem viver a infância que nunca tiveram. Ela me explicou isso tudo de maneira afetuosa, mas séria, olhando-me diretamente nos olhos para ver se o que dizia estava sendo registrado.

Assenti com um movimento de cabeça. Percebi que ela falava não em termos morais ou teóricos, mas com base na experiência. Gostei de sua maneira direta. Pouco tempo antes, quando me candidatara a uma vaga de recreador infantil, uma rígida banca de três pessoas me perguntara o que eu faria se uma criança fizesse uma observação chauvinista, racista ou machista. Respondi que provavelmente apoiaria a criança. Sabia que essa não era a resposta que deveria ter dado. Os entrevistadores enrijeceram-se na cadeira e eu hesitei. Poderia ter continuado e explicado: eu acreditava que a criança que se sentia amada e aceita tinha muito mais chance de aceitar os outros do que aquela que simplesmente se sentia censurada e criticada. Mas sabia que não adiantaria tentar explicar. A entrevista jazia muito mais sobre o "politicamente correto" do que sobre o interesse pelas crianças. Não me preocupei. Predominava ali a superficialidade moralista e religiosa – baseada no julgamento e na censura, sem a mínima tentativa de tentar entender a dinâmica subjacente da qual surgem o preconceito e o ódio. Ouvir Zoë era uma experiência totalmente diferente. Falávamos a mesma linguagem: infância e não política.

Outro funcionário, o *pai* da Casa naquele momento, passava por ali, a caminho da lavanderia. Zoë lhe pediu que me mostrasse a escola. Ele demonstrou prontidão e Zoë se despediu com um aceno animado. Ele se apresentou como Paul e me levou à "Beeston", como era chamada a lavanderia. Ao que parece, a alcunha vinha do nome de uma antiga máquina de lavar que havia ali. Ele começou a separar uma pilha assustadoramente grande e um tanto quanto malcheirosa de roupas sujas. Ao fundo, várias máquinas trabalhavam ruidosamente. Paul passou a me explicar, em detalhe, o funcionamento da rotina semanal da lavanderia. Cada *pai* tinha um dia por semana para lavar as roupas, o que inevitavelmente resultava num coro ritual de reclamações sobre peças que encolheram, estranhas mudanças de cor e meias que desapareciam misteriosamente. Como candidato à vaga, esses detalhes me interessavam pouco, mas hoje, tendo feito esse trabalho por algum tempo, consigo entender seu desejo de desabafar. A saga interminável da meia perdida está enraizada em minha rotina semanal – e devo dizer que em nove de dez casos ela aparece sob a cama daquele que reclamou.

Enquanto ele falava e arrumava as roupas sujas em pilhas, respirava de modo ofegante; ele enxugava o suor das sobrancelhas, parando para longos e angustiantes acessos de tosse. Tinha olheiras e uma palidez pouco saudável. Parecia estar absolutamente exausto. Comecei a me perguntar se eu de fato queria aquele emprego. Quando Paul contou que era seu primeiro trimestre em Summerhill, minhas dúvidas aumentaram. Ele explicou que, por mais que gostasse das crianças da Casa, preferia assumir o trabalho de *pai* na Cabana. As crianças da Cabana eram o grupo seguinte em ordem decrescente. Elas compunham a faixa intermediária, entre as crianças da Casa e as menores (San). Seu nome derivava do passado distante em que elas habitavam a "cabana" onde Ena Neill morava agora. Naqueles dias, elas estavam acomodadas na Casa, à distância de um corredor das crianças de lá. Ele disse ter mais simpatia pelas crianças da Cabana. Porém, não retornou no trimestre seguinte; desapareceu sem dizer uma palavra. Até hoje ninguém sabe o seu destino.

Durante o restante do dia, fui apresentado de um funcionário a outro. Visitei vários quartos de funcionários e professores, conversando e bebendo chá. Em cada um desses quartos havia um desfile constante de crianças que entravam e saíam. Outras ficavam, batendo papo com um dos adultos ou recolhendo-se a um canto para brincar com um jogo qualquer. Algumas faziam questão de estabelecer contato comigo, talvez para me conhecer melhor, ou de contar uma piada que já não surtia efeito nos demais. Mas

Summerhill

nenhuma delas mostrava qualquer interesse neste *pai* em potencial. Elas me faziam pedidos, como "Você tem de comprar doces para a gente todos os dias, ha, ha!", mas pressenti que não se preocupavam muito se eu conseguiria o trabalho ou se a vaga seria do candidato seguinte.

À medida que eu era levado de um lugar a outro, coletei alguns fragmentos de informação sobre Summerhill. Descobri, por exemplo, que fazia tempo que as crianças da Casa não tinham um *pai* que tivesse permanecido um longo período no cargo. Os últimos poucos *pais* ficaram um ou dois trimestres. Em duas ocasiões, a escola recebeu telefonemas poucos dias antes do início das aulas, sendo então avisada de que o *pai* não retornaria. O trabalho com as crianças menores agora me parecia mais atraente. Comecei a pensar como seria bom se eu fosse mais maternal.

Porém, o dia progredia, e apesar das dúvidas que me agitavam a mente senti uma força irresistível, que me deixava mais aberto e receptivo ao lugar. Tal qual em minha visita anterior, havia uma qualidade de vida quase impalpável ali que não poderia ser reduzida a um único elemento, mas estava presente em toda parte. Havia um entusiasmo e uma sinceridade que pareciam naturais, sem nenhuma tensão. Uma intensidade nas interações entre as pessoas que ocorria de modo livre, sem a barreira dos gestos forçados ou das tensões não verbalizadas tão comuns em nossa cultura. Sim, eu queria fazer parte daquilo.

Às 16h, o sinal para o chá tocou e fui levado ao refeitório para tomar chá com a pequena multidão de crianças que se juntavam ali, xícaras a postos. Os adultos se recolheram à sala dos funcionários. Saíram dali meia hora e fui informado de que a vaga era minha. Eu seria o novo *pai* da Casa! "Oh, meu Deus", pensei, ainda que meus sentimentos estivessem dançando de alegria, "vim e consegui".

Voltando de trem para Londres, pensei nos desafios – e nas possíveis decepções – que o novo trabalho traria. Como seria a realidade da escola 24 horas por dia, dia após dia, semana após semana? As vivências do dia desfilavam por minha mente. Fragmentos de conversa. Uma agitação de rostos, entrando e saindo de foco. Rostos que eu passaria a conhecer e se encaixariam em minha vida como peças de um quebra-cabeça. Imaginei

Matthew Appleton

como o tempo juntaria aquelas peças e a forma que o quadro mais amplo passaria a ter.

Na verdade, meu primeiro trimestre transcorreu com uma facilidade inesperada. Havia coisas para aprender, pessoas para conhecer, erros para cometer e crises para enfrentar, mas me senti em casa. Tive a sensação de pertencer ao local. As crianças da Casa não eram o horror que eu imaginara durante a entrevista – ou talvez eu simplesmente tenha lidado com elas melhor do que imaginara! Se me fosse dada a oportunidade agora, certamente não trocaria meu trabalho por aquele de *pai* das crianças menores. Não que um cargo seja melhor que o outro – todos os cargos em Summerhill têm seus prós e contras –, mas penso que meu temperamento seja mais adequado ao trabalho da Casa. O dia de lavar roupas também não era a experiência árdua e terrível descrita por Paul. Com um pouco de organização de minha parte, ele tomou dimensões mais razoáveis. Considerando o conjunto, lembro de ter passado o primeiro trimestre num turbilhão de prazer e de empolgação. Houve altos e baixos, é claro, mas nenhum dos baixos durou muito tempo.

Hoje, sete anos depois, ainda sou o *pai* da Casa, embora de um grupo diferente de crianças. Os "gângsteres" da época de meu primeiro trimestre são agora crianças crescidas. Mantêm a comunidade unida, constituindo a força motriz por trás do autogoverno da escola. Ainda tenho laços estreitos com elas, e, arriscando parecer sentimental, sinto orgulho de cada uma. Não somente acompanhei seu crescimento como cresci junto delas – o que acontecerá com as que estão na Casa agora. Não que eu considere as crianças da Casa a matéria-prima e as crianças maiores o produto acabado, longe disso. Cada faixa etária tem seu charme. Mas adoro ver as mudanças, o desenvolvimento, os conflitos que cada indivíduo traz consigo. Quando novos alunos são admitidos, chegam tendo vivido de acordo com a expectativa de adultos, muitas vezes perdidas quanto às próprias expectativas. Depois de um tempo, começam a abandonar sua fachada, o rosto falso com o qual aprenderam a encarar o mundo adulto, e começam a revelar aspectos que até então tinham sido impedidos de aparecer. É como descascar uma cebola. À medida que as crianças passam a confiar em seus senti-

Summerhill

mentos mais profundos e mais vulneráveis, abandonam camadas de superficialidade, frustração e ressentimento. É um tipo de arqueologia emocional, com a diferença de que o passado não é escavado, mas descartado.

2 O RELACIONAMENTO ENTRE O ADULTO E A CRIANÇA

QUANDO TODAS AS VAGAS da escola estão preenchidas, há entre 60 e 70 crianças em Summerhill. Algumas assistem às aulas e retornam para casa, mas a maioria estuda no sistema de internato. Há cerca de dez funcionários, grande parte dos quais mora na escola, e empregados que trabalham durante o dia, cuidando sobretudo da alimentação e da limpeza. Os funcionários que residem na escola são *pais* ou professores. No momento há quatro *pais*: um para as crianças menores, um para as meninas mais velhas, um para os meninos mais velhos e eu. Entre os professores, há dois do ensino fundamental que lecionam uma ampla variedade de habilidades básicas para as crianças menores e de faixa etária intermediária. Os outros são especializados em várias disciplinas, que são lecionadas até o nível do GCSE[10].

Zoë e seu marido, Tony, com o auxílio de Sarah, a secretária da escola, cuidam dos aspectos administrativos da vida escolar, tais como finanças, reparos e manutenção, e lidam com organizações externas. Eles não moram em Summerhill, mas numa chácara a três quilômetros de distância, administrada por Tony. Zoë vem à escola quase todo dia, mas também se ocupa de sua família e de seus cavalos – que sempre leva a feiras agropecuárias e nas quais já ganhou vários prêmios. Embora, como diretora, sua função seja essencial na manutenção do modo de vida de Summerhill, sua presença é relativamente periférica, já que ela não mora na comunidade.

A maioria dos alunos tem entre 8 e 17 anos. Há poucas crianças menores, mas elas não moram na escola, ou então são filhas dos funcionários.

---

10. General Certificate of Secondary Education (Certificado Geral do Ensino Médio), exame feito pelo aluno entre 14 e 16 anos quando este completa o ensino médio. [N. T.]

Summerhill abriga crianças com experiências e culturas diferentes. Desde que cheguei aqui, há sete anos, tivemos alunos de países como França, Espanha, Grécia, Alemanha, Suíça, Áustria, Polônia, Estados Unidos, México, Brasil, África, Taiwan, Coreia, Japão, Indonésia e Malásia, e também da Grã-Bretanha. Durante meus dois primeiros anos, quase um terço dos alunos era composto por japoneses; recentemente, as vagas foram preenchidas por crianças alemãs, de outros países europeus e da Inglaterra.

Meu quarto fica no fim de um pequeno corredor no primeiro andar do prédio principal. O corredor tem cinco quartos, que acomodam no total cerca de 20 crianças, e o quarto de um professor. Moro aqui como um membro da comunidade, igual a qualquer outro, um cidadão na mesma posição das crianças de quem sou *pai*. O fato de ser adulto não me confere autoridade sobre ninguém; não estou, portanto, na posição de dizer a ninguém o que deve ser feito. Mas tenho, sim, direitos iguais aos demais, bem como a possibilidade de fazer esses direitos valerem, assim como as crianças. Ou seja, posso fazê-lo levando quaisquer queixas ou violação de regras para discussão nas assembleias semanais. Assim, se alguém não me deixar dormir à noite, ou não sair do meu quarto quando eu pedir, contarei com o resto da comunidade para me dar apoio e influenciar uma decisão a meu favor. Em contrapartida, se eu atrapalhar o sono das crianças ou não deixar seu quarto quando elas pedirem, essa questão poderá, da mesma forma, ser levada à assembleia contra mim. Em sete anos, fui multado cerca de dez vezes por pequenos casos de má conduta.

Conviver de tal forma produz um efeito profundo na qualidade do relacionamento entre o adulto e a criança. As barreiras artificiais são logo deixadas de lado, dando lugar a uma comunicação mais direta e franca. Todos podem ser mais autênticos e manter-se relaxados em relação aos demais. Os adultos não têm a preocupação de dar o exemplo às crianças. Cuidamos de nossos assuntos com naturalidade, sem sisudez nem paternalismo. Não damos ordens aos berros, tampouco somos tomados de indignação moral; não somos acanhados nem vivemos em constante sofrimento. Aqui, cada um define os próprios limites da forma como quiser e se envolve com a vida comunitária com base em sua posição. Nossa manei-

Summerhill

ra de conviver com as crianças é funcional, definida por escolhas e necessidades pessoais, e não por uma moralidade abstrata e uma conformidade a normas artificiais.

As crianças, por sua vez, não têm medo dos adultos, tampouco nos veem como "o inimigo", embora sinais dessas atitudes muitas vezes sejam visíveis em alunos recém-chegados e demorem certo tempo para desaparecer. As crianças falam honesta e abertamente a respeito de seus interesses na vida, fazendo perguntas sobre os adultos sem mostrar constrangimento. Eu me pergunto quantos professores e outros adultos com títulos honoríficos se dão conta do modo como as crianças de fato os veem. Assim como o garotinho que enxergava através das roupas novas do imperador, as crianças são rápidas para perceber as afetações do adulto. Quando pequeno, muitas vezes eu me via imaginando que aparência teriam meus professores quando sentados no vaso sanitário, com as calças arriadas. Mais tarde, adolescente, eu tentava imaginá-los se masturbando, ou então em um abraço mais sensual. Crianças e adolescentes têm fascínio por essas coisas e, quanto mais isso tudo for varrido para debaixo do tapete e mascarado por uma pseudodignidade, mais facilmente a imaginação se fixará nelas. Quanto mais bem guardado o segredo, maior o interesse.

Em Summerhill, essas coisas não são acobertadas. É provável que nem todos os adultos falem abertamente sobre seus hábitos e relacionamentos íntimos, mas não deixamos que as crianças sintam que seu interesse por tais assuntos é "errado" ou "sujo". Aos 10 anos de idade, desenhei um de meus professores correndo atrás de uma colega sua. Na época, meu conhecimento da anatomia humana era um tanto limitado; imagino, portanto, que o desenho carecia de alguns detalhes mais finos, mas lembro que ambos estavam nus e ele tinha um enorme pênis ereto balançando à sua frente. Um amigo meu, movido por um espírito de molecagem, colocou o desenho sobre a mesa da professora. Ela ficou furiosa e quis saber quem tinha desenhado aquilo. Apavorado pela crueldade que eu despertara com aquele desenho inocente, confessei. Ela me puxou para a frente da sala, sacudindo-me e gritando comigo, chamando-me de "menino de mente poluída". Fiquei arrasado, em profunda tristeza, durante semanas. Naquela noite tive medo de voltar para casa, pois ela ameaçara telefonar e contar para meus pais. Então, perambulei pelo parque, tremendo e chorando, durante um tempo que pareceu uma eternidade, até que voltei para casa. O telefonema acabou não acontecendo, e quando minha mãe soube o que tinha de errado comigo me apoiou, me confortou e me acompanhou à escola no dia seguinte para repreender a professora por sua atitude puritana.

As crianças não devem ser deixadas sob a responsabilidade de tais pessoas. A extrema infelicidade que estas lhes impõem é imensurável. Quem já trabalhou com crianças num ambiente livre de tensões e inibições sabe que assuntos relacionados ao sexo e a outras funções corporais, em geral considerados repulsivos, exercem sobre elas um grande fascínio. Reprimir esse interesse, associá-lo a um pecado ou a algo ruim que não se pode discutir é um atentado à integridade da criança. Tal violência emocional pertence à categoria de abuso infantil, comparável à violência física. O problema está na irracionalidade e nas inibições do adulto, não nos interesses da criança. Em Summerhill, os adultos também têm inibições e atitudes irracionais, mas não aliviamos isso fazendo imposições às crianças. Conversamos sobre a vida de maneira franca e honesta e, quando sentimos necessidade de privacidade, simplesmente dizemos. Nunca fazemos as crianças sentirem-se mal por sua curiosidade inata.

Como *pai*, sou responsável pela saúde e pelo bem-estar dos alunos sob meus cuidados. Sou encarregado de inúmeras tarefas triviais e rotineiras, como desentupir vasos, arrumar as camas e lavar as roupas. Algumas dessas tarefas são divididas com os funcionários, outras são de responsabilidade exclusiva do *pai*. Temos de cuidar das crianças que adoecem, fazer registros médicos e mantê-los atualizados, limpar seus joelhos e cotovelos esfolados e fazer curativos. Quando necessário, providenciar idas ao médico ou ao dentista.

A maioria das crianças mantém seus pertences de valor sob a responsabilidade de seu *pai*. Tenho, portanto, várias gavetas e armários fechados, onde guardo bolsas, carteiras e sacos com alimentos, além de um armário de remédios trancado. As crianças também têm seus espaços fechados à chave, mas muitas preferem a segurança extra de deixar seus pertences sob o cuidado do *pai*. Os visitantes muitas vezes se surpreendem com o número de cadeados e de portas trancadas em Summerhill. Eu mesmo demorei a me acostumar a isso. Havia certa ironia no fato de eu estar aqui, naquela que é provavelmente a escola mais livre no mundo, e carregar um molho de chaves que faria inveja a um carcereiro. Era também incômodo ter de trancar e destrancar armários e gavetas o tempo inteiro, e um alívio poder me livrar, durante as férias, de meu molho de chaves.

Não que as crianças em Summerhill sejam um grupo especialmente imoral, que necessite dessa profusão de cadeados, tampouco isso é um capricho autoritário por parte da comunidade. Trata-se, simplesmente, de uma medida prática, pois onde o medo inexiste sempre haverá crianças que roubam. Em alguns casos isso será compulsivo, um substituto do amor oferecido de maneira livre. Em outros, será mera questão de tentação, que é mais forte. Nem todos roubam, mas muitos o fazem em algum momento e, num contexto em que sempre há alunos novos, cujos impulsos antissociais sempre foram controlados pelo medo e pela autoridade, seria tolice esperar outra coisa que não um teste dos limites. O fato de eu confiar plenamente em qualquer uma das crianças maiores, caso tivesse de pedir a alguém para guardar minhas chaves, provou-me que a medida prática funciona. Em várias ocasiões, presenciei recém-chegados deixando de lado sua fachada de virtude e permitindo que o ladrão escondido neles viesse à tona. A solução moralista não cria cidadãos honestos, mas medrosos. Ainda não fui convencido pelos professores que afirmam que em suas escolas não existe o medo e, mesmo assim, as crianças não roubam. Estão com a cabeça nas nuvens. É melhor ter um cadeado em um armário que aprisionar uma criança nos limites da virtude insincera.

O PAPEL DOS ADULTOS

Como qualquer tipo de responsabilidade, o trabalho do *pai* varia muito de indivíduo para indivíduo. Pessoas diferentes lidam com situações de maneiras distintas e, além da série de responsabilidades inerentes ao trabalho, há

Matthew Appleton

uma profusão de oportunidades para desenvolver e manter um precioso nível de contato com as crianças. Para algumas, o *pai* pode ser um ótimo confidente; para outras, um parceiro de brincadeiras adulto. Algumas talvez prefiram a companhia de um dos demais *pais* ou professores, já que são as crianças que escolhem com quem andam. Alunos novos muitas vezes projetam velhos ressentimentos em seus *pais*, de modo que acabamos recebendo tudo aquilo que elas queriam dizer e fazer aos pais, mas nunca tiveram coragem. A dinâmica pessoal de tais situações pode se revelar difícil às vezes, à medida que se estabelecem limites e se revelam sentimentos. Mas é também bastante agradável quando a desconfiança e a animosidade começam a dar lugar à afeição e à receptividade.

Um japonês de 11 anos de idade, durante seu primeiro trimestre, cuspia em mim, me empurrava ou me batia sempre que cruzava comigo. Seus olhos brilhavam de ressentimento; dissimulado, ele desconfiava dos adultos. Dependendo da situação – e do meu humor – eu mostrava irritação ou começava uma competição de brincadeira: a de fazer caretas. A ideia de que os adultos sempre têm de ser coerentes com as crianças nega por completo o elemento emocional de nossas interações. As crianças são plenamente capazes de acompanhar a expansão e a contração dos limites pessoais inerentes às mudanças de humor e, contanto que as reações não se deem por meio de explosões repentinas e injustificadas, é muito mais sadio, para todos os envolvidos, ter uma postura flexível do que viver em um estado de falsidade estática.

Esse garoto continuou me tratando dessa maneira por algumas semanas. Um dia, eu caminhava pelo corredor quando o vi andando em minha direção e me preparei para a reação habitual. No entanto, quando ele se aproximou, em vez de me lançar aquele seu esgar tão familiar, ele me olhou com um largo sorriso e olhos claros e brilhantes. "Eu gosto de você", anunciou, enquanto me abraçava pela cintura. Essas foram as primeiras palavras em inglês que eu o ouvi falar. Foi um momento encantador, que me deixou radiante de alegria pelo resto do dia. Ignoro o que causou essa mudança de natureza nele, mas vi isso acontecer várias vezes em Summerhill – uma mudança inesperada à medida que a raiva antiga se desfaz, e mostras espontâneas de afeição e carinho ocupam o seu lugar. Muitas vezes, é só uma questão de paciência, de aguardar e confiar que, com o tempo, a necessidade de ser desagradável e violento desaparecerá à medida que a criança se sentir mais aceita por aquilo que de fato é.

É comum que os visitantes nos perguntem que tipo de treinamento os funcionários de Summerhill recebem antes de começar a trabalhar aqui. A resposta: não há nenhum treinamento específico que possa preparar alguém para viver em Summerhill. Trata-se de uma situação singular, e sejam quais forem as habilidades e a experiência de vida que se têm, todos devem começar a aprender de novo ao chegar aqui. Uma graduação em Psicologia ou dez anos de experiência como docente nada significa se você não for capaz de tratar a criança de igual para igual. Demora algum tempo até que os novos funcionários e professores entendam como Summerhill funciona, acompanhem seus métodos e os vejam se revelar. Mesmo passado esse tempo, há sempre perguntas novas, e as respostas a elas são obtidas por meio da intuição e da experiência, não academicamente. É a prática, e não a teoria, que proporciona uma compreensão mais profunda. Nesses anos, cometi vários erros idiotas e lidei muito mal com algumas situações. Mas aprendi maneiras melhores de lidar com elas e adquiri uma confiança mais profunda no modo como Summerhill funciona. Além disso, passei a conhecer suas limitações.

Uma lição que o funcionário ou professor novato logo aprende é que os adultos assumem importância muito menor numa comunidade de crianças aptas a controlar a própria vida do que teriam numa situação em que toda a autoridade está na mão deles. A tendência natural das pessoas é de achar que as crianças precisam de orientação e supervisão constantes para se sentir seguras. Porém, em Summerhill, quanto mais confiança for depositada nas crianças, mais elas confiarão em si mesmas. Na verdade, a constante interferência por parte do adulto na vida dos pequenos gera neles uma insegurança profunda: a ausência de autoconfiança e a crença de que as coisas não darão certo a menos que haja alguém para supervisioná-los. É inevitável que isso se transforme numa profecia que se cumpre. Em Summerhill, as crianças envolvem-se muito mais ativamente com os pares do que com os adultos. Às vezes, sinto que minha presença é desnecessária.

A opinião dos adultos também não tem o mesmo peso que teria em ambientes mais centrados neles. Quando conversei com um garoto sobre uma discussão que tinha tido com ele havia um ano, no início das aulas, na qual eu me exaltara, ele deu de ombros e disse: "Não me lembro disso". No entanto, senti que tinha cometido uma grande injustiça em relação a ele. Isso não quer dizer que as crianças não sejam, por vezes, profundamente afetadas por coisas ditas pelos adultos, ou que o relacionamento entre os funcionários ou professores e as crianças não tenha importância. Na verdade, laços estreitos, e bastante verdadeiros, estão sendo construídos aqui. Mas isso tudo acontece no contexto de uma comunidade em que nenhum grupo detém todo o poder, na qual se pode passar o tempo que for necessário brincando ou passeando com os amigos. Nas assembleias, as crianças ficam muito mais sérias e pensativas quando repreendidas por um de seus pares do que por um dos funcionários. Ser adulto simplesmente não significa grande coisa em Summerhill.

Esse é um aspecto da escola que os recém-chegados e visitantes têm dificuldade de entender. Quando perguntei a uma visitante, que permanecera na escola por três semanas, sobre suas impressões, ela disse que a escola era exatamente o que ela imaginava ser, e sua única surpresa foi o fato de os adultos "não terem interesse" pelas crianças. Fiquei surpreso com essa observação. É claro que os adultos em Summerhill se interessam pelas crianças. Mas nós não vivemos afastados delas da mesma forma que muitos adultos o fazem. Adultos e crianças estão sempre interagindo de diferentes maneiras. Portanto, os adultos não se mantêm distantes, analisando as crianças como se pertencessem a uma espécie diferente, que pode ser manipulada e em cuja vida se pode intrometer. Elas seguem seu caminho sem que ninguém lhes diga o que é melhor para elas. Na verdade, muitas das crianças ficaram com a impressão de que essa visitante era inconveniente e insensível. Ela interagia com as crianças com a maior boa vontade do mundo, mas não conseguia deixar de lado o papel, culturalmente enraizado, de adulto como anjo da guarda que sempre interfere.

Suas ideias equivocadas também derivavam, em parte, de um problema comum aos visitantes que permanecem mais tempo na comunidade. Eles se julgam parte dela e não entendem a dinâmica mais profunda do cotidiano ao qual não pertencem. Apegam-se a um aspecto e o tomam pelo todo. No caso, a nossa visitante costumava ser convidada a participar de breves reuniões dos adultos, nas quais estes buscavam uma distância temporária das crianças. Ela não vivenciava a interação quase constante que os adultos tinham com as crianças durante o resto do dia. Tentei mostrar-lhe isso, mas ela não se mostrava disposta a mudar de opinião.

Outro aspecto da relação adulto/criança que os visitantes têm dificuldade de compreender é que em Summerhill não há "segundas intenções". Não sofremos da "síndrome do interesse" que afeta tantos relacionamentos entre a criança e o adulto. Isso implica fazer uma coisa para produzir outra em vez de fazer as coisas por elas mesmas, sem interesses ocultos. Essas intenções ocultas transformam a interação adulto/criança num campo minado. Assim, por exemplo, não propomos caminhadas às crianças para que elas aprendam a apreciar a natureza. Se saímos para caminhar, é porque queremos ir do ponto A ao B ou esticar as pernas, e se os alunos apreciam ou não a natureza é problema deles. Não organizamos jogos com o intuito de cansá-los de modo que não façam barulho ao ir para a cama. Se um adulto organiza um jogo, é porque ele gosta daquele jogo. Conversamos sobre nossas ideias ou crenças não visando à conscientização da criança, mas porque gostamos de falar sobre nossas ideias e crenças. Deixar essa conivência de lado permite que tanto o adulto quanto a criança fiquem à vontade. Cada um percebe a integridade do outro; ambos os lados sentem que trabalham juntos, sem conflitos.

Ao contrário das crianças, cada adulto tem um papel específico em Summerhill, razão pela qual eles estão aqui. Cada papel carrega suas pressões e tensões, bem como seus prazeres e gratificações. Os professores não têm a opção de não dar aulas; espera-se deles que estejam disponíveis para lecionar nos horários indicados. Fora do horário de aulas, os professores têm grande liberdade para fazer o que bem entenderem, embora a maioria deles também participe ativamente de outros aspectos da vida comunitária. Alguns moram em *trailers*, um pouco isolados do prédio principal, o que lhes permite ter uma vida mais tranquila e maior privacidade. A maioria deles, no entanto, mora por um tempo no prédio principal e depois se muda para um *trailer* quando surge uma vaga. Em geral, dá-se prioridade aos professores que estão aqui há mais tempo. Embora essa mudança seja quase sempre acompanhada de uma sensação de alívio depois que se convive com o barulho na Casa, ela é, por vezes, matizada por certa frustração por não estar mais no meio da agitação toda.

Em geral, os papéis desempenhados pelos *pais* são menos estruturados do que os dos professores, embora eles estejam mais intimamente relacionados à vida das crianças. O papel de *pai* das crianças menores (conhecidas como "crianças do San", pois antes elas eram alojadas em uma construção anexa que se tornaria sanatório. Neill, porém, não encontrou utilidade para a construção, já que nunca houve doenças suficientes para justificar sua existência) é mais estruturado. O *pai* das crianças do San tem uma função mais prática, uma vez que elas requerem maior assistência rotineira em questões como cortar as unhas dos pés, tomar banho, lavar o cabelo, preparar-se para a hora de dormir etc. No entanto, o fato de haver menos crianças e de elas irem para a cama mais cedo ajuda a aliviar a carga de trabalho.

Já os *pais* das crianças maiores têm papéis menos definidos, pois os alunos sob seus cuidados são os mais independentes. Nessa idade, há um *pai* para as meninas e outro para os meninos. A explicação para isso é geográfica: as meninas e os meninos mais velhos não estão alojados no mesmo prédio. Esse grupo de alunos mais velhos divide-se em crianças do Barracão e crianças do Vagão. Quando os alunos deixam a Casa, mudam-se para o Barracão. O nome deriva do barracão de madeira no qual os meninos moravam originalmente. Quando, mais tarde, foi necessário criar um grupo parecido para as meninas, elas foram também chamadas de crianças do Barracão, embora morassem na Casa. Mais tarde ainda, quando as crianças do San se mudaram para o prédio central, as meninas do Barracão se mudaram para o velho San, onde estão no momento. Se isso tudo parece complicado, ao menos mostra que a escola está sempre se adaptando para sa-

Summerhill

tisfazer as necessidades da comunidade em dado momento. Diferentemente das crianças menores, as do Barracão contam com tomada no quarto, o que lhes permite ter aparelhos de som, computadores e televisores, se desejarem. Tais objetos não durariam cinco minutos no San ou na Casa, pois seriam quebrados em meio ao entusiasmo cotidiano.

As crianças do Vagão são as mais velhas da comunidade. No entanto, mais uma vez, um pequeno trabalho de investigação semântica revela outro capítulo da história de Summerhill. Antigamente, as acomodações das crianças do Vagão consistiam de dois velhos vagões de trem – a maneira mais barata e eficaz então encontrada por Neill para acomodá-las. Os vagões já não existem há um bom tempo, mas, em sintonia com a terminologia de Summerhill, o nome permaneceu. Hoje, as crianças do Vagão estão instaladas em duas compridas construções anexas de madeira. Cada aluno tem seu quarto, ao contrário do restante da comunidade.

Embora a função de *pai* das crianças maiores não demande tantas restrições, pode implicar dificuldades e desafios. Esses papéis são mais nebulosos do que os demais; os *pais* acabam tendo de buscar maneiras de identificar-se com a comunidade – e, sobretudo, com seu grupo de crianças. Em alguma medida, isso vale para todos em Summerhill, tanto crianças como adultos; porém, é tarefa mais árdua para os adultos, que passaram anos cumprindo ordens e perderam a capacidade de se adaptar e de se autorregular. Para alguns funcionários e professores, não se envolver ativamente com a vida comunitária gera sentimentos de culpa e fracasso. Outros talvez fiquem com a sensação de que trabalham em demasia quando, na verdade, são afligidos por sua incapacidade de definir os limites em relação às crianças ou de encontrar uma forma de expressar suas necessidades. Alguns oscilam entre uma e outra dessas situações. Em geral, leva algum tempo para que funcionários e professores novos encontrem um equilíbrio satisfatório.

Meu papel de *pai* é um meio-termo entre o dos *pais* dos mais novos e o dos *pais* dos mais velhos. As crianças sob meu cuidado não carecem de tanta atenção quanto as menores. Sabem lavar o cabelo e preparar um banho, sendo em geral mais independentes. Mas gostam de saber que seu *pai* está por perto e volta e meia aparecem em meu quarto, seja para passar o tempo ou para conversar sobre algo que as incomoda no momento. Além de trabalhar como *pai*, encontrei várias oportunidades de integrar meus interesses à vida da comunidade.

Ajudei a administrar uma lanchonete, editei uma revista trimestral, dei aulas de massagem e aikidô, cantei em uma banda de músicos adolescentes e gravei com eles num estúdio próximo, escrevi e produzi esquetes de cabaré e uma peça de teatro. Além disso, organizei um centro de informação para visitantes. Outros educadores e pais também contribuem na medida de seu interesse. Um professor organizou um coral e montou um musical, que teve três apresentações abertas ao público da cidade e das redondezas. Outro aproveitou suas férias para ensaiar com uma companhia de ópera e na volta apresentou-se com elenco e orquestra. Um amigo americano, que faz pesquisas sobre óvnis e estava escrevendo um livro sobre um incidente ocorrido numa base aérea local, deu várias palestras sobre o assunto, o que despertou enorme interesse nas crianças. Michel Odent, autor de diversas obras sobre parto, deu uma palestra sobre seu trabalho. Um contador de histórias profissional e um poeta itinerante estiveram na escola. Outros vieram para ministrar oficinas de cerâmica, computação gráfica, dança e canto, dar aulas de

didjeridu[11] e exercícios para melhorar a visão, entre várias outras atividades, todas organizadas pelos funcionários ou professores. Summerhill não é um lugar onde se senta e espera que as coisas aconteçam: lá se faz as coisas acontecerem. Isso vale para funcionários, professores e crianças. A comunidade depende do impulso criativo, não dos princípios compulsivos da educação convencional – e de muitos empregos.

AS CRIANÇAS RECÉM-CHEGADAS E A SAUDADE DE CASA

Gasto um bom tempo e muita energia ajudando as crianças novas a se estabelecer e criando um relacionamento com elas. A maioria dos novos se instala, de início, no San ou na Casa. Entre esses dois havia a "Cabana", mas esta se integrou ao San e à Casa logo depois de minha chegada.

Em geral, as crianças novas não se instalam diretamente no Barracão, pois é raro aceitarmos crianças com mais de 12 anos – e, quando isso acontece, procuramos fazer que elas passem um trimestre na Casa. Isso lhes dá ideia de como é a convivência no prédio principal. O motivo pelo qual normalmente não aceitamos crianças com mais de 12 anos é que, muitas vezes, elas têm mais dificuldade de adaptar-se às liberdades e responsabilidades da vida comunitária. Ao chegarem, tendem a demonstrar maior ressentimento, e não seria justo nem com as crianças mais velhas – que já resolveram esses conflitos internos –, nem com as menores conviver com colegas que furtam, intimidam as pessoas e impedem os outros de dormir à noite.

Quase todo início de trimestre há pelo menos uma ou duas crianças novas. Algumas se adaptam rápido, fazendo amigos e assimilando os princípios básicos da vida comunitária praticamente da noite para o dia. Para outras, mais acostumadas a buscar a aprovação dos adultos do que a confiar em sua intuição e em seus interesses, o processo é árduo. É comum que se apeguem ao adulto que estiver mais perto, à procura de apoio; às vezes, demoram semanas ou meses para abandonar esse hábito. Porém, após cer-

---

11. Instrumento de sopro dos aborígines australianos. [N. T.]

to tempo, essas crianças começam a caminhar sozinhas e a brincar com os amigos; mostram-se assertivas nas assembleias e começam a se perguntar por que sentiam tanta insegurança no início.

Alguns dizem que Summerhill é ideal para crianças expansivas e extrovertidas, mas não para as tímidas. Contudo, já testemunhei crianças perderem a timidez aqui e começarem a revelar um lado agressivo de sua natureza até então oculto. Assim, só posso concluir que a timidez original era uma defesa contra um ambiente adulto no qual a agressividade natural da criança era reprimida. Uso a expressão "agressividade natural" para descrever a capacidade de alguém de se defender, de ser assertivo e expansivo. Não uso aqui o adjetivo "natural" de modo leviano, mas para distinguir uma forma primária de agressão da agressão sádica e violenta do intimidador – que surge apenas como característica secundária, quando a personalidade primária foi prejudicada de forma crônica. Não sou o primeiro a fazer essa distinção, mas o fato de acreditar nela certamente é fruto de minha experiência em Summerhill.

Os adultos que tomam a assertividade de uma criança como ameaça tendem a estimar a timidez. Assim, a capacidade da criança de mostrar a agressividade natural reduz-se diante da devastadora necessidade de se sentir aprovada, fazendo-a expressar-se em gestos pequenos, mas cheios de rancor. Um menino apegou-se a mim durante quase dois trimestres, mostrando-se sempre apreensivo, sobretudo em situações em que as crianças corriam, pulavam e simulavam lutas. No entanto, ele sempre provocava os colegas, sabotando suas brincadeiras e xingando-os. Então, corria em minha direção, com seus olhos grandes de súplica, numa tentativa de me manipular para que eu o defendesse. Ele assumia o papel de vítima indefesa, atribuindo aos colegas a imagem de agressores cruéis. Estava, sem dúvida, acostumado com adultos indignados se apressando em defendê-lo, satisfazendo assim seu próprio sadismo latente e, ao mesmo tempo, justificando sua impotência. Desse modo, podia expressar seu ódio sem ter de assumir responsabilidades nem ser punido por ele. Com o tempo, em Summerhill, o garoto aprendeu a expressar sua agressividade natural de forma mais direta, sem temer represálias por parte dos adultos nem recorrer a prazeres sádicos como consolo. Lembro-me de uma noite em que, sentado em meu quarto, ouvi-o confrontar um menino muito maior, com fama de intimidador. Num tom claro e confiante, afirmou ao colega: "'Se você não me deixar em paz, vou levar o caso para a assembleia".

Em geral, é nessas situações que funcionários ou professores novos sentem-se tentados a intervir e bancar o anjo da guarda. Muitos adultos têm dificuldade de aceitar que crianças, quando fortalecidas pelo ambiente onde vivem, sejam na verdade muito capazes de superar suas dificuldades. Nessas circunstâncias, a interferência do adulto atrapalha em vez de ajudar.

Claro que há exceções, como quando alguém se vê diante de uma situação muito complicada, mas essa questão exige a sensibilidade do adulto – e não que ele demonstre onipotência diante de todos os dramas da infância. Eu mesmo passei por essa experiência, em meu primeiro trimestre de trabalho na escola, e uma professora espalhafatosa e impetuosa tomou a iniciativa de mandar que os alunos parassem de me importunar. Não lhe ocorreu que, se eles estavam me importunando, eu mesmo podia deixar claro quais eram meus limites. Embora eu lhe pedisse que não o fizesse, ela continuou com esse hábito irritante até que deixou a escola. Constatei, com isso, que as crianças eram muito mais receptivas ao estabelecimento de limites pessoais do que ela.

Ao observar a reação das crianças de Summerhill diante de alunos novos, também percebi que elas são, em geral, muito mais sensíveis à mentira que os adultos. Alguns alunos recém-chegados, que passam o tempo todo tentando impressionar, nunca foram de fato aceitos pelo que realmente são: sempre tentaram viver de acordo com as expectativas alheias. São inseguros e carecem de autopercepção. Gabam-se de ideias pelas quais não têm nenhum sentimento. Estão mais interessados em impressionar do que em um contato autêntico com o outro.

Nessas situações, as crianças revelam um olhar aguçado que geralmente os adultos não têm. Muitos adultos querem ser impressionados. Talvez porque, quando alguém se esforça para ser aprovado, isso os faz sentir que eles também impressionam as pessoas. Diversas vezes, vi crianças novas que, em suas primeiras semanas de Summerhill, recitavam seu

Matthew Appleton

repertório de qualidades supostamente impressionantes e de feitos ousados, sendo evitadas pelas demais. Contudo, foram pouquíssimas as que, livres dessa fachada, não conseguiram superar isso e não tenham finalmente encontrado seu lugar na comunidade.

Na maioria das vezes, no entanto, surpreendo-me diante da facilidade com que as crianças novas se adaptam. Saudade de casa é um sentimento raro em Summerhill. Pouco tempo atrás, um garoto me disse que estava com saudade de casa. "Mas já estamos quase no final do trimestre", respondi, "você voltará para casa em poucos dias". "É por isso mesmo", suspirou, "estou me sentindo mal porque tenho de ir para casa".[12]

Quando as crianças estão de fato ansiosas para voltar para casa, não é necessariamente porque lá elas eram mais felizes. O lar de que elas sentem falta é um lar idealizado, uma fantasia. Uma garotinha falava sem parar sobre a enorme saudade que sentia de casa, de como lá ela era feliz. Na verdade, seus pais não tinham tempo para dedicar a ela, que ficava sob os cuidados de outras pessoas durante as férias. Um dia, ela repetia sua ladainha dizendo quanto amava sua família e me perguntou se eu amava a minha. "Afe, não!", respondi, fingindo uma expressão de nojo, "eu odeio eles! Eles são horríveis". "Oh, isso é terrível!", ela exclamou, fingindo indignação, com os olhos brilhantes e um largo sorriso.

Quando as coisas estão ruins em casa, é comum que as crianças sintam que deveriam estar lá. Talvez um dia elas consigam encontrar as palavras mágicas que farão que mamãe e papai as amem. Ou talvez achem um jeito de mamãe e papai voltarem a se amar. Às vezes, enquanto se divertem, são tomadas pela culpa e sufocadas pela saudade de casa. Afinal, mamãe e papai vivem infelizes lá.

Uma menina brinca alegremente com as amigas. Há dias ela tem tocado a vida, toda feliz. O telefone toca; é sua mãe. Ela pega o aparelho e, segundos depois, está vertendo um rio de lágrimas, dizendo à mãe como está triste, como gostaria de voltar para casa. Minutos mais tarde, ela empurra

---

12. A graça e o sentido desta passagem estão no jogo de palavras criado pelo menino: *I feel homesick* quer dizer "Estou com saudade de casa", em comparação com *I'm feeling sick*, ou seja, "Estou me sentindo mal". [N. T.]

Summerhill

o telefone na minha direção. "Mamãe quer trocar uma palavrinha com você", ela anuncia e sai correndo para brincar com as amigas. Pelos dez minutos seguintes, tento garantir à inquieta mãe que, na verdade, tudo está bem e sua filha está bastante feliz. Já me acostumei a essa cena. É como se as crianças sentissem a expectativa dos pais de que seus filhos estejam infelizes longe de casa. O choro tem uma função importante: é como se as crianças não quisessem que os pais se sentissem rejeitados. Elas costumam entender melhor o que acontece com os pais do que eles próprios.

A saudade de casa pode também ser um jeito de se esquivar de problemas surgidos no cotidiano escolar. Um menino de 12 anos liga para os pais dia sim, dia não, durante seu primeiro trimestre conosco, implorando a eles que o tirem da escola. Ele se mostra afetado e arrogante com as outras crianças, e elas não gostam dele. Ele vem para o meu quarto chorando; reclama que nunca vai se adaptar. Eu o estimulo a ser paciente e a se empenhar, em vez de ver a casa dos pais como uma saída sempre que as coisas se complicam.

A raiz do problema não está no fato de preferir o ambiente de casa, mas em seu enorme complexo de inferioridade, que ele dissimula tentando se mostrar mais inteligente e melhor do que os outros. Nunca se deu bem com os colegas, mas em casa pode assistir à TV ou jogar no computador para fugir dos problemas. Digo a ele que, se permanecer em Summerhill, aprenderá a gostar de si mesmo. E verá que as outras crianças gostam dele pelo que ele é. Comento que ele só se exibe diante dos outros porque, na verdade, não se acha bom o bastante – e que, se não aproveitar essa oportunidade para descobrir que as pessoas podem realmente gostar dele, nunca se achará capaz. Chamo sua atenção para algumas crianças que são agora felizes e membros queridos na comunidade, e digo que elas já se sentiram como ele no passado. Ele se sente aliviado por ter desabafado sua angústia, mas minhas palavras não o confortam muito. As crianças vivem o hoje e não o amanhã.

Seus pais tentam convencê-lo a ficar. Lembram-no de como era infeliz em casa, em vão. Estavam acostumados a ceder aos desejos do filho, mas agora, após muita ponderação, dizem-lhe que ele deverá permanecer em

Matthew Appleton

Summerhill por um ano, pelo menos. Durante as duas semanas seguintes, ele parece mais adaptado e em paz consigo mesmo. Ao retornar para o segundo trimestre, chora um pouquinho, mas logo entra no ritmo normal das atividades. Hoje, em seu terceiro trimestre, está totalmente integrado ao seu grupo, tem muito menos necessidade de se exibir e nunca sente saudade de casa. "A única coisa que odeio", disse aos pais, "é ver que vocês estavam certos e eu, errado".

Foi difícil para os pais decidir, em nome do filho, que ele permaneceria em Summerhill. Sentiam-se autoritários. Porém, também perceberam que, nessa situação, sabiam melhor do que o filho o que deveria ser feito. Sabiam o que o aguardava se ele tivesse de passar pela escola convencional, e perceberam o efeito negativo que isso produziria nele. Ironicamente, ao retirar o poder de escolha das mãos do menino, estavam também lhe dando liberdade para lidar com suas dificuldades. Enquanto ele pudesse fugir delas, e pensar que a vida seria mais fácil em outro lugar, nunca estaria livre para ser ele mesmo.

Volta e meia, as crianças pedem para ser retiradas de onde estão por estarem enfrentando alguma dificuldade. Porém, a ponderação de prós e contras em longo prazo é uma responsabilidade dos pais. As crianças não apreciam a perspectiva de longo prazo. Já vi muitas delas frustradas por seus pais lhes terem delegado essa responsabilidade. A menina que mencionei antes, que sempre se queixa de saudade de casa, está conosco há três anos, mas nunca se adaptou de verdade. Tão logo as dificuldades aparecem, ela telefona para a mãe e pede para ir embora. A mãe a tira da escola por uma ou duas semanas, deixando-a sob os cuidados de outra pessoa, já que ela é ocupada demais para cuidar da menina. Quase todo trimestre essa menina decide que irá embora de Summerhill, e então sua mãe começa a procurar uma nova escola para ela. No final, ela acaba decidindo ficar. Sua mãe cede a cada simples capricho da filha. O resultado é que a menina fez poucos amigos e carece de uma sensação de estabilidade na comunidade.

A saudade de casa, portanto, pode ter vários significados e funções. Talvez seja a saudade de um lar que nunca existiu. Talvez signifique fuga da realidade. Pode também se tratar de um processo de viver as angústias, de aceitá-las. Um garotinho chorava demais durante suas duas primeiras semanas na escola. Recusava-se a se misturar com as outras crianças e não saía do lado de seu *pai*. Os pais ligavam para ele toda noite e o pai, homeopata, enviava remédios para ajudá-lo. O menino ficava andando ao redor do telefone por horas, esperando a ligação. Era a tristeza encarnada. Eu nunca tinha visto um caso tão agudo de saudade de casa, o que me preocupava, pois, se aquilo continuasse por muito mais tempo, ele logo estaria completamente isolado das outras crianças e ficaria ainda mais difícil para ele romper com a situação e fazer amigos.

Escrevi aos pais, que também eram amigos meus, e comentei que, a meu ver, eles estavam minando a adaptação do menino ao telefonar com tanta frequência e ao mandar-lhe remédios. Tudo isso era verdade, mas hoje reconheço que, por trás dessa atitude, talvez houvesse também certo dogmatismo de minha parte. Os pais se irritaram com minha observação e continuaram a telefonar. Sentiam que o filho necessitava de seu apoio nesse período de transição. Ocorre que, logo depois, naturalmente o menino passou a se distanciar do telefone quando os pais ligavam; pouco a pouco começou a brincar com as outras crianças, deixando-se levar pelo entusiasmo das brincadeiras. Passado algum tempo, ele disse à mãe ao telefone: "Não quero que você me ligue tantas vezes". Sua angústia passara e ele se sentia livre para brincar. A crítica que fiz a seus pais muitas vezes se mostrou pertinente em outras situações, mas eu tinha calculado mal a dimensão da saudade que esse menino tinha de casa. Uma percepção correta em determinada situação pode facilmente tornar-se um dogma em outra. Desde esse episódio, tenho tido muito cuidado com esse aspecto.

AS CRIANÇAS LONGE DOS PAIS

O ano escolar tem três trimestres letivos, cada um com duração de 11 semanas. Já refleti bastante sobre a questão de ser ou não prejudicial para as crianças estar distante de casa por períodos tão longos. O regime de internato, que tem sido uma preocupação unicamente das classes média e alta, vem declinando nas últimas décadas; cada vez mais se enfatiza o lar como ambiente ideal para o desenvolvimento das crianças. Em geral, considero os internatos repugnantes, com sua ênfase na formação do caráter, na disciplina, na superioridade acadêmica, na repressão sexual e no esnobismo. Embora Summerhill seja, em tese, chamado de internato, ele é na verdade um fenômeno totalmente diferente. Não se compara a outros internatos. Para descrever Summerhill, prefiro usar termos como "comunidade internacional de crianças" ou "comunidade de crianças que se autogovernam", expressões muito mais adequadas do que a palavra "internato", cuja conotação muitas vezes soa negativa para as pessoas.

Desde que cheguei a Summerhill, só consigo me lembrar de pouquíssimas crianças que não se transformaram em pessoas mais felizes, mais em paz consigo mesmas, mais relaxadas e expansivas. E, em cada um desses casos, houve conflitos muito claros entre a escola e o lar que dificultaram a adaptação delas. Entre a grande maioria dos que gostam de viver em Summerhill, muitos vêm de lares felizes, nos quais sabem que são amados e onde sua integridade é respeitada. Entendo "integridade da criança" de modo bastante específico: a completa inteireza da criança, os vários elementos que compõem sua natureza integral – a vivacidade natural, a interação emocional com o mundo, as sensações biológicas da vida, a curiosidade em relação à existência e o impulso de amar e estabelecer contato. A criança íntegra é aquela que está unificada em sua natureza e à natureza como um todo.

Os pais de dois meninos alemães ficaram seriamente preocupados quando o filho mais velho, de quase 8 anos de idade, começou a se mostrar irritadiço e rabugento. Ele estava sendo visivelmente afetado pela escola onde estudava. Eles tinham criado o menino de forma que ele pudesse se expressar sem medo, sem ansiedades em relação ao próprio corpo ou à própria sexualidade. Na escola, era atormentado pelos professores, que não toleravam sua agitação e sua forma sincera de se expressar. Tinha conflitos com os colegas, que sentiam desprezo e vergonha em relação ao próprio corpo, eram furtivos e tinham medo dos adultos. Isso, por sua vez, começou a afetar o relacionamento com seus pais, já que acima de tudo ele que-

Summerhill

ria fazer parte de uma gangue, e não ser marginalizado. Dispondo de espaço limitado para brincar dentro de casa ou ao redor dela, ele e o irmão de 4 anos passavam boa parte do tempo em frente à TV, o que os deixava muitas vezes entediados e frustrados.

A frequência às aulas era compulsória, portanto os pais não poderiam deixar o menino maior em casa. Eles também reconheciam a necessidade do filho de se misturar com crianças de sua idade, e que não seria saudável para ele ficar trancado em casa com os pais o dia todo. Tinham ouvido falar de Summerhill havia muitos anos, mas achavam que a escola tinha fechado as portas com a morte de Neill. Ficaram sabendo, então, que a escola ainda funcionava e decidiram visitá-la, considerando uma possível mudança para a Inglaterra, de modo que ambos os filhos pudessem estudar ali durante o dia, voltando à noite para casa. Ambos eram médicos e exerciam a profissão na Alemanha; seria, portanto, uma mudança radical para eles. Mas eles abominavam a perspectiva de seus filhos estarem longe de casa.

Quando eu os conheci, fiquei preocupado, achando que talvez eles estivessem sendo um pouco idealistas em relação a Summerhill. Eu temia que eles estivessem se desenraizando para, depois, terminarem frustrados. Afinal, argumentei, nem todas as crianças em Summerhill tinham sido criadas da forma como eles criaram os filhos. Muitos alunos, ao chegar aqui, alimentam sentimentos negativos em relação ao próprio corpo e se ressentem dos adultos. Eles ficaram vários dias na escola e fizeram muitas perguntas. Ao final da visita, estavam determinados a trazer os filhos para Summerhill. Apesar de todas as limitações, sentiam que a escola tinha uma vivacidade e uma honestidade impressionantes.

Durante o ano seguinte, a mãe tentou, em vão, encontrar uma casa adequada na Inglaterra, enquanto o pai continuava a trabalhar na Alemanha. Foi uma fase difícil, cheia de frustrações e de decepções. Tudo que poderia ter dado errado deu errado. No final, e com muita dor no coração, eles chegaram à conclusão de que a mudança da família para a Inglaterra não era factível; por outro lado, decidiram mandar para cá, como aluno interno, o filho mais velho, considerando a possibilidade de enviar o menor mais tarde. O mais velho está em Summerhill há mais de um ano e, apesar

Matthew Appleton

da dor da separação, estão felizes com as mudanças que veem no menino. Constatam que ele retomou o gosto pela vida, que se mostrara bastante diminuído desde que ele passara a frequentar a escola, na Alemanha. Está mais receptivo e delicado em suas atitudes do que ousava ser com seus amigos alemães. A princípio, não quis estar longe de casa e sofreu profundamente, mas agora diz aos pais: "Estou feliz por estar em Summerhill. Claro que eu preferia estar em casa e estudar em Summerhill, mas, já que não posso, prefiro estar em Summerhill a ter de ir para a escola alemã".

Há alguns anos, a mãe de um aluno espanhol organizou uma série de palestras para eu dar na Espanha. Sempre me impressionei com o forte vínculo entre os dois e o respeito que ela mostrava pela individualidade do menino. Ela fizera os preparativos de modo que eu tomasse com ele o avião de volta à Inglaterra para o reinício das aulas. No aeroporto, ela o abraçou e se despediu com os olhos cheios de lágrimas. "Sempre sofro quando ele vai embora", ela me disse, "preciso mais dele do que ele de mim. Odeio quando ele vai embora, mas sei que ele está feliz em Summerhill. Vejo isso no rosto dele, e isso faz tudo valer a pena". No avião, perguntei ao menino se ele se sentia triste por deixar a mãe. "Claro que não", disse, bastante perplexo, "todos os meus amigos estão em Summerhill".

Recorro a esses dois exemplos para ilustrar o que penso sobre a questão de ser ou não prejudicial para as crianças passar tanto tempo fora de casa. Assim como esses pais, debati-me com o assunto e, como eles, cheguei à conclusão de que, embora isso possa ser doloroso durante certo tempo, não é prejudicial; ao contrário, é extremamente benéfico, pelo menos em um ambiente como Summerhill. Nos dois exemplos mencionados, trata-se de famílias com as quais as crianças se sentem seguras e queridas; contudo, ainda assim os pais sentiram que Summerhill poderia satisfazer melhor suas necessidades. Também temos crianças vindas de lares nos quais não se sentem amadas nem à vontade. Lares onde os pais estão sempre brigando ou então apenas se toleram, numa grande e profunda tristeza. Lares nos quais eles se separaram e usam o filho para se ofender mutuamente, deixando a criança se sentir dilacerada entre os dois. Há intermináveis variações acerca desse tema; cada criança reage profunda e ansiosamente à sua maneira.

Summerhill

É inevitável que crianças que vêm de famílias complicadas vivam de cara amarrada. Talvez sintam que foram largadas, abandonadas em Summerhill. O xis da questão, no entanto, é este: aquelas que se sentem abandonadas sentiram a mesma coisa quando estavam em casa. O fator determinante não é a distância física, mas a emocional. Summerhill não é capaz de compensar inteiramente essa perda, mas tenho visto crianças em processo de cura dessas feridas, sentindo-se aceitas e cuidadas – às vezes, de um modo que nunca se sentiram antes. Conseguem levar a vida com alegria, encontrando companheirismo e um senso de pertencimento ao grupo de uma maneira que jamais teria sido possível em seu ambiente doméstico, em que predominam o conflito e a tensão.

Entender isso significa compreender que, para as crianças que vivem em Summerhill, qualquer que seja seu ambiente familiar, a escola torna-se também o lar delas. Não é simplesmente sua escola, mas sua comunidade. Representa uma extensão de sua família. É um lugar onde elas sentem que têm voz ativa e podem ser elas mesmas. São aceitas pelo que são, sem ser comparadas com outras, conforme o ideal abstrato de outra pessoa. Pertencemos a uma comunidade em que desejamos estar e, para as crianças em Summerhill, o início das aulas é aguardado com ansiedade. Portanto, o garoto que definiu a saudade do lar como o sentimento de estar doente por estar indo para casa não estava sendo apenas irreverente. Ele expressava algo mais profundo do que um humor sutil.

Nossa sociedade aposta tudo numa única relação entre pais e filhos. Existe a expectativa de que os filhos obtenham dos pais a nutrição emocional de que necessitam, e que os pais sejam capazes de provê-la. Essa é uma tarefa impossível, embora seja o parâmetro usado em todos os lares. Sentimentos de infelicidade ou insatisfação acabam afetando o contexto mais amplo. Todos os envolvidos passam a questionar seu papel. "Sou uma mãe tão ruim assim?", "Sou um filho assim tão terrível ?". Os incômodos transformam-se em desavença. A família é maior do que o indivíduo e impõe sua presença por meio de perguntas corriqueiras, como "Por que você tem sempre de estragar as coisas?","Por que você é sempre tão desastrado?", "O que nós fizemos de errado?", "O que a gente fez para merecer isso?", "'Nós sempre fizemos o melhor que podíamos para você, não?", "O seu irmão nunca reclama". De modo involuntário, a infelicidade individual transforma-se em culpa e censura. Logo nos vemos numa situação em que é impossível ganhar ou se beneficiar de algo e em que ninguém ousa dar um passo. Paralisia emocional.

Cada vez mais, subestimamos a necessidade das crianças de pertencer a um grupo social mais amplo. Elas precisam umas das outras para brincar, brigar, violar regras, para se apaixonar, desapaixonar, para crescer junto e encontrar seu lugar no mundo. Os pais não têm condições de fazer tudo isso. Summerhill é uma comunidade de crianças. É um espaço no qual os pais se distanciam e deixam os filhos viverem a própria vida, do seu jeito, sem interferência. Às vezes, isso é difícil para os pais. No início de cada trimestre, observo os carros estacionarem em frente à escola. As crianças saem correndo para reencontrar os amigos. Em minutos, esquecem-se dos pais, que ficam acenando de longe, melancólicos.

As crianças sempre viveram grande parte da vida longe da visão e do alcance dos adultos. Ao encontrar outras crianças nas ruas e nos parques, criam um universo próprio, com intrigas e dramas particulares. Universos cheios de fantasia, em que as paisagens da imaginação reinam soberanas. Universos em que o corpo se torna uma imagem embaçada da vida – rir, pintar, saltar, tropeçar, correr ao vento. Aqui, amizades são feitas e desfeitas, laços afetivos são fortes enquanto duram e dolorosos quando rompidos. Esses pontos de encontro diminuíram muito em número nas últimas décadas. As ruas ficaram movimentadas. Os parques são hoje lugares onde reinam o medo e a insegurança, onde pais temem que os filhos sejam molestados ou sequestrados. Cada vez mais as crianças têm sido forçadas a ficar em casa em frente à televisão, ao computador, deixadas com babás ou pais exaustos de tanto trabalhar – e sem espaço suficiente para elas próprias. Cada vez mais, as crianças sucumbem ao mundo adulto, no qual seu universo é impedido de se desenvolver e a programação da TV se torna o único alívio em meio ao tédio. Além disso, há somente a escola, um calendário repleto de horários e de atividades, igualmente supervisionadas por adultos. Esse não é o mundo das crianças, mas o mundo das crianças como os adultos o imaginam. Nele, a ênfase está na infância como preparação para a vida adulta – não como uma etapa da existência que tem valor próprio.

Em Summerhill, as crianças não são supervisionadas por adultos, à exceção de poucas situações específicas, como nas aulas, na piscina ou quando usam ferramentas potencialmente perigosas. Elas são livres para perambular por onde e como quiserem, nos limites da área de aproximadamente 40 km² pertencente à escola. Se quiserem brincar no bosque o dia inteiro, não precisam da permissão de ninguém. Se quiserem assistir às aulas, ou preferirem ficar no quarto conversando com os amigos, é problema delas. Se quiserem ir à cidade, contanto que seja nos horários e com os grupos definidos nas assembleias, podem ir. O mundo da infância está desaparecendo. Para muitas pessoas, esse mundo é sinônimo de uma vida enfadonha e claustrofóbica, da qual elas adorarão ter escapado. Summerhill é hoje um dos poucos lugares onde as crianças podem viver sem a supervisão dos adultos, seguindo seus próprios desejos e motivações e não os dos adultos. Como disse o pai de aluno: "Não estou mandando meus filhos embora. Estou permitindo que eles se libertem".

Essa observação reverbera na fala de um garoto alemão de 9 anos, no início de seu primeiro trimestre. Seus pais tinham acabado de partir, depois de uma despedida emocionada. "Agora", disse com um suspiro de alívio, "posso começar a viver a minha vida".

3 UMA CULTURA DAS CRIANÇAS

A VIDA COMUNITÁRIA em Summerhill tem dois elementos básicos. De um lado, uma estrutura que organiza a rotina diária e semanal. Do outro, a espontaneidade dos diferentes humores e as manias que, volta e meia, surpreendem a comunidade. Esses dois elementos estão interligados, formando um padrão estático e, ao mesmo tempo, em constante mutação. O lado espontâneo nasce da química criada pelas crianças e pelos adultos que estiverem atuando na comunidade em determinado momento. De repente, um jogo em particular dá asas à imaginação de todos. Ou então alguém faz uma espada de madeira na marcenaria e, da noite para o dia, a escola se transforma num campo de batalha medieval. Um revólver de brinquedo novo faz que todos corram à brinquedoteca e que os corredores se encham de policiais e ladrões se escondendo nas sombras dos umbrais. É tarde de calor intenso e, subitamente, as crianças aparecem munidas de mangueiras e baldes, jogando água para todo lado. Consertam suas bicicletas, constroem trenós e casas de madeira para fixar nas árvores. Na verdade, claro, nem todos fazem uma única coisa. Há sempre grupos pequenos ocupando-se de seus afazeres, independentemente das atividades dos demais. Mas, vez ou outra, determinada atividade coopta a imaginação coletiva, atingindo a comunidade como uma onda.

Pode ser também que determinado grupo de crianças esteja dando dores de cabeça à comunidade. Talvez uma pequena gangue esteja causando transtornos, ignorando as leis e atrapalhando a rotina. Assembleias especiais podem ser convocadas e as outras atividades podem ser abandonadas por um tempo para que a comunidade se una para resolver o problema. Em outros momentos, a vida continua sem nenhuma interrupção desse tipo por vários trimestres.

Matthew Appleton

Em meio ao vaivém cotidiano, a rotina serve de estrutura básica. O dia começa às 8h com o sinal de "acordar". Em geral, há crianças já em pé e perambulando antes disso, e sempre algumas que continuam dormindo além do horário. Às 8h15, o sinal toca novamente, anunciando que o café da manhã está sendo servido. Os que querem tomar café descem à cozinha, onde um dos professores serve cereais, chá e torradas. As crianças comem no refeitório. Às 8h45, a portinhola da cozinha é fechada e o café da manhã termina.

Às 9h, os "inspetores das camas" aparecem para avisar aos que ainda estiverem deitados que eles têm meia hora para se levantar. Todo dia, dois "inspetores", eleitos pela comunidade, fazem cumprir as leis relativas aos horários de dormir e de levantar (decididos nas assembleias). Embora um funcionário ou professor às vezes se candidate a inspetor, eles são quase sempre crianças do Barracão ou do Vagão. Às 9h30, circulam novamente pelos quartos para se certificar de que todos estejam em pé. Quem se recusar a levantar pode ser multado pelos inspetores – a menos, é claro, que esteja doente.

As aulas começam às 9h30. Prosseguem até as 12h30 para as duas turmas do nível "elementar" e até as 13h15 para os alunos maiores, que têm aulas de disciplinas específicas. Para algumas crianças, as aulas são um terreno estranho no qual elas raramente – ou nunca – se aventuram. Para outras, já estão plenamente incorporadas à sua rotina em Summerhill; estas mostram grande interesse em frequentá-las. A escolha é delas, e adulto nenhum tenta influenciá-las. A marcenaria fica aberta no período da manhã, como um espaço informal a ser frequentado, e normalmente está sempre cheia. Qualquer um pode entrar e criar o que desejar, e o professor está ali somente para dar conselhos práticos e supervisionar o uso das ferramentas e dos equipamentos. Recentemente, quando a visitei, notei que a maioria dos frequentadores era composta de crianças mais velhas. Uma delas construía uma lixeira; outra, um tripé para sua máquina fotográfica. Um estrado de cama estava sendo montado. Uma cadeira começava a tomar forma. No canto, uma mesa semiacabada esperava o retorno de seu dono. O clima era de profunda concentração. Em outras ocasiões, vi a marcenaria cheia de crianças menores, entalhando pedacinhos de madeira para criar vasos, cai-

Summerhill

xas, arcos e flechas, escudos, espadas, metralhadoras ou o que lhes desse na cabeça. É raro encontrar a marcenaria vazia. O ateliê de arte também já funcionou como um espaço aberto, semelhante à marcenaria. O atual professor de arte, apesar disso, preferiu dar ênfase a aulas mais formais. Se alguma das crianças tiver objeções, pode levar a questão à assembleia e pressionar para que se possa usar o estúdio de maneira mais informal. Mas isso ainda não aconteceu.

Durante o horário das aulas, costumo sair, ou me tranco no quarto para ler sossegado. Em geral, os professores estão disponíveis nesses horários, caso alguém precise de primeiros socorros ou de algo em caráter de emergência. No início de minha estadia em Summerhill, colocava-me à disposição o dia inteiro, mas logo percebi que precisava de mais tempo para mim, para satisfazer meus interesses e necessidades. Um ano depois de ter chegado, vejo vários funcionários totalmente exaustos. Sobreviver em Summerhill, em longo prazo, requer do adulto uma sólida noção de identidade e dos limites pessoais. É uma questão de controlar o equilíbrio entre as necessidades pessoais e as coletivas. Viver numa comunidade de crianças demanda muito de professores e funcionários. Há sempre alguém precisando de algo. O barulho é constante. A intensidade e a energia de crianças livres das restrições impostas pelos adultos são maiores do que muitos adultos conseguem tolerar.

Às 10h50, há um intervalo de 20 minutos. Suco de laranja, chá e biscoitos são servidos no refeitório. É um de meus momentos prediletos. Há uma algazarra geral para pegar as xícaras. Crianças e adultos de todas as idades e tamanhos serpenteiam pelo refeitório, formando fila na direção do bule e dos biscoitos, ou simplesmente zanzam por ali para ver o que se passa. O lugar se enche de pessoas que tagarelam e se cumprimentam amistosamente, ou que lançam e se defendem de insultos bem-humorados. Certo dia, recebemos a visita de uma professora de escola pública que ficou tão incomodada com toda essa balbúrdia que mal podia conter a vontade de impor silêncio e ordem àquilo tudo. A visão daquelas crianças correndo pela sala com xícaras quentes contrariava tudo que ela aprendera em sua formação de professores, na faculdade. Já conseguia antever e imaginar

Summerhill

crianças com queimaduras graves. Ao fim do intervalo, estava pálida e abalada. Já vi muito chá ser derramado durante o intervalo, mas ainda estou para ver alguém se queimar.

As crianças menores almoçam às 12h30. Quando completam 13 anos, passam a almoçar junto com o segundo grupo, às 12h45. A maioria dos funcionários e professores está no segundo horário, que em geral é mais sossegado que o primeiro. Vigora hoje uma regra segundo a qual ninguém do segundo horário pode pedir comida aos do primeiro. Essa norma surgiu após algumas das crianças maiores, ao sentir fome mais cedo, começarem a circular pela área da fila do primeiro horário e a pedir às menores que cedessem suas batatas ou sua sobremesa. Não o faziam em tom ameaçador, mas é óbvio que alguns alunos mais novos tinham dificuldade de dizer não. Há também uma regra dizendo que as crianças do primeiro horário não podem almoçar no segundo. Ela passou a vigorar depois de vários incidentes com crianças menores que entravam no refeitório, brincando, fazendo algazarra e incomodando as demais. Entretanto, ninguém cria problemas quando as crianças menores entram, a menos que estejam importunando alguém.

Após o almoço, não há aulas até as 16h30. Às vezes, um grupo de crianças se junta e organiza uma partida de futebol, *rounders*[13], *netball*[14], vôlei ou outro jogo. No momento, faz sucesso o "tork", jogo que envolve dois times e um *frisbee* (o nome é formado pelas duas primeiras letras de Tomo, um dos alunos, e as duas últimas letras de Mark, um professor; ambos apresentaram o jogo à escola). Algumas crianças saem para passear na cidade, normalmente para comprar doces e refrigerantes. Outras perambulam pela escola reclamando do tédio até encontrarem algo que desperte sua imaginação. Pela escola toda, grupos pequenos de amigos sentam-se juntos para conversar, ouvir música, jogar, subir em árvores ou pensar em algo para fazer. Durante o trimestre do verão, a piscina fica aberta a maior parte do tempo. Isso depende do clima, já que a piscina não é aquecida.

---

13. Jogo inglês com bola e bastão, semelhante ao beisebol. [N. T.]
14. Jogo semelhante ao basquete, mas no qual os times são compostos por sete jogadores. [N. T.]

Mas, quando ela está aberta, em geral atrai muitas das crianças, que berram e espirram água para todo lado. O tênis também é bastante popular no verão, e torneios são organizados durante todo o trimestre.

Às 16h, o sinal toca novamente, e chá e biscoitos são servidos na cozinha. Os adultos se recolhem à sala dos funcionários e professores durante esse intervalo. Ao longo da tarde, muitos funcionários terão lidado com as crianças em várias atividades ou em trabalhos que precisam ser feitos ao redor da escola. É a primeira vez no dia em que os adultos se juntam como um grupo à parte do restante da comunidade. As pessoas se sentam e conversam sobre coisas que ocorreram durante o dia, compartilhando histórias ou organizando isso e aquilo. Na sala dos funcionários e professores, o ambiente não é mais formal do que no restante da escola.

Às 16h30, as aulas recomeçam. Por volta das 16h25, costuma haver uma reclamação generalizada: crianças se aproximam da porta, ansiosas, para lembrar os professores de que está na hora da aula, e pedem a eles que andem logo. Há uma grande distância entre essa cena e a minha experiência como aluno, quando a classe inteira ficava na expectativa de que o professor se atrasasse, aproveitando e saboreando cada minuto extra de liberdade, rezando para ganhar um tempinho a mais. Ter aulas compulsórias e aprender voluntariamente são experiências diametralmente opostas. Aqueles que costumam dizer "Se eu não tivesse sido obrigado a ir às aulas, nunca teria aprendido nada" deveriam levar isso em conta. As aulas continuam até 17h30 para as crianças menores e até 18h15 para as maiores. As maiores que estão tendo matérias específicas não estarão necessariamente em aula o tempo todo, apenas nos períodos relevantes para seus cursos específicos. Assim, um aluno pode ter aulas durante cinco períodos num dia e somente em dois no dia seguinte.

Às 17h30, as crianças menores jantam; às 18h15, é a vez das maiores e dos funcionários e professores. Estes comem na sala reservada a ambos. Os funcionários que quiserem sair à noite avisam os demais, de modo que haja sempre um número suficiente de adultos na escola. Os *pais* têm noites específicas de folga. O *pai* do San e eu temos duas noites de folga na semana. Os *pais* das crianças maiores têm apenas uma, mas liberdade maior pa-

Summerhill

ra sair por algumas horas a qualquer momento. Os professores se organizam entre si para decidir quem deverá permanecer na escola, e quando. Alguns vão ao bar local, assistem a aulas noturnas ou visitam amigos. Outros conversam com crianças ou outros adultos em seus quartos e *trailers*, ou talvez se dediquem a uma atividade específica com as crianças. No último trimestre, um professor organizou um coral; outro construiu uma "tenda do suor"[15], à moda dos índios americanos, e programou sessões regulares à noite. Em certos trimestres, alguns adultos estarão envolvidos mais ativamente em tais projetos, e em outros será a vez de outros adultos. Isso muda o tempo todo, mas há sempre algo acontecendo.

A VIDA SOCIAL DAS CRIANÇAS

A maioria absoluta das atividades fora do horário de aulas não é organizada pelos adultos, mas pelas crianças. Em quatro noites por semana há música no saguão. Essa atividade é conhecida por "gram", alusão aos dias em que a música na comunidade era tocada num gramofone. Hoje há uma aparelhagem sofisticada e tecnológica, com alto-falantes potentes e luzes coloridas. A "comissão gram" toca as músicas da "cabine gram", pequena plataforma semiaberta que fica sobre um tablado no canto do saguão. A comissão é eleita durante as assembleias, de modo que nem todos possam mexer no equipamento caro e frágil – que, caso contrário, seria danificado facilmente. Conforme a regra vigente, nenhuma criança com menos de 12 anos pode se candidatar à comissão gram. Além de serem os DJs da escola, os membros da comissão também cuidam da manutenção do equipamento. Quaisquer discos novos ou equipamentos que precisem de substituição são pagos pelo "fundo da comunidade" – dinheiro arrecadado pelos "bares" e pelas multas aplicadas nas assembleias. Nos bares, um grupo eleito de crianças prepara e vende comida para arrecadar dinheiro para eventos

---

15. Cabana rudimentar usada por índios americanos para banhos de vapor ritualísticos a fim de obter a purificação. [N. T.]

Matthew Appleton

especiais, como o intervalo de meio de trimestre, o final do trimestre, a noite de Guy Fawkes[16] e o Dia das Bruxas. São conhecidos como "comissões dos bares X", sendo X o nome do respectivo evento – por exemplo, "comissão do bar do final do trimestre". O dinheiro arrecadado ajuda a financiar as festas e a comemoração desses eventos, e o que sobra vai para o fundo da comunidade. Quando a comissão gram precisa de uma quantia que venha desse fundo, faz a solicitação na assembleia; então, vota-se para decidir se o dinheiro pode ser destinado a eles. Se eles decidem comprar discos novos, uma folha de papel é afixada no quadro e nela as pessoas podem sugerir discos a ser adquiridos.

De tempos em tempos, forma-se uma comissão social, eleita pela comunidade para organizar jogos e entretenimento durante as tardes e as noites. Essa comissão surge e se dissolve conforme a necessidade. Ou, talvez, uma ou duas crianças decidam, espontaneamente, organizar um jogo após o jantar e sair atrás de gente para participar dele. Inúmeros pequenos eventos sociais ocorrem nos quartos dos funcionários, professores e crianças: pessoas batendo papo, ouvindo música, jogando xadrez, lendo gibis e revistas, brincando de luta. Pequenas expedições saem para explorar os bosques com o mesmo entusiasmo do dr. Livingstone rumo ao coração da África. Pequenos encontros sociais se dão em volta de fogueiras. Há certas regras para a preparação destas. O trabalho deve ter sempre a supervisão de uma criança maior, de um funcionário ou de um professor. As regras atuais sobre fósforos e isqueiros dizem: "*Fósforos e isqueiros não devem ser usados em ambientes fechados*" e "*Somente as crianças do Barracão estão autorizadas a usar fósforos e isqueiros*".

Certa noite, fui convidado a confraternizar com três garotos em sua cabana no bosque. Eles tinham passado os últimos dias construindo-na com portas velhas, pedaços de madeira e de corda e suportes de andaimes. Essa construção um tanto quanto estranha estava instalada numa profun-

---

16. Guy Fawkes Night é outro termo para Bonfire Night, literalmente "Noite da Fogueira", celebrada no Reino Unido em 5 de novembro. A data é comemorada com fogos de artifício e, na abertura da sessão do Parlamento, queima-se a efígie de Guy Fawkes, um dos vários católicos extremistas responsáveis por uma conspiração para explodir o Parlamento e matar o rei Jaime I em 5 de novembro de 1605. [N. T.]

Summerhill

da depressão no solo, criada por alguma geração anterior de summerhillianos. Descemos o escorregadio declive que servia de escada e me ofereceram um assento. Enquanto um dos garotos abria a porta corrediça do teto, os demais preparavam uma fogueira na lareira cuidadosamente construída embaixo. Em instantes, o fogo começou a consumir a madeira, iluminando as paredes de barro dessa toca subterrânea com um brilho vivo. Havia uma cadeira, uma mesa, um conjunto de estantes feitas em casa e uma prancha de madeira apoiada sobre tijolos que servia de banco.

Estava gostoso ali. Senti-me muito mais privilegiado e em casa por estar nesse recanto secreto da infância do que se tivesse sido convidado para um chá no Palácio de Buckingham ou no número 10 da Downing Street[17]. Enquanto o fogo crepitava, linguiças e *marshmallows* eram assados em espetos. Acima de nós, as estrelas luziam entre as fendas do teto. O som agradável da chuva e o farfalhar das folhas nas copas das árvores murmuravam à nossa volta. Às vezes, o vento mudava de direção, lançando espirais de fumaça em nossos olhos e fazendo-os arder, provocando acessos de tosse compulsiva. Mas, de algum modo, tudo isso fazia parte da diversão.

Em determinadas noites, abre-se a lanchonete situada sobre a marcenaria. Durante dois anos, ajudei a organizar o "Café Casca de Laranja" com um grupo de crianças. O nome Casca de Laranja deriva do título da autobiografia do fundador de Summerhill, *Neill, Neill, casca de laranja*[18]. Arrecadamos uma boa quantia e conseguimos substituir as luzes de cor berrante da lanchonete por luminárias, comprar uma mesa de futebol de botão e renovar o estoque de gibis toda semana. Seis meses depois, parei de colaborar com a manutenção da lanchonete: volta e meia alguém arrombava a porta, e aquilo me irritou. Um grupo de crianças tentou assumir minha tarefa durante um tempo, mas isso não durou muito. O projeto era muito recente e não havia crianças maiores dispostas a assumir a responsabilidade de cuidar dele e protegê-lo.

---

17. Residências oficiais da rainha da Inglaterra e do primeiro-ministro inglês, respectivamente. [N. T.]
18. No original, *Orange peel*, criando a rima *peel/Neill*. [N. T.]

Matthew Appleton

Após o fracasso do Casca de Laranja, o espaço foi transformado num cassino caseiro denominado Bala de Prata, mas apelidado carinhosamente pela comunidade de Larápio de Prata. Tempos depois, dois alunos mais velhos abriram uma nova lanchonete, o Jazz Café. Ainda na ativa, trata-se de um empreendimento muito mais sofisticado que o Casca de Laranja, voltado sobretudo para as crianças menores, com seus chocolates, doces, sucos e gibis. O Jazz Café serve sanduíches com salada, chá e café, e com frequência ouve-se o som de um piano ao vivo.

A IDA À CIDADE

À noite, crianças se reúnem em grupos e vão à cidade. Lá, comem *fish and chips*, vão ao restaurante chinês, à "lojinha" (doceria que fica aberta por algumas horas no período noturno) ou ao cinema. Aqui também há regras específicas que regem os horários em que as crianças podem ir à cidade, os grupos em que elas devem estar e o seu comportamento. Essas regras me parecem um assunto complexo, que nunca consegui digerir por completo, mas as

crianças parecem assimilá-las rapidamente. Se eu, a qualquer momento, quiser saber uma das regras sobre a ida à cidade, basta perguntar a uma das crianças: ela saberá me dar a explicação sem ter de pensar muito a respeito. Essas regras – sobretudo as que determinam os horários das saídas noturnas – sempre sofrem pequenas alterações, já que são debatidas e votadas nas assembleias. Como escurece mais cedo no outono, o horário de retorno à escola é normalmente antecipado. No momento em que escrevo, estamos no verão, e as regras sobre a ida à cidade são as seguintes:

A saída rumo à cidade é permitida a todos entre as 5h e 9h30, e entre o meio-dia e as 18h15. Nos fins de semana, o horário vai das 5h às 18h15. À noite, após o jantar, as crianças da Casa têm de estar de volta até as 20h, e as do Barracão e do Vagão, até as 22h. Porém, após as 20h, a ida das crianças do Barracão e do Vagão deve acontecer em grupos mistos – meninos e meninas – de quatro ou mais crianças.

Tal regra entrou em vigor após dois incidentes em que alguns dos alunos maiores foram importunados por encrenqueiros. Intuiu-se que havia menor probabilidade de um grupo misto ser abordado do que um composto apenas de meninos. A proposta pareceu surtir efeito e, desde então, não tem havido problemas.

Contudo, nem todos podem ir à cidade desacompanhados, mesmo durante o dia. *Crianças menores de 8 anos deverão estar acompanhadas de alguém de 16 anos ou mais. Tendo 12 anos ou mais, poderão ir sozinhas. Uma criança de 9 anos poderá ir com uma de 10. Uma de 8 poderá ir com uma de 13. Duas crianças de 12 anos poderão ir de bicicleta. Uma de 13 anos poderá ir sozinha de bicicleta. Uma de 14 anos pode acompanhar duas de 11 anos, cada qual em sua bicicleta.* Fico atordoado ao tentar destrinchar todas essas diferentes combinações, mas elas parecem fazer sentido para as crianças. Acho ótimo quando elas se dispõem a levar à assembleia casos de alunos que desobedecem às regras, já que eu quase nunca sei quem deveria estar na cidade, quando e com que parceiros.

As regras prosseguem: *As crianças do primeiro turno do almoço não podem ir à cidade antes das 13h.* Essa regra foi aprovada depois que vários alunos do primeiro turno se empanturraram de doces na cidade e deixaram de almoçar. *Duas crianças de 14 anos podem sair da escola se permanecerem num raio de 80 quilômetros. Uma de 16 anos, se ficar num raio de 160 quilômetros.* As crianças menores não podem ir além dos limites geográficos de Leiston, a menos que estejam acompanhadas de um adulto. Porém, qualquer um pode alegar que sua situação seja uma exceção a essas regras, contanto que apresente um bom motivo. Na cidade, ninguém pode carregar facas na bainha, causar tumulto, falar palavrões, usar roupas sujas. Ninguém está autorizado a caminhar sobre a linha do trem. Apenas as crianças de 16 anos ou mais podem fumar na cidade. Os funcionários, professores e os *pais* podem levar qualquer um à cidade após ter escurecido. A chácara onde mora Zoë (a cerca de 1,5 km de Summerhill) funciona como um anexo à escola até as 20h. Quem for ao cinema deve estar de volta até as 21h30. Tenho vontade de rir quando vejo a mídia descrever Summerhill como a escola sem regras!

A maior parte dessas regras tem o objetivo de impor limites de segurança a grupos de determinadas faixas etárias. Outras visam estabelecer um comportamento adequado durante a visita à cidade. Por exemplo, ninguém dá a mínima bola se alguém fala um palavrão em Summerhill, mas isso pode ofender os moradores da cidade. As crianças entendem e acatam essa norma. Quando alguém é denunciado na assembleia por ter mostrado comportamento agressivo na cidade, um dos alunos lembra, de imediato, que a reputação de Summerhill não pode ser manchada pelo simples fato de uma só pessoa ignorar os limites. Eles estão cientes de que as pessoas muitas vezes procuram enxergar o que há de pior naquilo que não compreendem, e que o conceito de crianças regulando a própria comunidade é estranho à maioria. Também distinguem rapidamente um comportamento natural e espontâneo do mero exibicionismo. Portanto, se um aluno recém-chegado começa a bancar o valentão e a falar palavrões na cidade, logo alguém lhe pedirá que pare com essas tolices.

Em certas noites organizam-se idas ao cinema; nas noites de domingo (menos no verão, quando nossa piscina permanece aberta), excursões à piscina pública da cidade. Fora isso, há poucos passeios organizados. Uma vez ao ano, os alunos vão a um parque temático da região e também

Summerhill

fazem viagens ocasionais à praia, a parques com animais selvagens e a outras atrações locais. De modo geral, contudo, as crianças envolvem-se de tal forma na vida da comunidade que essas distrações não lhes despertam grande interesse.

Há vários televisores e computadores na escola e, embora as crianças os usem de vez em quando, tendem a passar menos tempo diante dessas telas do que muitas crianças que ficam presas em casa, sem ter para onde ir. A única regra relacionada a assistir à televisão ou jogar videogame é que isso não deve ser feito no horário de aulas. Algumas crianças se interessam por jogos de computador e computação gráfica e permanecem absortas nisso durante certo tempo. Algumas também recorrem à TV em momentos de tédio. Mas, por estarem rodeadas de várias outras crianças, sempre surge algo mais interessante para fazer. Quando têm a opção de escolher, a maioria delas não fica horas diante da TV ou da tela do computador: sai para brincar ou conversar com amigos. Quando as vejo correndo pela escola, fazendo algazarra e brincando cheias de energia, lembro-me de um trecho do livro do curandeiro sioux Veado Sentado[19]. Ele escreve: "Temos uma piada nova em nossa reserva: 'O que significa privação cultural?' Resposta: 'Ser uma criança branca de classe média-alta, morar numa casa de vários andares num bairro chique e ter uma TV em cores'".

Claro que vários alunos se queixam de não ter muito o que fazer durante as férias além de assistir à televisão. Mas, para considerável parte das crianças que não têm a liberdade de perambular pelo ambiente e de brincar à vontade – como é o caso das que vivem em Summerhill –, essa é uma realidade que precisa ser enfrentada o tempo todo.

O interesse por brinquedos caros é menor ainda. Às vezes, uma das crianças chega das férias com um carrinho de controle remoto novo em folha ou uma arma espacial que emite sons e luzes. Elas brincam empolgadas por um tempo, mas logo se cansam do brinquedo ou o abandonam com indiferença quando ele se quebra. É comum que alguém me peça, no início do trimestre, para cuidar de um brinquedo, que permanecerá trancado

---

19. No original, Lame Deer. [N. E.]

em meu armário durante todo o período, esquecido até o final das aulas, quando então lembrarei seu dono sobre ele. Os interesses dos alunos parecem estar mais na própria imaginação e na expressão dos seus interesses do que nas engenhocas eletrônicas caríssimas dos comerciais.

A HORA DE DORMIR

Em Summerhill, o dia termina (a princípio, ao menos) com um horário de dormir próprio para cada faixa etária. Às 22h, é hora do silêncio geral. Isso não significa que todos tenham literalmente de ficar calados, mas que devem começar a falar baixo, de modo que aqueles que queiram relaxar ou dormir possam fazê-lo. Durante a noite, os dois inspetores das camas caminham pelos quartos colocando as crianças para dormir nos horários determinados pela assembleia. A hora de dormir é aquela em que as crianças devem estar perto dos dormitórios. Ela é seguida do momento de "apagar das luzes", quando os alunos têm de estar cada um em seu quarto e realmente fazer silêncio. Nas noites de sexta-feira e sábado, o horário de dormir é estendido um pouco mais, embora isso possa ser alterado caso as crianças de determinado quarto tenham sido denunciadas na assembleia pelo barulho feito no decorrer da semana.

No momento, os horários de dormir são: entre 20h e 21h para o San, entre 22h e 22h30 para a Casa, entre 22h30 e 23h para o Barracão e entre 23h30 e meia-noite para o Vagão. As crianças do Barracão podem manter os abajures acesos por meia hora depois do apagar das luzes. As do Vagão, embora tenham de estar no quarto antes da meia-noite, podem manter as luzes acesas por quanto tempo quiserem. Todos têm meia hora extra nas sextas e nos sábados. Professores e funcionários não têm um horário de dormir ou de apagar as luzes, mas podem ser multados por importunar o sono de alguém ou por infringir alguma dessas regras acompanhados dos alunos.

Às 22h, meu quarto começa a se encher de crianças, algumas das quais eu quase não vi o dia inteiro. Uma talvez precise trocar um curativo ou tomar um remédio. Se estiver frio, providencio garrafas térmicas com água quente. Sirvo chocolate quente e suco de laranja a quem quiser beber algo antes de dormir. As crianças do San também podem comer frutas e biscoitos nessa hora, ao passo que, para o resto da escola, serve-se cereal no refeitório entre 21h30 e 21h50, o que foi batizado de "café da noite". Embora seja um momento dedicado ao silêncio, a hora de dormir é normalmente ruidosa. É como se as crianças estivessem tentando aproveitar cada última chance de se divertir antes de ir para a cama. Às vezes, leio ou invento uma história curta para um grupo pequeno de crianças em um canto do quarto, mas a maioria prefere ficar correndo de um lado a outro brincando de corrida de cavalos.

Então os inspetores avisam que as luzes serão apagadas e circulam pelo local certificando-se de que todos estejam no quarto, apagando as luzes e pedindo às crianças que controlem o barulho. Estão autorizados a multar quem violar as regras da hora de dormir. A punição pode ser ficar sem sobremesa no almoço do dia seguinte ou dedicar meia hora de trabalho em prol da comunidade, em geral arrancando ervas daninhas ou recolhendo lixo. Quem discordar da aplicação da multa pode entrar com recurso na assembleia seguinte e, caso se decida que a punição foi injusta, a comunidade o compensará de alguma maneira. Desse modo, os inspetores sempre têm de prestar contas à comunidade. Se alguém for incomodado depois que as luzes foram apagadas, poderá pedir ao inspetor que mande o responsável por isso calar a boca, ou pode solicitar a ele, no dia seguinte, que multe o culpado. Em geral, porém, basta dizer: "Se você não ficar quieto, vou chamar o inspetor".

Às vezes, depois que as luzes foram apagadas, o barulho nos quartos é enorme, o que obriga os inspetores a voltar lá várias vezes e pedir às crianças que se controlem. As primeiras semanas do último trimestre foram particularmente ruidosas. De modo geral, isso teve relação com a presença de cinco crianças recém-chegadas à Casa que não entendiam o porquê de haver um horário de dormir. Como eu queria sossego, tinha de sair repetidas vezes para reclamar. Enquanto as crianças que estão aqui há algum tempo simplesmente pediam desculpas e concordavam em reduzir o barulho, as novas se dispersavam assim que eu abria a porta, mas reapareciam logo na sequência, tão ruidosas quanto antes. É sempre assim com os alunos novos. Eles são menos sensatos e tomam os adultos como uma autoridade de quem se deve fugir, não como pessoas com quem conversar.

PAIS, VISITANTES E NOVOS FUNCIONÁRIOS

Nos fins de semana não há aulas, tampouco horário para levantar. Nas manhãs de sábado, muitas das crianças menores passam o tempo assistindo a programas infantis na televisão. Às vezes, os pais vêm buscar seus filhos e os levam para passear com amigos. Isso pode ser um problema caso ocorra com muita frequência, pois impede a criança de integrar-se de fato à vida comunitária. Pode ser também um elemento desagregador, por romper laços formados durante a semana e dividir temporariamente a comunidade entre os que saem com os pais e os que ficam. Durante o primeiro trimestre, sobretudo nas primeiras semanas, as crianças ficam satisfeitas em encontrar os pais com regularidade, mas esse desejo quase sempre diminui, e não é incomum ouvir alguém dizer: "Oh, não, meus pais vêm me buscar no próximo fim de semana!" Não que não queiram encontrá-los; simplesmente não querem interromper sua vida em Summerhill. A maior parte das crianças se contenta em receber visitas uma ou duas vezes por trimestre, embora as maiores costumem evitar qualquer contato com os pais durante o ano letivo. Os que ficam mais ansiosos para rever os pais são, em geral, os que se sentem mais inseguros com o tipo de vida que levam em casa; depois que os pais se vão, a expectativa logo se transforma em decepção e depressão, à medida que o aconchego pelo qual ansiavam não se faz presente.

Às vezes, os pais têm dificuldade com esse desprendimento, mas logo entendem que ele tem suas recompensas. Como disse a mãe de um garoto, "Summerhill me ensinou a deixá-lo mais livre, a permitir que ele viva a própria vida sem minha interferência constante. Foi difícil no começo, mas hoje nosso relacionamento está bem melhor. Aproveitamos muito mais os momentos que passamos juntos durante as férias do que quando um se metia no caminho do outro. Ele está mais autoconfiante e feliz. É um grande alívio". Os pais dizem isso o tempo todo.

Summerhill

É verdade, também, que às vezes ocorrem conflitos entre a escola e os pais, mas quase sempre isso acontece quando estes não estão preparados para renunciar à autoridade que exercem sobre os filhos. Querem interferir o tempo todo. Preocupam-se com o modo como seus filhos lidarão com as dificuldades na ausência deles. Em geral, as crianças estão bem, e a verdadeira questão tem que ver com a necessidade dos pais de se sentir necessários, e não com o bem-estar da criança. Alguns pais gostariam de ter tido a experiência de viver em Summerhill, e tentam viver a própria infância por intermédio de seus filhos em vez de se afastar e deixar que eles sigam seu caminho.

Em outros casos, os pais se separaram e cada um procura atrair a criança para o seu lado. Ela é puxada ora para um lado, ora para outro, e acaba virando um simples peão na batalha entre os pais. Em todos esses casos, talvez os pais se ressintam diante da independência e da felicidade dos filhos e, de modo inconsciente, tentem miná-las.

Em 1926, Neill escreveu um livro intitulado *A criança-problema*, mas anos mais tarde lançou outro chamado *Os pais-problema*. A primeira linha desse último livro diz: "Não existe a criança-problema, mas somente os pais-problema". Para compreender o que Neill queria dizer, é importante contextualizar suas ideias. Com o conhecimento da psicologia infantil que tinha, ele contestava o conceito de que as crianças nascem num estado de "pecado original". Identificava a assim denominada "maldade" como tristeza, nascida não de um traço inerente à personalidade, mas do conflito entre a natureza da criança e um ambiente hostil – sobretudo aquele vivenciado no relacionamento inicial com os pais. Essas ideias lhe deram a reputação de ser "antipais", fama que, em certa medida, é atribuída a Summerhill.

Ao fundar Summerhill, Neill declarou, com toda clareza, que estava criando uma escola que estaria "do lado da criança" – intenção que permanece até os dias de hoje. Se "estar do lado da criança" significa ser "antipais", que seja. A verdade, infelizmente, é que nem todos os pais se importam de fato com os interesses dos filhos. Se estar do lado da criança significa ter de enfrentar esse fato incômodo, só nos resta enfrentá-lo.

Matthew Appleton

Felizmente, porém, a maioria dos pais de alunos de Summerhill sente que, ao se colocar do lado de seus filhos, a escola está também do lado deles.

Retomo a descrição do fim de semana em Summerhill. Após o segundo turno de almoço, o sinal toca para a "mesada". Nesse momento, uma pequena quantia de dinheiro é distribuída, no refeitório, por Ena Neill, que já tem mais de 80 anos. Embora Ena tenha deixado a administração da escola em 1985, todo sábado ela sai de sua casa de campo para dar a mesada às crianças e, vários dias por semana, visitar os empregados na cozinha. Sentado ao lado de Ena fica o inspetor das multas, eleito pela comunidade para registrar e coletar o dinheiro dos que foram multados durante a semana. Na noite de sábado o inspetor apresenta um relatório de quem ainda tem dívidas com o fundo comum e quanto já coletou. Se o "bar" foi aberto naquela semana, a comissão do bar estará presente no momento da distribuição da mesada para recolher o dinheiro. Segundo o sistema adotado pela comissão, é possível consumir a crédito, durante a semana, e pagar depois com o dinheiro da mesada. Há também uma regra que determina que as comissões do bar impedem as crianças do San de comprometer mais da metade de sua mesada com esse crédito. Caso contrário, muitas delas acabariam não recebendo dinheiro nenhum no dia da mesada. As crianças menores não são muito hábeis em lidar com o dinheiro. A tentação do momento rapidamente ofusca as preocupações do dia seguinte.

Depois de receber a mesada, quase todos vão à cidade. As lojas do vilarejo estão acostumadas a essa invasão semanal, e a relação entre os comerciantes e as crianças é bastante amistosa. Em geral, o relacionamento entre a escola e os moradores de Leiston é cortês. Somos vizinhos há mais de 70 anos e as pessoas já estão acostumadas à presença dessa escola peculiar à porta de casa. Muitos comerciantes e trabalhadores têm feito negócios com a escola no decorrer desses anos, transmitindo essa tradição às futuras gerações. No entanto, boatos estranhos ainda circulam aqui ou ali. Certa vez, ouvi alguém se referir a nós como "aquela escola para delinquentes". Um adolescente de um vilarejo próximo me perguntou se era verdade que "meninos e meninas faziam sexo na piscina". Um taxista que levou uma jornalista a Summerhill disse-lhe que éramos "gente esquisita" e que, se ela precisasse de ajuda, bastava telefonar: ele estaria na porta da escola em minutos. Mas esse tipo de preconceito é bastante raro hoje em dia.

Na noite de sábado ocorre a reunião da assembleia e, na sequência, o gram. A escola vive momentos bem tranquilos na manhã de domingo, depois de duas noites com atividades além do horário habitual. Muitos dormem até tarde, exceto as crianças menores. Estas acordam cedo todo dia, correndo para todo lado e fazendo barulho, enquanto vozes sonolentas, em coro, lhes pedem para calar a boca. Todo domingo um funcionário ou professor prepara o almoço com um pequeno grupo de crianças, que recebem algumas libras pela ajuda. Elas normalmente gostam disso e se empenham para que a refeição fique saborosa. Além disso, professores, alunos mais velhos e funcionários se revezam para lavar a louça, já que a equipe da cozinha não trabalha aos domingos. À tarde, algumas crianças pequenas são tomadas de tédio: o ritmo da escola torna-se mais lento e elas ficam ser ter o que fazer. Às vezes alguém lhes propõe uma atividade, mas em geral se deixa que elas vaguem à toa e reclamem até que encontrem algo que as tome de empolgação. À noite, organiza-se uma visita à piscina pública, passatempo predileto das crianças menores.

A cada trimestre, dois ou três dias são reservados aos visitantes. Nesse período, qualquer um que queira nos visitar é bem-vindo. Funcionários, professores ou crianças lhes mostram a escola e, à tarde, há uma sessão de esclarecimento de dúvidas no refeitório que tem sido muito bem-sucedida. Costumávamos ter uma política mais aberta em relação a visitas: se você quisesse conhecer a escola, bastava aparecer. Mas isso fazia que os visitantes ficassem a vagar sem rumo, já que equipe e alunos estavam ocupados com seus afazeres e não tinham tempo para lhes mostrar o local ou responder às suas perguntas. Isso acabou virando um problema à medida que havia visitantes quase todo dia e, às vezes, por semanas. As pessoas começaram a se sentir pouco à vontade com esses estranhos vagando por ali, muitas vezes intrometendo-se no que elas faziam e querendo respostas às suas perguntas.

Com dias de visita fixos, tudo fica muito mais agradável. Estamos preparados para a intromissão de estranhos e para suas perguntas. Ninguém se sente ofendido. Em geral, as crianças tendem a ignorar o dia de visitas e

Matthew Appleton

continuam com suas atividades. Muitos dos funcionários ou professores, no entanto, gostam de falar sobre a escola e de encontrar pessoas interessadas nela. Quando se vive numa comunidade como Summerhill, é fácil encarar com a maior naturalidade do mundo aquilo que, no fim das contas, é a nossa vida cotidiana. Lembro que, em meu primeiro trimestre, muitas vezes eu me emocionava nas assembleias; impressionava-me o modo confiante e articulado como as crianças apresentavam seus argumentos e tomavam decisões. Dois anos mais tarde, depois de uma assembleia que considerei um tanto quanto decepcionante e enfadonha, um visitante que observara a reunião calado me escreveu dizendo: "Essa foi uma das experiências mais maravilhosas de minha vida". Ele prosseguiu descrevendo todos os aspectos da assembleia que haviam me inspirado no passado, enquanto eu não conseguia enxergar nada além das minhas propostas que haviam sido recusadas na reunião. Por um momento, eu esquecera que fora justamente essa possibilidade oferecida às crianças, de contestar e descartar as ideias dos adultos, que me atraíra a Summerhill. Penso que todos os adultos, em algum momento, passam por experiência semelhante.

A rotatividade de funcionários e professores é grande. Se um visitante voltasse a Summerhill cinco anos depois, encontraria inúmeros rostos novos e apenas alguns familiares. Muitos destes seriam das crianças mais velhas, apesar da grande mudança que terá ocorrido em cinco anos. De crianças da Casa malvestidas e sujas, correndo por aí e envolvidas em suas tarefas, elas teriam se transformado em adolescentes bem-arrumados e sociáveis. Haveria rostos familiares entre os funcionários e professores, mas em número muito menor do que o de pessoas novas – algumas delas loucas para falar de sua experiência recente em Summerhill; outras, mais reservadas, à medida que refletem sobre sua reação emocional ao lugar.

Com pessoas indo e vindo o tempo todo, a escola está sempre em movimento. Foi assim em meu primeiro trimestre. Um grupo de crianças maiores tinha acabado de deixar a escola, e um grande grupo acabara de entrar. Ao mesmo tempo, metade dos funcionários e professores também era recém-contratada. Entre o restante da equipe, muitos haviam chegado há pouco tempo e ainda não se entendiam sobre o melhor desfecho para essa ou aquela situação. Contudo, a comunidade parecia levar suas atividades adiante com uma coesão interna que não se deixava afetar pelas diferentes opiniões expressadas na sala de funcionários e professores.

Caso eu tivesse algum tipo de preocupação com um aluno, ou dúvidas sobre minha conduta, procurava Zoë e discutia com ela tais questões. Embora ela não morasse na comunidade, tinha crescido em Summerhill e compreendia profundamente sua dinâmica. Muitas vezes achei que seus conselhos foram úteis e tranquilizadores, mas minha principal fonte para aprender a lidar com Summerhill eram as conversas com as crianças maiores. Esse é um aspecto com o qual muitos professores e funcionários novos têm dificuldade de lidar. Para eles, é duro abandonar a percepção de que os adultos sabem mais – ou, pelo menos, devem ser vistos como pessoas que sabem mais. Isso coloca de pernas para o ar o próprio senso de "profissionalismo" que suaram para conquistar, e a nova situação lhes dá a sensação de estar diante do caos absoluto. É uma pena que não sejam capazes de dar esse salto adiante, pois se pode aprender muito com as crianças mais velhas. Mas, numa época em que se recomenda aos professores que evitem sorrir durante seus primeiros seis meses de trabalho – afinal, as crianças precisam saber que eles detêm a autoridade antes que tais informalidades sejam permitidas –, não surpreende que alguns educadores recém-formados tenham dificuldade de confiar em crianças.

AS CRIANÇAS MAIS VELHAS E SUA INFLUÊNCIA NA COMUNIDADE

Embora alguns adultos de Summerhill tenham papel ativo e influente, em geral são os alunos mais velhos que servem de guia para a vida da comunidade. Eles são, por assim dizer, os líderes. Vários deles estão em Summerhill há mais tempo do que a maioria dos funcionários ou professores e compreendem a fundo sua dinâmica. Têm voz ativa nas assembleias, resultado de anos de aprendizado na escola, e entendem as crianças menores, que talvez estejam passando por uma fase que eles próprios atravessa-

Matthew Appleton

ram não muito tempo antes. Eles assumem também muitas das responsabilidades estruturais na comunidade, como conduzir assembleias, atuar como inspetores de multas/camas e como *ombudsman*, resolvendo problemas que surgem entre as pessoas ao longo da semana.

As várias comissões são formadas, em grande parte, por crianças maiores. Além daquelas que já mencionei, como a do gram, a social e as de organização de festas e dos bares, há as que surgem e se desfazem de acordo com a necessidade do momento. Certa vez, criou-se uma comissão de tênis de mesa a fim de assegurar que o equipamento fosse mantido em bom estado. Uma comissão específica ajudava as crianças a manter suas bicicletas em ordem. Outra, a da alimentação, ajudou os funcionários da cozinha a elaborar o cardápio por certo tempo, depois de muitas queixas relacionadas à comida. A "Comissão da Trapaça" certificava-se de que as crianças menores não estavam sendo enganadas pelos mais "espertinhos" na aquisição ou troca de objetos. Visitas guiadas à escola ficavam a cargo da comissão dos visitantes. Essas são apenas algumas das comissões existentes em Summerhill desde que cheguei. Sem dúvida, há outras, de que não me lembro agora.

Em qualquer uma dessas comissões, ocasionalmente professores, funcionários ou crianças menores trabalham com as crianças maiores. Estas, porém, são as mais ativas na organização das atividades e na transmissão, aos recém-chegados e aos mais novos, do modo correto de fazer as coisas desenvolvido na comunidade. Isso se aplica tanto ao autogoverno como à sociedade como um todo. Summerhill, fora daqui, já foi descrita como "a mais simples e básica das escolas" – descrição perfeita, no sentido de que ela foi concebida para satisfazer as necessidades das crianças em vez de lhes impor restrições desnecessárias e a ideologia dos adultos. Contudo, essa ausência de imposições por parte dos adultos não significa que nossas crianças vivam no vácuo. Summerhill tem cultura própria e tradições internalizadas que evoluíram através de gerações e foram transmitidas de um grupo de crianças a outro.

Muitas das brincadeiras entre as crianças, como "Chute a lata", "Polícia e ladrão", "Buldogue britânico" e "Vilões no escuro", também foram transmitidas de uma geração a outra. Zoë se lembra de ter brincado com elas em

Summerhill

sua infância em Summerhill, nos anos 1950 e 1960. Às vezes, crianças maiores organizam o "jogo do assassinato", brincadeira criada por dois alunos mais velhos pouco antes da minha chegada. A maioria dos alunos participa do jogo, no qual várias pessoas fazem o papel de assassinos, detetives e agentes secretos. Os outros são as pessoas "normais". Ninguém sabe quem são os agentes secretos, com exceção dos detetives, e tampouco se sabe quem são os assassinos. Estes têm de "matar" as pessoas tocando-as na sola dos pés, mas não podem ser apanhados pelos detetives, ou então eles próprios podem ser mortos. Os assassinos devem carregar consigo, o tempo todo, uma "lista de assassinatos" com o nome de todos os que participam da brincadeira e podem ser perseguidos pelos detetives se estiverem agindo de maneira suspeita ou forem flagrados matando alguém. Em certos casos, a brincadeira dura dias, sendo plenamente incorporada à vida cotidiana. Em meu primeiro trimestre na escola, um dos professores me chamou ao banheiro para me mostrar algo. Instantes depois, agarrou minha perna. Na hora, achei que ele tinha enlouquecido. Foi só quando tocou a sola do meu pé e sussurrou, em tom triunfante, "morto" que me lembrei do jogo do assassinato. Mais tarde, um professor precisou levar uma das alunas ao médico. Quando este pediu à menina que subisse na maca, ela apontou loucamente para o professor e gritou: "Mantenha-o longe de mim, tenho certeza de que ele é um assassino!" Rapidamente o professor tranquilizou o médico, explicando que era apenas uma brincadeira.

Outro adolescente, que se interessava por política internacional, criou uma variação desse tema, o"Jogo da Guerra Fria". Na brincadeira, os participantes são divididos em duas equipes e vários fazem o papel de generais, coronéis, sargentos, detetives, espiões e policiais militares. O objetivo do jogo é descobrir quem é o general da equipe adversária e matá-lo. Os inventores de ambos os jogos não moram mais em Summerhill, mas suas criações continuam a ser usufruídas por crianças que, na maioria, nunca encontraram seus criadores. É o seu legado à comunidade.

Ao longo do ano, comemoram-se datas como Dia das Bruxas, Guy Fawkes, Dia dos Namorados e o final do trimestre, todas de forma tradicional. À meia-noite da véspera do Dia dos Namorados, um grupo grande

Matthew Appleton

de crianças corre pela escola beijando quem encontra no caminho. Embora as regras da hora de dormir estejam sendo violadas, os inspetores das camas ignoram o que se passa, já que esta é uma exceção, ainda que implícita, às regras. Durante a semana anterior, a sala de artes fica cheia de pessoas preparando cartões para a data, que são deixados sobre uma mesa no saguão para ser coletados na festa. A comissão do Dia dos Namorados tem muito trabalho nessa época: certifica-se de que todos os membros da comunidade recebam ao menos um cartão.

Nas férias de verão, organiza-se uma caminhada à praia, que fica a cerca de quatro quilômetros da escola. O passeio é chamado de "caminhada da meia-noite", embora bem antes desse horário todos já estejam de volta. O evento é organizado pela comissão do meio do trimestre, que providencia lenha para a fogueira, sopa, *marshmallows* e transporte para as crianças menores que estiverem cansadas demais para a caminhada de volta.

Os eventos mais importantes são as festas de encerramento de cada trimestre. O saguão é fechado uma semana antes do fim das aulas e decorado pela comissão de artes visuais – que escolhe um tema, cobre as paredes com papéis e as decora de modo que representem o assunto escolhido. Tivemos festas com os seguintes temas: a loucura, preto e branco, Disney, Batman, música popular, o Livro da Selva, as cidades, um carnaval de rua, uma casa assombrada e "No interior da tigela das sobras" – alusão ao recipiente em que restos de comida são jogados no horário das refeições. Um de meus temas prediletos foi a "assembleia da escola": nessa ocasião, desenhos de todos os membros da comunidade, em tamanho real, foram feitos, recortados e afixados nas paredes, como se uma assembleia de verdade estivesse acontecendo. À exceção da comissão e dos funcionários e professores, que têm de passar pelo saguão para ter acesso à sua sala, ninguém mais fica sabendo qual é o tema escolhido até o início da festa, quando o saguão é reaberto.

A festa de final de trimestre é emocionante, não só porque todos estão se preparando para voltar para casa e não terão contato durante várias semanas, mas também porque nela a comunidade tem a chance de se despedir dos alunos que estão deixando a escola. À meia-noite, todos se dão as

Summerhill

mãos, formando um círculo ao redor dos que estão partindo. Colocam para tocar a canção *Auld Lang Syne*[20], que todos cantam juntos. Quando a música termina, o círculo é desfeito e se fecha ao redor daqueles que estão no meio. Amigos se abraçam, provavelmente pela última vez, e choram. Muitos retornarão ao seu país no outro lado do mundo. Decerto, estão dando adeus a uma familiaridade e a um estilo de vida que compartilharam por muitos anos. Nada será como antes.

É difícil expressar a intensidade emocional do final do trimestre. Qualquer summerhilliano saberá de imediato a que me refiro. Quando ex--alunos vêm nos visitar no final do trimestre, seus olhos ainda se enchem de lágrimas quando o gram toca, mecanicamente, *Auld Lang Syne*. Eu mesmo sinto isso só de me lembrar do fim do trimestre. Embora a minha vez ainda não tenha chegado, tive de me despedir de muitas crianças de quem me aproximei ao longo dos anos. É como se uma ferida fosse reaberta a cada vez que alguém se vai.

À medida que as crianças crescem e mudam do San para a Casa, do Barracão para o Vagão, cada estágio adquire seu sentido de rito de passagem. Ficar em pé no meio do círculo é o estágio final pelo qual todos devem passar. Quando deixei minha escola, não olhei para trás. Só senti alívio por ter me livrado dela, e uma ligeira preocupação em relação ao que o futuro me reservaria. Mas as crianças que vão embora de Summerhill não deixam somente uma escola, mas uma maneira de viver que adoram e da qual elas se sentem parte. Estão deixando a sua casa.

É intensa a sensação de pertencer a uma grande família. Para algumas crianças, esse será o lugar em que elas mais se sentiram em casa na vida. Várias vezes ouvi crianças mais velhas falarem dos amigos como se fossem irmãos e irmãs. Tal intimidade deriva da possibilidade de, em Summerhill, poder ser você mesmo e ser aceito dessa forma por todos os outros. Como disse uma aluna: "Tenho mais intimidade com as pessoas que mal conheço aqui do que com meu melhor amigo da escola onde estudava".

---

20. Expressão escocesa arcaica que significa *old times gone by*, ou "velhos tempos idos". A canção popular homônima foi composta por Robert Burns em 1788. [N. T.]

Matthew Appleton

As crianças menores costumam sentir intensamente a perda dos colegas mais velhos. Na verdade, notei que a partida de crianças maiores causa mais comoção do que a de funcionários e professores. Não que as crianças não desenvolvam relações profundas com eles, nem que não sintam quando eles partem; porém, vários funcionários e professores não permanecem tanto tempo aqui quanto as crianças, que crescem e se tornam adolescentes, e tampouco estão necessariamente envolvidos com a vida comunitária. Houve casos de amizade em que uma criança mais velha assumiu o papel de protetora de uma mais nova. Em outros, os laços não eram tão visíveis, talvez porque a mais velha tenha dito ou feito algo significativo à mais nova. Talvez a tenha ajudado a realizar uma tarefa ou a lidar com um problema. Para os menores, os maiores são pessoas bacanas e poderosas, bem mais próximas de sua faixa etária do que professores e funcionários. Atrair a atenção de uma criança mais velha é emocionante e estimulante. Lembro-me de que, quando pequeno, eu ficava extremamente feliz quando uma criança mais velha prestava atenção em mim. Eu me sentia alguém.

Uma adolescente me disse certa vez: "Quando você é pequeno, gosta dos professores e dos funcionários, mas não os admira. Você admira, na verdade, os adolescentes. Olha para eles e pensa: um dia, talvez, eu seja como eles". Isso não reflete, necessariamente, a experiência de todos os alunos de Summerhill, mas por certo há alguma verdade nisso.

Como adulto em Summerhill, sinto ser necessária certa dose de autodisciplina para recuar sem tentar impor ideias preconcebidas às crianças. Em outros momentos, é importante se envolver não como adulto com A maiúsculo, mas como um membro solícito da comunidade que, por mero acaso, é adulto. A experiência de ser adulto não é algo a ser temido, tampouco implica ter *status* elevado. A meu ver, é essencial que um grupo central de adultos envolva-se ativamente com a vida comunitária em determinado momento e seja capaz de compreendê-la e cultivá-la. Mas isso não diminui o papel dos adolescentes de passar adiante as tradições e sua sensação de fortalecimento – sensação por eles assimilada à medida que evoluíram com a comunidade.

4 AS ASSEMBLEIAS COMUNITÁRIAS

HÁ DUAS ASSEMBLEIAS semanais: o tribunal, na sexta-feira à tarde, e a assembleia geral, no sábado à noite. A participação não é obrigatória, mas grande parte da comunidade comparece aos encontros, nos quais há membros de cada uma das faixas etárias. Cada participante, adulto ou criança, tem o mesmo poder de voto, e todas as decisões são tomadas com base nas propostas mais bem votadas.

Uma pessoa é encarregada de presidir as assembleias, sendo eleita na semana anterior. Mantém-se neutra em todas as discussões e não tem direito a voto. Se ela tiver algo a dizer, deve deixar temporariamente o cargo, transmitindo-o a outro, que presidirá a assembleia até que o assunto em questão tenha sido encerrado. Sua responsabilidade é dar a vez a quem desejar se pronunciar, contar votos e conduzir a reunião. Está autorizada a multar o participante que começar a falar sem que lhe seja dada a vez. Pode encerrar a discussão de um assunto se este se prolongar demais e os comentários começarem a ficar repetitivos. Caso alguém esteja atrapalhando a reunião, o presidente pode expulsá-lo. Tem até mesmo a autoridade para encerrar uma assembleia se ela se tornar difícil de ser controlada, embora eu só tenha visto isso acontecer uma vez.

Em geral, vários assuntos são discutidos, e ninguém quer ficar sentado por muito tempo em uma reunião barulhenta. Portanto, os que presidem as assembleias com mais eficiência são escolhidos frequentemente para conduzi-las.

As assembleias acontecem no saguão, uma sala enorme próxima da entrada principal. As paredes são revestidas de madeira e o assoalho, também de madeira, não é acarpetado. Num canto fica a cabine do gram. Portas duplas conduzem à sala dos funcionários e professores, e no outro canto uma porta dá acesso à biblioteca. Uma saída de emergência se abre para o corredor, e das janelas com venezianas veem-se o gramado e o bosque. Uma escada dá acesso ao corredor de cima. Em geral, o saguão não tem mobília, à exceção de cadeiras que alguém eventualmente traga de uma das salas de estar. Quando toca o sinal, os participantes começam a se acomodar, sentando-se apoiados nas paredes ou nas escadas. Pouco tempo depois, o(a) presidente anuncia o início da reunião e todos se calam.

Os casos de violação de regras e os polêmicos são abordados no tribunal. Paira no ar um clima de conselho tribal. Os participantes ouvem atentamente os casos, dão sua opinião e fazem propostas para resolver determinado conflito ou cercear uma atividade específica. Nick pegou a arma de Roger e se recusa a devolvê-la. Roger diz a Nick: "Vou levar o caso à assembleia se você não devolver". Talvez a arma seja devolvida naquele mesmo instante; se não for, Roger levará o caso ao tribunal. Em cada encontro, um secretário redige a ata da reunião, e aquele que desejar expor um caso à comunidade deve falar previamente com o secretário. Roger será avisado quando sua vez chegar. Roger expõe sua versão da história, e então Nick tem a chance de se defender. Se alguém tem mais algo a dizer, seja para se oferecer como testemunha do episódio, seja para fazer uma proposta, terá sua vez.

Apresentam-se as propostas. Talvez um ultimato para a devolução da arma, acompanhado de um aviso para que se não se mexa nos pertences alheios. Pode-se propor uma multa – por exemplo, uma quantia em dinheiro para indenizar Roger pela perda da arma. Se a queixa parecer infundada, propõe-se que o assunto seja encerrado. O presidente da assembleia lê as propostas feitas e elas são votadas. A que for aprovada é lida novamente, o assunto é encerrado e passa-se ao próximo.

Não há um procedimento sistemático para discutir assuntos na assembleia. Simplesmente os participantes falam sobre o que consideram relevantes. Assuntos apresentados em nome da comunidade, e não de modo individual, são mais arbitrários e dependem do senso de vida comunitária de cada um. Mas há sempre participantes atentos às demandas da comuni-

Summerhill

dade como um todo, e nesse caso elas são discutidas. Dawn talvez tenha violado uma regra da escola ao ir para a cidade desacompanhada após o anoitecer. Alguém a viu e apresenta o caso na reunião. Ela tem a chance de se justificar, e na sequência qualquer um poderá acrescentar seu comentário. Apresentam-se as propostas. Ela talvez receba uma "advertência séria" para que respeite as regras da ida à cidade. Pode ser multada com o pagamento de certa quantia ou com uma "multa social", tal como recolher o lixo. A multa por violar a regra das idas à cidade costuma ser a proibição de sair da escola por um ou dois dias. Em geral, a comunidade tende a ser complacente. Afinal, a maioria de nós, em algum momento, já esteve envolvida num caso discutido na assembleia.

Na maioria das situações em que adultos e crianças convivem juntos, a autoridade e as decisões estão concentradas nas mãos dos adultos, que não lembram mais como uma criança vê o mundo. Numa noite de verão, fui acordado por vozes no quarto ao lado do meu. Irritado, com os olhos inchados de sono, fui até lá e encontrei várias crianças já totalmente vestidas, preparadas para uma fuga. "Se vocês querem fugir", eu disse, "dá pra fazer isso com um pouco menos de barulho?"

Os alunos pediram desculpas e desceram a escada em silêncio, em direção à entrada principal. Claro que eu poderia ter-lhes dito que levaria o caso à assembleia, já que estavam saindo depois do apagar das luzes, mas como eles fizeram silêncio não quis criar caso. Voltei para a cama, mas não conseguia dormir. Minutos depois, decidi que, em vez de ficar ali deitado, arrependido, ia ver o que eles estavam aprontando.

Fazia uma noite linda e enluarada, e logo encontrei o pequeno bando de nômades noturnos próximo da grande faia, perto da Casa. Conhecida como a Grande Faia, ela se tornou um ponto de referência bastante famoso em Summerhill e tema de incontáveis fotografias. Crianças de várias gerações da escola se balançaram, bem ao estilo Tarzan, em seus galhos mais baixos. Escondido nos arbustos, passei a imitar um rosnado. Ouvi, então, sussurros nervosos e o ruído de pés se arrastando. Saltei de meu esconderijo e de imediato fui cercado pelas crianças, contentes e aliviadas por não terem deparado com algum monstro terrível que morava no bosque. Durante

Matthew Appleton

uma hora, perambulei pela área com eles, explorando as sombras projetadas pela noite – tão diferentes do mundo à luz do dia –, tomado pela excitação de estar violando as regras.

No dia seguinte, um adolescente levou o caso ao tribunal. De fato, não há como manter segredos nessa comunidade! As crianças foram multadas com a proibição de participar das atividades durante as horas extras do fim de semana, em que se dorme mais tarde, e com a suspensão da sobremesa no dia seguinte. Como eu não tinha horário de dormir e essa proibição não faria sentido, fui multado com a supressão de duas sobremesas. Sempre achei que tais experiências ilustram bem a forma como as crianças veem a vida. Toda vez que começo a me achar superior em relação à atitude errada de uma criança, não preciso fazer grande esforço para lembrar que toda moeda tem dois lados.

Sempre me agradou uma citação do educador polonês Janusz Korczak, de seu livro *Quando eu voltar a ser criança*, de 1926[21]. Diz ele: "Se você pensa que precisamos nos rebaixar para nos comunicar com crianças, está equivocado. Ao contrário: temos de nos elevar a fim de alcançar seus sentimentos, temos de levantar e ficar na ponta dos pés". Esse *insight* nos per-

21. A edição em português foi publicada pela Summus em 1981 e hoje está na 17ª edição. [N. E.]

mite entender por que o autogoverno funciona de forma mais justa e eficiente do que a autoridade exercida apenas pelos adultos. As crianças têm uma compreensão mais fina da dimensão emocional das ações humanas. Elas sentem empatia pela pessoa que viola as regras, embora considerem que ela deva ser multada – ao contrário do adulto, que encara esse tipo de contravenção em sua torre de marfim de virtude, julgando que tais comportamentos infantis já são parte, no seu caso, de um passado longínquo.

O RESPEITO AOS DIREITOS ALHEIOS

O tribunal não tem viés moralista, tampouco psicológico. Os problemas não são abordados do ponto de vista moral: simplesmente se lida com eles da forma mais prática e direta possível. A comunidade de summerhillianos não complica as coisas. O comportamento antissocial é aceito, mas não tolerado nem aceitável; em outras palavras, em Summerhill encaramos a vida de modo sincero e honesto, e reconhecemos o fato de que cada um de nós já roubou algo em algum momento da vida, perdeu a calma em determinada circunstância, invadiu a privacidade alheia ou magoou outras pessoas. Portanto, quando digo que aceitamos o comportamento antissocial, quero dizer que não o encaramos com espanto ou indignação, mas adotamos soluções práticas. Às vezes, os defeitos alheios nos irritam, mas nunca nos colocamos em posição de superioridade em relação a essas pessoas.

O leitor poderá perguntar: "Mas, se não ensinamos a moral, como as crianças saberão distinguir o certo do errado?" Ora, o que são o certo e errado senão noções artificiais por meio das quais cada um de nós define sua maneira de conceber o mundo? Para o outro, certo e errado podem ter significados completamente diferentes. Quem sou eu para dizer que minha forma de ver o mundo é superior à dos demais? Quem sabe que tipo de pesadelo é capaz de impelir uma pessoa a ter um despertar sombrio? Quem será capaz de compreender a ansiedade, o medo e a insegurança do outro? Quem pode julgar? Quem poderá dizer que determinada parte de nossa natureza é boa e outra, ruim? Cada um carrega suas cicatrizes, sua nature-

Matthew Appleton

za ferida, que está tentando compreender, com a qual tenta lidar. Só posso defender meu direito de ver o mundo através de meus olhos, para que minha visão não seja ofuscada nem encoberta pela realidade de outra pessoa. Esse é um direito de todo ser humano, não importa que idade ele tenha.

E como, talvez nos perguntem, se pode esperar que as crianças tenham uma compreensão de si mesmas sem recorrermos à psicologia? Elas compreenderão a si próprias de forma muito mais direta se sua mente não estiver atravancada com ideais dos adultos sobre quem elas são. *No cerne de toda atitude destrutiva e rancorosa reside uma expansão natural rumo a um tipo de contato humano que foi anteriormente reprimido.* Quanto mais atenção damos aos sintomas, maiores eles se tornam. Quando começamos a aceitar uma pessoa como um todo, ela pode começar a aceitar a si própria. Nesse momento, colocará as defesas de lado, permitindo à sua natureza essencial e cheia de vida expandir-se e ressurgir. A psicologia tem sua função no mundo, mas a aceitação e o autogoverno, em si, já são terapêuticos.

Contudo, é fundamental distinguir aceitação de condescendência – nesse aspecto, o modo realista e sensato de abordarmos os problemas em Summerhill é bastante eficiente. Na assembleia, Joe é acusado de roubar o Café Casca de Laranja. Ele tenta conquistar a amizade dos colegas distribuindo gratuitamente doces e chocolates. Eu e outras crianças da comissão do Café, que temos dedicado tempo e esforço à lanchonete, nos sentimos zangados e traídos pelo fato de Joe ter abusado de seu cargo na comissão. Estamos tentando arrecadar dinheiro para fazer melhorias no espaço, comprar gibis e jogos e transformar o Casca de Laranja num centro social mais ativo na escola. Na assembleia, vários membros da comissão e aqueles que gostam do serviço oferecido ali mostram posição e argumentos firmes. Joe é multado e decide-se que ele terá de construir uma estante de livros de madeira para o Café e limpar o estabelecimento nas próximas três vezes em que ele for aberto. Não há longos debates sobre as motivações do gesto de Joe. Suas inseguranças não se transformam em pauta na reunião e, quando ela termina, ninguém se mostra hostil em relação a ele. O clima volta a ficar leve. Joe percebe, ainda que vagamente, que as pessoas o aceitam pelo que ele é. Ele não precisa fazer uma encenação para impressionar os cole-

Summerhill

gas. A amizade não precisa ser comprada, ela nasce da harmonia; Joe percebe isso pois foi pego em delito, mas não foi rejeitado. A comprovação disso pode ser vista nas atitudes dos membros da comunidade, e não em debates e análises intermináveis.

Assim como o moralismo e a autoridade estão ausentes, tampouco há ressentimento da parte da pessoa cuja infração foi trazida à assembleia. O conflito é racional e não se baseia numa disputa de poder; assim, a reação a ele é igualmente racional. Pelas regras, é proibido andar de skate em ambientes fechados; porém, os garotos do quarto ao lado do meu ignoravam a proibição, fazendo um barulho bastante incômodo. Pedi-lhes, diversas vezes, que parassem com aquilo. Fui ignorado. Disse, então, ao responsável que o denunciaria na assembleia. Nessa reunião, ele foi multado em algo como 25 centavos de libra. Depois desse episódio, fomos à cidade juntos e, durante o passeio, ele estava tão amistoso e alegre quanto antes. O assunto estava encerrado e não havia ressentimento.

É comum ver duas crianças brincando juntas após uma assembleia na qual uma denunciou a outra. Como elas conseguiram lidar com o problema com recursos próprios, sem depender do sólido apoio da autoridade adulta, nenhuma delas se sente em posição de inferioridade. O conflito não foi misturado a lutas de poder nem a ressentimentos que extrapolassem o episódio imediato.

Algumas pessoas talvez tenham dificuldade de falar nas assembleias no início de sua estadia aqui; ou, se forem estrangeiras, talvez tenham problemas com o idioma. Seja como for, haverá sempre alguém para ajudá-las, relatando o caso à assembleia ou ajudando com a tradução. É comum que um *ombudsman* apresente um caso em nome de outro indivíduo. Quando cheguei a Summerhill, o *ombudsman* era eleito no início de cada trimestre. Tratava-se de um grupo de crianças mais velhas; às vezes, podia ser um professor ou funcionário. Eles preparavam uma escala semanal segundo a qual três *ombudsman* ficavam à disposição para arbitrar controvérsias assim que estas ocorressem. Os *ombudsman* daquela semana eram anunciados na abertura da sessão do tribunal e, se alguém tivesse uma questão urgente, que não pudesse esperar até a sexta-feira, um deles seria chamado para

Matthew Appleton

tentar resolvê-la. Tal sistema ainda vigora; porém, em vez de serem eleitos no início de cada trimestre, os *ombudsman* da semana seguinte são escolhidos na reunião no tribunal.

Talvez David não queira sair do quarto de Lizzy. Ela chama, portanto, um *ombudsman* para que ele aplique a lei. Ou talvez Paul tenha xingado Adam. A intervenção desse mediador dá ao episódio um tom um pouco mais sério e formal, e impede que a controvérsia termine em gritaria. Se ele é chamado, espera-se que todos os envolvidos tomem parte do que virou agora "um caso para o *ombudsman*". Este pede que cada um apresente a própria versão da história, certificando-se de que não será interrompido pelo outro. Em geral, tais casos são solucionados ali mesmo, com a sugestão do mediador de que se faça um acordo ou com a recomendação aos envolvidos de que deixem um ao outro em paz. Se isso não resolver o problema, o caso pode ser levado à assembleia. Há um tempo reservado para os casos dos *ombudsman* em cada sessão do tribunal. Eles mesmos não têm a autoridade para multar, embora tenham o poder de confiscar qualquer objeto que esteja sendo usado de forma perigosa ou ameaçadora.

Caso apareça um problema mais sério, qualquer um poderá convocar uma "assembleia especial", independentemente da hora do dia ou da noite. Basta procurar aquele que estiver na função de presidente ou secretário na assembleia daquela semana. Se essa pessoa considerar o caso trivial demais para merecer uma reunião especial, pode sugerir que o *ombudsman* intervenha ou esperar pela sessão do tribunal; caso contrário, a reunião é convocada e todos interrompem suas atividades para se reunir no saguão. Talvez alguém esteja sendo intimidado. Talvez, na noite anterior, algumas crianças tenham corrido pela casa, impedindo os outros de dormir. Pode ser que algo tenha sido roubado.

Em casos de roubo, os participantes da assembleia podem eleger, de forma espontânea, uma "comissão de investigação", que tem certos poderes. Seus membros estão autorizados a revistar os pertences das pessoas e interrogá-las a fundo. Mas, ao garantir tais poderes, a comunidade emite a mensagem clara de que não poderá haver abusos e escolhe seus investigadores com muito cuidado. Em geral, as investigações são simples. Somos

Summerhill

uma comunidade pequena e com laços estreitos, e nela os culpados raramente passam despercebidos. Há algum tempo, uma caixa com dinheiro foi arrombada e o conteúdo, roubado. Dois garotos, que já haviam cometido delitos similares, tinham sido vistos circulando perto do quarto onde estava a caixa. A comunidade já conhecia os dois pelo seu jeito impaciente e evasivo e pelos episódios anteriores de arrombamento. E, mesmo antes de a caixa ser arrombada, várias pessoas comentaram que eles estavam aprontando alguma. Mais tarde foram vistos voltando da cidade e comendo *fish and chips*, embora tivessem reclamado no início da noite de que não tinham dinheiro. O comissão de investigação precisou de pouco mais de uma hora para conversar com ambos os garotos separadamente, e com outro menino que os acompanhara à cidade, para que as versões apresentadas começassem a desmoronar. Ambos foram multados. Na assembleia, decidiu-se que eles deveriam devolver o dinheiro e consertar a caixa.

No entanto, nem todas as investigações são bem-sucedidas. Se alguém esqueceu a carteira em algum lugar e seu dinheiro desaparece, é quase impossível para a comissão encontrar uma pista. Às vezes, não há provas, mas todos simplesmente sabem quem foi o autor. Certa vez, o dinheiro da mesada dos alunos foi roubado. Todos sabiam quem eram os responsáveis, simplesmente porque não havia ninguém mais na comunidade, naquela época, que fosse capaz de fazer tal coisa. Mas eles não quiseram acusar os responsáveis e nada podia ser feito. Contudo, nos dias seguintes, o aluno e a aluna envolvidos no episódio sentiram na pele o desprezo com que o restante da comunidade – que ficara sem a mesada naquela semana – passou a tratá-los. Então, de uma hora para outra, o garoto "encontrou" o dinheiro jogado no chão da lavanderia. Todos sabiam que ele estava mentindo e ele estava ciente de que todos sabiam disso, mas ao menos o dinheiro foi restituído e as nuvens negras se dissiparam.

Se as crianças são capazes de lidar com seus assuntos de forma tão justa e racional, dia após dia, ano após ano, em Summerhill, por que não se permite que elas ajam de modo semelhante na sociedade como um todo? Por que razão uma comunidade como Summerhill, cuja realidade se pode demonstrar e observar, só consegue existir à margem da sociedade, ao passo que um romance como *O senhor das moscas*, de William Golding, é considerado por tanta gente um testemunho da natureza infantil? Em todas as escolas em que estudei, do maternal ao ensino médio, sempre que havia uma briga um grande grupo de crianças rodeava os que brigavam, clamando por sangue, incentivando a luta, impregnando o ar de ódio. Nunca testemunhei esse fenômeno em Summerhill. Ao contrário, vi crianças intervirem para encerrar brigas e, quando não conseguiam, saírem correndo para pedir ajuda a um adolescente ou a um adulto. Como podem existir duas experiências tão opostas de infância? Isso não se explica apenas pela natureza intrínseca à criança, já que tal natureza subjaz a ambas as situações. A resposta está na experiência pessoal da criança. Suas necessidades foram satisfeitas, permitindo à razão desenvolver-se sem distorções? Ou ela foi moldada em algo ao mesmo tempo superficialmente moral e, no entanto, brutal e sádico? Cabe observar que os personagens de Golding eram todos meninos, produtos de um sistema escolar público moralista, autoritário e antissexo. Ou seja, tratava-se de animais acorrentados de quem repentinamente se tirava a correia.

A ELABORAÇÃO DAS LEIS

Nossas assembleias gerais acontecem no sábado à noite. Elas sempre se iniciam com um relatório do tribunal – uma recapitulação de quem foi denunciado, por que motivo e qual foi a multa aplicada. Abre-se espaço, então, para comentários gerais. Talvez alguém tenha ido à cidade em horário não permitido ou se recusado a ir para o fim da fila, conforme estipulava a multa. Esses casos podem ser mencionados na hora ou transferidos para a próxima sessão do tribunal. Sempre me perguntam: "E se alguém se recusar, repetidamente, a obedecer à multa imposta?" Posso dizer que nunca vi isso acontecer. Pressupõe-se que, como na maioria das escolas os alunos aceitam submeter-se a castigos temendo uma punição maior, numa escola onde o medo não predomina as penalidades serão desconsideradas. A meu ver, dois aspectos explicam a disposição das pessoas de acatar as multas. O primeiro é que multamos as pessoas em Summerhill, mas não as punimos. A punição implica um julgamento moral, segundo o qual a bondade deve prevalecer sobre a maldade. As multas, em nossa escola, são penalidades práticas a respeito das quais todos podem opinar e às quais todos estão sujeitos. Em segundo lugar, as crianças desejam fazer parte da comunidade, e não se isolar dela. Elas têm a sensação de pertencer ao local, além de um senso de comprometimento, mesmo quando são pegas violando regras. Há uma sólida percepção de imparcialidade em Summerhill.

Perto do fim da assembleia geral, abre-se espaço para a apresentação dos "recursos", momento em que qualquer um pode recorrer contra quaisquer multas pendentes – como ter sido proibido de andar por determinado trecho da escola –, ou qualquer multa anterior que for julgada demasiado severa. É comum que as multas sejam reduzidas ou anuladas, pois raramente alguém entra com recurso, a menos que a pessoa de fato julgue a multa excessiva ou injusta – por exemplo, se um caso envolvia intensa carga emocional e uma multa "exagerada" foi proposta no calor da hora. Em poucos dias, a nuvem negra se dissipa e todos voltam a encarar as coisas de uma perspectiva mais serena. O recurso é aprovado. Vale observar que, de tempos em tempos, aparece uma ou outra criança mal-humorada que recorre de praticamente todas as multas que recebe e seus recursos são sempre rejeitados. Mas ela tem consciência de que está, com isso, tentando a sorte. E após um breve desabafo, do tipo "Meu Deus, que droga de comunidade", já se esqueceu de suas mágoas e prossegue, contente, com suas atividades.

A função principal da assembleia geral é formular as leis que nos governam. Assim como no tribunal, quem quiser apresentar uma queixa deve falar primeiro com o secretário e será chamado quando chegar sua vez. A pessoa poderá, então, questionar a validade de qualquer lei e propor que ela seja anulada ou substituída por outra de maior relevância. Da mesma forma, é possível elaborar uma lei nova que seja mais clara e abrangente. Em geral, ocorre um debate e surgem outras propostas. Elas são então votadas, e a que for aprovada se transforma em lei – até que alguém decida contestá-la. Assim, as normas da escola estão em permanente evolução, refletindo as necessidades da comunidade em dado momento.

Às vezes, a discussão desses casos pode se arrastar. Se ela será entediante ou não, dependerá da ligação emocional de cada um com o tema. Há alguns anos, fazia-se barulho demais no andar de cima da Casa após o apagar das luzes. Alguém propôs que a hora de dormir fosse ampliada. Argumentei enfaticamente contra a proposta. Nesse horário, após um longo dia, passo uma boa meia hora providenciando chocolate quente, curativos, remédios e lidando com as necessidades de última hora das crianças. Depois disso, só me resta cerca de uma hora para começar a relaxar antes de ir para a cama. A discussão durou uma eternidade, mas, como tinha grande importância para mim, pareceu ser rápida. No entanto, quando o tema seguinte, sobre andar de skate na cidade, foi abordado, meu envolvimento emocional com o assunto era zero e a discussão me pareceu interminável. Nesse caso, mais uma vez a compreensão mostrada pelas crianças a respeito de si mesmas é mais profunda que a dos adultos. Se alguém roubou um brinquedo de Chris e este exige que uma providência seja tomada a esse respeito, isso é tão relevante para ele quanto é para mim o fato de a pintura de meu carro ter sido arranhada. Em Summerhill, os sentimentos de todos são levados a sério. É assim que funciona o autogoverno.

No caso específico da hora de dormir, meus argumentos prevaleceram. Muitas das crianças que argumentavam a favor da ampliação do horário votaram na minha proposta depois de ouvirem a minha versão da história. Dois anos depois, e em circunstâncias diferentes, o horário de dormir acabou sendo alterado para meia hora mais tarde, regra que vigora neste momento. O autogoverno demanda conciliações. Há dois tipos de acordo: num deles, abdicamos da nossa essência e nos confinamos a nossos limites; no outro, vivemos nossa essência e temos limites flexíveis. Este último retrata o modo como vivemos em Summerhill. Nesse caso particular, arranjei mais tempo para mim ao longo do dia e não guardei ressentimento quanto ao horário de dormir ampliado. Se eu tivesse voltado à assembleia e argumentado energicamente a favor do horário anterior, tenho certeza de que mais cedo ou mais tarde a proposta teria passado.

Até algum tempo atrás, eu era a favor da busca do consenso, por meio do qual as diferenças são discutidas até que se chegue a uma solução que agrade a todos. Tendo observado o autogoverno de Summerhill em funcionamento, hoje penso de outra forma. Em primeiro lugar, nossas assembleias não teriam fim. No formato que elas têm, já é necessário haver uma pessoa que as conduza de modo sintético. Além disso, um mundo no qual todos concordem não é uma ideia que me agrada. Eliminar diferenças significa eliminar também as individualidades. Em Summerhill, aprendemos a conviver com as diferenças. Podemos discordar e expressar nossa diferença de opinião. Ninguém tenta submeter o outro à sua própria opinião utilizando argumentos bem articulados ou "intelectuais". Num dia, minha proposta é aceita; em outro, não. Esse é um aspecto com o qual aprendemos a conviver, e respeitar o ponto de vista dos outros se mostra, muitas vezes, tão importante quanto – ou mais importante que – defender uma ideia de maneira apaixonada durante a assembleia.

Summerhill muitas vezes é retratada na mídia como "a escola sem leis". Trata-se de uma completa falácia. Temos provavelmente mais leis escritas do que qualquer escola do país. Muitas delas surgiram para esclarecer situações que dispensariam esclarecimento em outras escolas. Por exemplo, "É proibido assistir à televisão durante o horário de aulas", "É proibido brincar com água em ambientes fechados", "Não se deve importunar os funcionários não residentes na escola", "Não é permitido levar mobília da escola para o bosque", "É proibido carregar facas na bainha durante idas à cidade", "O consumo de bebidas alcoólicas é vetado às crianças", "Caso sejam flagrados em estado de embriaguez, funcionários e professores levarão multa de 5 libras", "É proibido usar espingardas de ar comprimido", "Arco e flecha só podem ser usados no campo de hóquei se este estiver vazio", "É proibido fumar em áreas públicas", "É proibido andar de skate, patins ou bicicletas em lugares fechados". Na maior parte das escolas, as crianças (ou até mesmo funcionários e professores) nem sequer sonhariam em fazer tais coisas, mas em Summerhill, onde há muito mais liberdade, a necessidade de definir certos limites surge espontaneamente.

No momento, temos cerca de 200 regras por escrito. Elas estão sempre afixadas em um quadro no saguão, assim como as atas da assembleia da semana anterior. São divididas em diferentes seções e abordam vários aspectos da vida escolar. Uma dessas seções se refere especificamente às crianças do San, ou seja, às menores. Uma delas estabelece que "nas idas à piscina de Leiston, as crianças do San serão as primeiras a entrar no ônibus escolar". Outra diz que se essas crianças quiserem comprar, vender ou trocar qualquer coisa, duas crianças do Vagão ou um funcionário ou professor devem estar presentes, para garantir que ninguém seja trapaceado. Há leis relacionadas às assembleias. Por exemplo: "Os visitantes podem assistir à assembleia mediante a permissão da comunidade", ou "Só se pode deixar a assembleia quando a discussão de determinado assunto chega ao fim". Há regras que regulam o fumo, o uso do gram, a bebida, os horários de dormir, as idas à cidade, a piscina, a segurança relacionada ao uso de bicicletas e objetos perigosos (tais como facas e estilingues). Outras versam sobre pais e visitantes, as salas de estar ("É vetado retirar almofadas da sala de estar"), o horário de refeições ("Não é permitido guardar lugar na fila") etc.

A maior parte dessas normas vale para a comunidade como um todo, embora algumas também se apliquem a condutas individuais. Alguém pode ser impedido de entrar em determinada área. Por exemplo, um aluno do Barracão foi proibido de circular no andar de cima da Casa depois de ter intimidado as crianças mais novas. Outro garoto foi proibido de entrar num quarto onde ele foi surpreendido várias vezes mexendo em pertences alheios. Há situações em que alguém pede para ser a exceção à regra. Uma norma determina que somente crianças de 12 anos ou mais podem carregar facas na bainha. Um garoto de 11 anos pediu para ser exceção e sua proposta foi aceita. Se alguém pede para ser isento de determinada regra, espera-se dele uma boa justificativa. Se a pessoa discorda dos princípios da regra, deve tentar mudá-la e não simplesmente pensar em si próprio. Nesse caso, o garoto em questão tinha ampla experiência com facas: seu pai o havia ensinado a manuseá-las com segurança. Dessa forma, as necessidades da comunidade e as do indivíduo se equilibram.

Todas as leis são votadas nas assembleias da comunidade, à exceção daquelas relacionadas à segurança e à saúde e de qualquer outra que seja de cumprimento compulsório conforme a legislação do país. Por exemplo, a assembleia não pode decidir que adolescentes de ambos os sexos durmam no mesmo quarto. Se assim o fizesse, a escola poderia ser fechada. Entre as questões de saúde e de segurança estão a proibição de subir no telhado, de consumir bebidas alcoólicas, de usar drogas e de utilizar espingardas de ar comprimido. Apenas algumas dessas leis são decididas somente por Zoë e não podem ser votadas nem alteradas nas assembleias. Há também algumas relacionadas à segurança – sobretudo no que se refere à ida à cidade – que a assembleia pode alterar, mas não descartar por completo.

Cabe aos funcionários a decisão sobre os quartos onde os alunos dormirão. O objetivo é evitar a formação de panelinhas com crianças mais "populares" e guetos com outras menos "populares". Summerhill é o oposto disso: um lugar em que todas as crianças se integram. A decisão final sobre a aceitação de crianças na escola é de Zoë, bem como sobre quais delas devem deixar a comunidade – embora isso raramente aconteça. Em geral, ela discute o caso com professores e funcionários para ter uma ideia da situação, mas a palavra final é exclusivamente dela. Informações sobre o histórico familiar da criança – o qual ela pode não querer expor à comunidade – podem fazer toda diferença em tal decisão. Ainda em relação a esse aspecto, a experiência do adulto tende a ser o termômetro mais confiável, considerando que ele tem uma visão mais ampla, que vai além das preocupações imediatas da comunidade. Mas os sentimentos desta, como um todo, certamente têm grande peso.

A assembleia pode, por meio do voto, decidir mandar alguém para casa por algumas semanas – ou até o fim do trimestre, se essa pessoa estiver de fato passando dos limites. Pode também sugerir à criança que deixe a escola, embora isso quase nunca aconteça. A difícil decisão de expulsar um aluno é tomada somente quando ele estiver prejudicando os outros e ameaçando o bem-estar da comunidade. Seria ainda mais difícil para os alunos tomar tal decisão sobre outra criança. Sente-se que seria injusto colocar esse peso sobre seus ombros – mais uma razão pela qual essa se tornou uma responsabilidade que cabe aos adultos e não à assembleia. Como funcionário, senti profunda tristeza quando sugeri que uma criança deixasse a escola. Mesmo que um indivíduo exerça influência nociva sobre os outros, ainda assim ele se tornou parte da comunidade, e as pessoas talvez sintam um grande carinho por ele. Para as crianças, conviver com o fato de que elas tomaram a decisão de expulsar um colega seria um fardo terrível.

Houve também ocasiões em que crianças mais velhas tiveram de deixar a escola por terem ignorado as regras relacionadas a bebidas ou drogas. Nunca tivemos um problema sério com drogas aqui, somente episódios isolados em que alguém trouxe maconha para a escola, mas esse é um assunto delicado. A concepção equivocada de que Summerhill é um lugar onde vale tudo faz que a escola esteja particularmente atenta a esses problemas. Essas preocupações são levadas bastante a sério. As crianças maiores são alertadas de que, além de estarem colocando a si próprias em perigo, colocam também a comunidade em risco ao beberem e ao trazerem substâncias ilegais para dentro da escola.

Durante um curto período, logo depois de Zoë ter assumido a direção da escola, as crianças tiveram permissão de consumir bebidas alcoólicas. A experiência não deu certo. Embora embriagar-se, àquela época, fosse uma violação ao regulamento interno, era uma regra difícil de mensurar, e os adolescentes tiveram dificuldade de conter-se. Lembro-me, quando adolescente, do desespero que senti ao experimentar o estado de embriaguez. Quando adolescentes vivem juntos num grupo grande, aumenta a tentação de mandar a cautela às favas. O álcool pode tornar-se também uma opção fácil para lidar com as emoções difíceis dessa fase da vida. Em razão dos diversos problemas que estava causando, o álcool foi proibido novamente. Como se trata de uma das leis relacionadas a saúde e segurança, e não abertas à discussão em assembleia, Zoë tomou a decisão de proibir o álcool, assim como de início liberara seu uso. No entanto, tal como em muitos aspectos da vida em Summerhill, essa medida foi rejeitada após a tentativa de implementá-la e da constatação de sua ineficácia; não foi descartada logo de cara, sem a menor discussão. É assim que Summerhill tem evoluído: baseado na experiência real, não em ideias rígidas e preconcebidas.

A admissão de novos funcionários e professores também é responsabilidade de Zoë, embora as opiniões dos demais empregados a esse respeito sejam consideradas com bastante seriedade. Em geral, as crianças não se interessam por esse assunto, como descobri na minha entrevista de emprego e como vi acontecer com outros candidatos a vagas na escola. Elas tampouco se interessam pelas preocupações dos adultos sobre que habilidades e qualificações seriam mais adequadas para esse ou aquele trabalho. Porém, quando um aluno decide se envolver nesse processo, conversando com candidatos, seus sentimentos e opiniões são levados em conta. A demissão de funcionários ou professores também cabe a Zoë. No fim das contas, ela é a responsável pela escola e deve responder a quaisquer críticas, dos pais ou da sociedade como um todo.

Além das assembleias da comunidade, professores e funcionários fazem reuniões semanais. Estas não lhe conferem o poder de tomar decisões mais abrangentes em nome da comunidade nem de mudar suas leis. Têm como pauta, além das questões já mencionadas, assuntos como os dias de visitas, a inspeção externa à qual a escola é submetida, o treinamento em caso de incêndio, a segurança dos equipamentos, o plantão de professores ou funcionários. Nesses encontros, os funcionários também falam sobre alunos com os quais estejam preocupados ou os quais venham causando problemas. Isso pode levar à discussão de possíveis medidas para melhorar a situação, como pedir a uma criança mais velha que ajude a mais nova a se adaptar. Talvez algum adulto sinta necessidade de manifestar suas inquietações. Talvez não saiba em que momento deve ceder e deixar que as coisas aconteçam, ou quando interferir. Qual é o papel do adulto em Summerhill? Funcionários e professores, como um todo, tentam cooperar com os colegas novos que estejam enfrentando dificuldades.

O DESCARTE DAS LEIS

A comunidade tende a acumular uma grande quantidade de leis ao longo dos anos. De tempos em tempos, a assembleia elimina todas elas, com exceção daquelas relacionadas a saúde e segurança. Em intervalos regulares de alguns anos, um grupo grande de adolescentes deixa Summerhill, permanecendo na escola alunos muito jovens, que não sentem necessidade de leis. Isso aconteceu há alguns anos. A média dos alunos da escola era bas-

Matthew Appleton

tante baixa: as crianças mais velhas não tinha mais que 13 ou 14 anos. Elas estavam mais interessadas em levar uma vida frenética e delirante do que no autogoverno. Poucos compareciam às assembleias, que careciam de vitalidade. Uma vez cumprido o ritual de colocar as pessoas na cama, vários inspetores saíam de fininho dos quartos, acompanhados desses adolescentes, e começavam a correr pelas dependências da escola tarde da noite, fazendo barulho. Houve uma série de convocações extraordinárias às assembleias, durante as quais os indivíduos expressavam sua irritação: "Por que vocês estão fazendo isso? Essa comunidade é sua, se vocês não querem leis, eliminem as leis. Se não querem horários de dormir, livrem-se dessa regra. Mas não finjam que querem se não for verdade. Pelo menos, sejam honestos em relação a isso. Estamos em Summerhill, vocês não precisam fingir. Vocês têm direito de expressar sua opinião, portanto usem esse direito".

Foi o que ocorreu. As leis e os horários de dormir foram cancelados. No entanto, quando propus que as assembleias também fossem abolidas, minha sugestão foi rejeitada. "Essa proposta é uma bobagem!", disse um garotinho, acompanhado por um coro de aplausos de aprovação. Assim, as assembleias continuaram, permitindo a qualquer um propor o retorno às leis quando e como desejasse, e também denunciar qualquer pessoa que o perturbasse. No entender da comunidade, isso não significava que, só porque não tínhamos leis, qualquer um poderia magoar, ferir ou molestar o outro. Na verdade, nunca houve leis que determinassem: "Você não deve magoar, ferir, intimidar nem irritar ninguém".

Naquela noite, reinou o caos. Crianças andaram de skate e de bicicleta pelos corredores até tarde da noite. O aparelho de som funcionou o tempo todo e ignorou-se a hora prevista para desligá-lo. Algumas crianças do San começaram a fumar (as regras da época proibiam o cigarro, embora qualquer um pudesse pedir para ser a exceção à regra e fumar em certas áreas restritas). Quase ninguém foi para a cama na hora de praxe, e boa parte das crianças ficou perambulando pela escola em busca de algum tipo de agitação que justificasse essa reviravolta na rotina. Mas ficou por isso mesmo. A bagunça acabou sendo maior do que o normal, com algumas latas de lixo reviradas e uma bicicleta abandonada no corredor. Na manhã seguinte, o equipamento de som não funcionava mais. Fora isso, no entanto, nada de significativo mudou.

A sessão seguinte do tribunal se deu normalmente, e na assembleia geral três das leis antes descartadas foram reintroduzidas. Uma delas regulava o uso de rodas (patins etc.) em ambientes fechados – ter constantemente de desviar das bicicletas e skates começou a incomodar, e um ou dois adultos estavam preocupados com o estado do piso das casas. A outra lei determinava que somente a comissão do gram poderia usar o equipamento de som, que teria de ser reparado. A terceira lei votada restabeleceu as regras relacionadas ao cigarro. A percepção era de que os adolescentes da Casa que tinham começado a fumar só o faziam por exibicionismo e porque não havia mais leis sobre o tabagismo – se eles realmente quisessem fumar, que pedissem para ser exceções à regra. Muitos dos adolescentes foram bem enfáticos em relação a isso, e revelou-se que eles tinham razão: os novos fumantes não pediram para ser considerados exceção à regra e largaram o hábito de fumar.

Nas semanas seguintes, uma a uma, as leis foram restabelecidas. E, embora o mesmo não tenha acontecido com as regras relacionadas à hora de dormir, tentou-se introduzir momentos de silêncio, a fim de permitir o descanso de quem quisesse dormir. Essa medida mostrou-se bastante ineficaz; era difícil ter uma noite de sono sem interrupções. Reinava um clima de indiferença e incerteza crescentes. As pessoas acordavam e iam dormir em horários diferentes; a qualquer hora do dia praticamente metade da comunidade estava dormindo. Todos se sentiam cansados e irritadiços. Com a falta de clareza dos limites oriunda do descarte das leis, um clima de *laissez-faire* tomou conta da escola. As crianças, ainda muito acostumadas a testar os limites, perceberam que tinham de ir ainda mais longe para encontrá-los: passaram a perambular pela escola tarde da noite, em busca do que fazer, e assim começou uma onda de arrombamentos. A cozinha, a lanchonete, o freezer, a sala de funcionários e professores foram arrombados noite após noite.

Uma semana antes do término do trimestre, a proposta de restabelecimento das leis da hora de dormir foi aprovada. A comemoração e o alívio na assembleia eram enormes. A essa altura, muitas das leis tinham sido re-

tomadas. No início do trimestre seguinte, várias outras leis foram votadas e restabelecidas. Isso aconteceu durante a assembleia cuja convocação foi proposta por um funcionário que sentiu que, com o grande afluxo de crianças novas à escola naquele semestre, seria melhor deixar bem claro, desde o início, quais eram os limites em Summerhill. A comunidade votou, de bom grado, pela aprovação à maioria das propostas lidas por ele. Eu mesmo não gostei da experiência de não termos leis nem horários de dormir, e sei que muitas crianças tiveram a mesma percepção. Mas, ao saber que isso não era o que queriam, elas descobriram o que realmente desejavam. Afinal de contas, a quantas crianças é permitido, em algum momento, descartar as leis que vigoram na sua escola? A curiosidade foi saciada. Voltaram as leis que as pessoas sabiam que queriam. Durante todo aquele período, ninguém se comportou de maneira perigosa nem ficou ferido. Foi mais um anticlímax do que um terremoto. Na opinião de várias pessoas que se lembram daquele período, não foi uma época de grande empolgação ou exageros desenfreados, mas uma fase de tédio cercada de incertezas. No último trimestre, um grupo de crianças novas conversava com alguns adolescentes em meu quarto: "Não precisamos de leis nem de

Summerhill

horários de dormir", disse um dos recém-chegados. "Isso mesmo", reagiram as outras crianças novas, animadas. "Oh, não", resmungaram os adolescentes, em uníssono. "Como foi quando as leis foram descartadas da última vez?", perguntei. "Foi horrível", disse um deles. "Foi minha pior época em Summerhill", afirmou outro.

É justamente por isso que o autogoverno funciona, em geral, sem problemas, quando há um grupo de adolescentes que já atravessaram essa fase de testar os limites simplesmente para testá-los. Esse grupo acaba se transformando numa força realmente estabilizadora dentro da comunidade.

Assim, o autogoverno é um movimento poderoso que norteia nossa vida em Summerhill, moldando a comunidade e conferindo-lhe solidez. As pautas das assembleias não consistem em temas insossos debatidos por adultos benevolentes; contêm assuntos dinâmicos e vibrantes, que deixam nas mãos da comunidade o controle da condução do cotidiano. Há algum tempo, um funcionário propôs o banimento de todos os televisores, com exceção do aparelho comunitário na sala de estar dos adolescentes. Professores e funcionários geralmente não votam em bloco nas assembleias; dividem-se na hora de votar, assim como as demais categorias da comunidade. Nessa ocasião, porém, quase todos os funcionários e professores apoiaram a proposta e a maioria das crianças votou contra. Portanto, a proposta foi rejeitada. As crianças não consideram os adultos consultores em questões de autogoverno: somos seus pares na comunidade e não seus mentores. Elas não seguem naturalmente nossos pontos de vista, têm os seus. Por meio do autogoverno, estamos constantemente aprendendo a ouvir uns aos outros, ao mesmo tempo que tomamos decisões. Isso se aplica tanto aos adultos quanto às crianças.

Juízes e políticos teriam muito que aprender com uma assembleia de Summerhill. Assistindo pela TV a uma sessão do Parlamento, fico impressionado com o nível de organização e respeito presentes em nossas reuniões em comparação às desses políticos. Há muitos anos, Neill constatou que as crianças são capazes de determinar o rumo da própria vida. Considerava a si mesmo um porta-voz das crianças – pois o mundo adulto não sabia ouvi-las – e um protetor dos direitos das crianças – pois o mundo adulto não sabia reagir diante delas. Além disso, ele fundou Summerhill para demonstrar aos adultos que sua visão da infância não era mera extravagância teórica, mas uma realidade palpável com a qual se pode conviver.

Muitos atribuem o sucesso de Neill à sua personalidade e não à comprovação de sua visão de mundo. Muitos achavam que, com sua morte, em 1973, Summerhill fecharia as portas. Mas hoje, mais de 25 anos após a morte de Neill, a escola segue adiante, não à sombra da personalidade de um indivíduo, mas em razão das virtudes de um sistema integrado de autogoverno. Um sistema em que adultos e crianças vivem como iguais, sem que nenhuma das partes leve vantagem. Desde a fundação de Summerhill, houve muitas mudanças no sistema educacional e na educação infantil. O castigo físico, em grande medida, foi banido. Tem havido tentativas no sentido de tornar as salas de aula menos formais e as aulas, mais interessantes. Porém, se algumas dessas mudanças podem ser atribuídas à influência de Neill, os princípios básicos de suas ideias ainda precisam ser compreendidos ou assimilados. As crianças ainda não contam com a aprovação e o respeito que merecem como cidadãos. Uma confusa mescla de autoridade e práticas de suborno e sedução continua submetendo crianças e adolescentes às imposições do universo adulto – um mundo que perdeu contato com a natureza infantil.

5 DESTRUTIVIDADE E MELANCOLIA

Durante meu primeiro ano em Summerhill, muitas das questões discutidas nas assembleias centraram-se nas atividades de três garotos em particular. Como já mencionei, um breve período de episódios intermitentes de infração às leis ou de comportamento antissocial generalizado é algo que aprendemos a aceitar como parte da vida em Summerhill. Nem todas as crianças atravessam essa fase, mas, quando isso acontece, não as consideramos "malcriadas" ou "más". Em vez disso, lidamos com os pequenos delitos cometidos por elas de maneira prática, nas assembleias da escola.

Muitas vezes, os recém-chegados à escola exibem uma fachada de hipocrisia. Tal falsidade, estimulada ao longo de muitos anos, é um modo de obter reconhecimento numa sociedade que valoriza mais as boas maneiras do que os traços de personalidade autênticos. Isso se manifesta de vários modos: falsa timidez, falsa modéstia, gestos automatizados de afabilidade, desejo exagerado de agradar ou de impressionar. Trata-se de algo nada espontâneo.

Em um nível mais profundo, essa falsidade previne o aparecimento da angústia que deriva da sensação de não se sentir aprovado, de ser rejeitado e ridicularizado. Tal angústia exerce grande influência na vida de grande parcela das crianças e, quando nos tornamos adultos, transforma-se em parte de nossa essência, subjacente a todas as nossas atitudes.

Porém, a vida em Summerhill não é pautada por tais valores. As crianças são aceitas pelo que são e não pelo que os outros esperariam que elas fossem. Elas podem fazer o que bem entenderem, desde que não perturbem os outros. Leva tempo até que o recém-chegado assimile esse clima e adquira confiança. Pode ser uma questão de horas, semanas ou até

Matthew Appleton

mesmo meses. A conscientização se dá de forma rápida ou gradual, mas é nessa fase que a maior parte dos sentimentos antissociais da criança se expressa. Se perfurarmos uma lata cujo conteúdo foi pressurizado, ela explodirá. Sob pressão, as crianças reagem de maneira bastante semelhante quando a pressão é removida repentinamente. O "obrigado" transforma-se em "vá se danar". A organização e a limpeza são mandadas às favas. Leis são violadas.

Embora esse período possa ser cansativo, costuma ser breve: dura uns poucos trimestres. É um tempo de readaptação, de transição; sai-se de um mundo governado pela pressão externa para outro diferente, o da autorregulação. Nossos adolescentes estão longe de ser santos, nem é esse nosso objetivo – como acreditam, de modo equivocado, alguns moralistas – ao educar as crianças em Summerhill. Mas eles trazem consigo a sinceridade e a autoconfiança, virtudes de que a maioria das crianças, ao atingir a adolescência, terá sido privada. Nossos alunos não são movidos por ansiedade nem raiva; sua automotivação é autêntica. Numa fase da vida geralmente caracterizada pela inaptidão, pelo constrangimento e pela rebeldia, eles são, do ponto de vista emocional, desenvoltos, diretos e sinceros. E, além de conduzirem a própria vida, estão conduzindo os rumos de sua escola.

UM TRIO PROBLEMÁTICO

Os três garotos que mencionei antes pareciam estar profundamente imersos num clima de rebeldia total. Suas travessuras se davam ora com os três juntos, ora com dois deles, ora com um deles acompanhado de um pequeno grupo de seguidores, ou somente com um deles. Dois tinham chegado a Summerhill seis meses antes de mim. O terceiro chegou na mesma época que eu. Tinham todos 10 anos de idade, quase 11. Além de serem implacáveis na busca de estímulos ilícitos, eram também radicais. Os que chegaram a Summerhill antes de mim haviam atirado pedras em sua *mãe*, quebrando as vidraças do quarto dela. Durante meus primeiros meses na escola, eles eram constantemente denunciados nas assembleias por práti-

Summerhill

cas de intimidação, roubo e destruição. No entanto, as assembleias pareciam não produzir nenhum efeito sobre eles.

Certa vez, eles jogaram uma árvore pequena num bueiro, entupindo a principal saída de esgoto da escola. Isso só foi descoberto no trimestre seguinte, quando um fedor de excrementos subitamente impregnou nossas instalações. Foram necessários vários dias e o uso de equipamentos caros até que um dos professores e Tony, marido de Zoë, conseguissem restabelecer a normalidade; durante esse período, os arbustos nos serviram de banheiros improvisados. Em outra ocasião, eles destruíram completamente seus quartos: arrancaram parte do forro do teto e as portas das dobradiças, além de atirar boa parte da mobília pela janela. Tempos depois, demoliram uma parede que ficava atrás da casa de campo de Ena. Seus gestos eram sempre acompanhados de gritos estridentes de excitação, de modo que todos sabiam que eles estavam aprontando alguma.

Porém, eu tinha grande interesse nesses três garotos, que também mostravam um jeito afetuoso e os tornava queridos pelos demais. É possível, também, que isso – como disse Zoë durante minha entrevista de emprego – tenha que ver com o fato de funcionários novos serem normalmente atraídos por membros antissociais da comunidade. Sim, na época eu tinha boa dose de paciência, energia e entusiasmo, e queria compreender essas crianças – o que as motivava, o que poderia ser feito para ajudá-las. Existe dentro de nós uma faceta que nunca expressamos totalmente que se identifica com o rebelde, com o marginal, com a vítima da injustiça social. Nossos filmes, romances e músicas são ricos em exemplos de tal identificação. Essa capacidade de identificação confere aos adultos summerhillianos grande potencial para se dedicar às crianças e a compreendê-las. Mas essa capacidade, conforme Zoë advertiu, é mal empregada quando o adulto é atraído para o mundo introvertido daquela criança em particular – em vez de atraí-la para o universo mais amplo da comunidade.

Ciente desses riscos, ponderei com cuidado o meu envolvimento, já que eu passava muito tempo com esses alunos. Às vezes, quando me sentia confuso por causa de uma interação ou de um fato qualquer, ia falar com Zoë, cuja compreensão intuitiva em relação às crianças colocava as

Matthew Appleton

coisas em perspectiva. Com o passar do tempo, no entanto, tivemos muitas conversas na sala dos professores e funcionários sobre o interesse da comunidade de manter essas três crianças. Conforme mencionei no capítulo anterior, a decisão de expulsar uma criança, ou até mesmo um funcionário ou professor, não cabe à assembleia da escola, embora seus participantes possam fazer uma sugestão veemente nesse sentido. A palavra final é de Zoë. Em geral, ela consulta os professores e os funcionários, e ouve com atenção a opinião deles, mas no final das contas a decisão será dela.

Jamais alguém será convidado a deixar a escola por ser "mau" ou por envolver-se pouco nos trabalhos da comunidade. Eis o que é colocado em questão: até que ponto a presença dessa pessoa na comunidade tem um efeito tão prejudicial aos outros a ponto de não se poder mais justificar sua presença? Nesse caso em particular, todos já se sentiam exauridos com a desordem constante causada por esses três garotos, e isso continuava trimestre após trimestre. Por vezes as sessões das assembleias duravam horas, devido às inúmeras denúncias feitas contra um ou mais desses meninos. Convocavam-se sessões extraordinárias, às vezes duas ou três numa semana. A comunidade empenhou-se em encontrar maneiras de lidar com eles, mas nada parecia funcionar. A paciência de todos começou a se esgotar. O clima geral era de frustração e de desânimo, sobretudo entre os adolescentes.

Professores e funcionários se perguntavam: caso convidassem um dos garotos a deixar a escola, em que medida isso aumentaria as chances de adaptação dos outros dois? Caso isso se efetivasse, qual dos três deveria partir? Eu gostava muito dos três e me vi argumentando em favor de cada um deles na sala de professores. Olhando em retrospecto, percebo que estava sendo idealista demais. Acreditava que Summerhill pudesse curar qualquer conflito, por mais grave que fosse – era somente uma questão de tempo. Eu não queria desistir daquelas crianças. Mas a crescente preocupação não era com o fato de eles se beneficiarem ou não de sua estadia em Summerhill, mas com o bem-estar dos demais.

No fim das contas, depois de longo exame de consciência, decidiu-se qual dos garotos deveria deixar a escola. Eu havia argumentado a seu favor, na sala dos professores e funcionários e nas conversas com Zoë, ao longo de vários meses, tentando ganhar tempo, e sempre na esperança de que ele conseguiria reverter o quadro. Por fim, reconheci a derrota e me senti como Judas. Senti que havia traído nosso relacionamento e também a confiança que ele depositara em mim. Tive uma enorme sensação de frustração e de derrota, além de profunda tristeza com a perspectiva de sua partida.

A história desse garoto em particular tinha muito a nos ensinar. Ele foi concebido em circunstâncias um tanto estranhas. Sua mãe havia deixado o namorado e fugido com o pai dele, e a essa altura engravidou. Passados alguns meses de gravidez, ela deixou o pai e voltou para o namorado. O bebê, portanto, acabou sendo meio-irmão de seu padrasto. Durante a gravidez, a mãe alimentou profunda rejeição pela criança que crescia em seu ventre. O nascimento do menino lhe provocou repulsa. Uma imagem que me veio à mente repetidas vezes, e me tocou profundamente, foi a desse bebê recém-nascido olhando nos olhos de sua mãe e encontrando revolta e rejeição. Terá sido esse o primeiro reflexo de sua existência?

Seus pais foram omissos em sua criação e o tratavam mal. Deixavam-no passar fome e frio. No fim das contas, ele foi parar num orfanato: quando sua mãe adotiva o viu pela primeira vez nessa instituição, ele estava encolhido num canto, tímido, e não queria se comunicar com ninguém. Tinha medo do escuro e de entrar na água, e passava semanas sem ir ao banheiro. Poucas semanas depois, no novo lar, mostrou-se cada vez mais destrutivo, quebrando coisas e atirando parte da mobília pela janela. A situação demandava enorme esforço da família adotiva, mas eles estavam determinados a apoiá-lo. Porém, depois de ter tolerado tais atitudes durante alguns anos, o esforço mostrou-se excessivo. Foi então que ocorreu a seus pais adotivos trazê-lo a Summerhill, na expectativa de que ele pudesse elaborar melhor alguns de seus problemas.

A decisão de receber em Summerhill uma criança tão perturbada é uma exceção à regra, e esse garoto foi aceito mediante o seguinte acordo: se seu comportamento se revelasse complicado demais para a comunidade, ele seria obrigado a deixar a escola. A experiência de Neill mostrava que, embora tais crianças se mostrassem capazes de superar muitos de seus con-

Matthew Appleton

flitos em Summerhill, isso gerava uma pressão extra sobre as demais. Nos últimos anos de vida, ele julgava que se equivocara ao manter na escola crianças que se mostravam continuamente intimidadoras, e hesitava menos em expulsá-las. Mas ele lamentava o fato de nenhuma outra instituição ser capaz de lhes dar assistência, sendo as únicas alternativas escolas onde imperavam o medo e uma disciplina rígida.

Porém, continua complicada a seguinte questão: em que momento devemos decidir que não é mais conveniente manter uma criança na escola? Em Summerhill, o clima lembra mais o de uma grande família que o de uma instituição de ensino, e aqueles que estão aqui há algum tempo criam sólidos laços entre si. As pessoas têm a sensação de pertencer a uma comunidade onde podem ser autênticas. Portanto, a decisão de mandar alguém embora não é encarada de modo leviano.

Quando encontrei esse garoto pela primeira vez, ele se agarrou a mim e passava muito tempo ao meu lado. Carecia demais do afeto de um adulto. Antes, já se apegara a outros professores e funcionários, e também a visitantes. Era um menino bonito, bastante encorpado para sua idade, de olhos brilhantes. Mas seus olhos também estampavam um distanciamento, como se houvesse uma espessa camada de vidro a separá-los do resto do mundo. Um olhar que parecia transbordar expressividade, mas ao mesmo tempo permanecia inalcançável. Era essa contradição entre uma enorme vivacidade e a sensação de estar separado do contato humano que me impressionava, e parecia estar nas raízes de sua crise.

Esse conflito se expressava de diversas formas. Ele tinha uma enorme necessidade de contato mais íntimo com os outros, mas quando isso acontecia não sabia como agir. Muitas vezes, aconchegava-se a meu lado, demonstrado intenso prazer nesse contato físico mais próximo. Mas, após um curto tempo, seu prazer se transformava em inquietação, e ele ria nervosamente antes de me bater – o que parecia lhe deleitar. Não era difícil perceber o ódio escondido por trás dessa satisfação. Os socos me doíam. Com delicadeza, eu o segurava e lhe pedia que parasse, ou colocava um travesseiro entre nós. Mas sua raiva nunca veio à tona de fato. Ao contrário, ele ficava em pé parado, impassível, bochechas e lábios caídos.

Summerhill

Esse padrão se repetiu várias vezes, e isso sem dúvida traçava um esboço do que haviam sido suas primeiras experiências de vida. Como qualquer bebê, ele teria procurado um contato prazeroso, movido por uma expectativa inata. Mas tal expectativa era frustrada e se transformava em ansiedade, em retração diante de um mundo insensível e na busca de um isolamento insuportável. À medida que a necessidade frustrada de contato se consolidava, sua ansiedade se transformava em raiva; mas ele tinha de engoli-la, represá-la, pois que tipo de reação seus gritos de ira teriam provocado? Ele aprendeu, portanto, a embotar a si mesmo, a viver de modo apático, com um medo da terrível raiva que suas necessidades naturais despertavam nesse mundo monstruoso em que ele nascera.

Em maior ou menor medida, sua experiência teria sido essa. É fácil juntar as peças: basta saber um pouco sobre bebês e crianças para ter uma ideia do terrível sofrimento que eles vivenciam quando suas necessidades não são satisfeitas. Eu lera o histórico desse garoto nos registros compilados sobre ele pelo serviço social. Esse ciclo de prazer-ansiedade-raiva-resignação consistia simplesmente na mesma experiência sendo vivida uma vez após a outra, como um disco riscado. A verdade vergonhosa é que tais crianças em geral são rotuladas de "intencionalmente destrutivas" ou "más", em vez de receberem a ajuda de que necessitam. Seu comportamento muitas vezes é reprimido, por certo tempo ao menos, por meio da ameaça de castigos, mas elas raramente recebem ajuda para lidar com seus conflitos.

A convivência com esse menino era difícil. Volta e meia, ele se ocupava com alguma coisa por certo tempo, sobretudo com trabalhos de marcenaria – atividade em que mostrava grande habilidade e concentração. Mas então recomeçava a provocar tumulto com seus dois companheiros ou só um deles. Não os chamaria de amigos, pois havia pouco afeto entre eles, apenas uma obsessão compartilhada pela baderna. Isso o deixava muitíssimo agitado, e ele não era capaz de conter sua agitação, liberando-a por meio de atitudes destrutivas na escola. Era como uma bola que, uma vez colocada em movimento, fica quicando até parar.

Muitas vezes, ele parecia não ter a mínima consciência de seus atos. Ao cruzar com alguém no corredor, era capaz de passar uma rasteira na

Matthew Appleton

pessoa ou empurrá-la, sem nunca assumir a responsabilidade por seus atos, erguendo as sobrancelhas sem demonstrar emoção e emburrando quando alguém se zangava com ele. Reagia do mesmo modo durante as intermináveis discussões nas reuniões das assembleias em que era acusado de algo. Não mostrava nenhuma identificação com seus gestos, nenhuma reação, nenhuma emoção. Se havia algo que pudesse ser quebrado ou destruído, ele seria a pessoa a fazê-lo. Em certa ocasião, arrancou o cano do banheiro que fica sobre a lavanderia. Isso ocorreu por volta das 21h, num dia em que lavamos uma enorme quantidade de roupa. A água suja vazou através do forro do teto, encharcando as roupas limpas que eu empilhara nos cestos. Boa parte do meu dia de trabalho estava arruinada, e tive de ficar até 3h reparando o estrago. Meus instintos de assassino passaram por um grande teste naquela noite!

Uma série de incidentes finalmente me convenceu de que aquele menino deveria deixar a escola. Por exemplo, ele começou a brincar com fósforos. Certo dia, encontrei um de meus livros aberto sobre minha cama, com várias páginas chamuscadas. Em outra ocasião, ele ateou fogo numa cabana subterrânea construída por um grupo de crianças no bosque. Numa noite, ele brincava em meu quarto, perto da minha cama, com uma das garotas; passado um tempinho, eles davam risadinhas e se abraçavam. De repente, ele colocou as mãos no pescoço dela e, com um olhar *blasé* mas sedutor, começou a apertá-lo. A garota afastou-o com facilidade, agarrando os cabelos dele e sacudindo sua cabeça. Mas aquilo me deixou impressionado e preocupado. Ele estava prestes a completar 12 anos e era grande para sua idade. De repente, tudo aquilo me pareceu arriscado demais. Talvez o grau de liberdade permitido por Summerhill estivesse além dos limites dele. Era preciso colocar o bem-estar das demais crianças em primeiro plano.

Contatamos sua mãe adotiva e lhe fizemos perguntas sobre possíveis providências a ser tomadas. Eu tinha a forte impressão de que, no ambiente certo, muito poderia ser feito por ele. O garoto queria chamar a atenção dos adultos, mas de um modo que ninguém em Summerhill jamais poderia fazer. Sentia enorme necessidade de passar pelas fases iniciais da vida, as quais não experimentara, e expressava isso de maneira bastante clara.

Summerhill

Muitas vezes, pedia-me para carregá-lo "como um bebê". Gostava de ser embalado, ou de se colocar na posição fetal e ser acariciado. Um dia, ao ver Zoë alimentando um cabrito com uma mamadeira, pediu uma mamadeira para si, e passou a sugá-la o tempo todo daquele momento em diante. Era fascinado por bebês. Se lhe fosse possível regredir e viver algumas de suas experiências perdidas, penso que certamente aprenderia a confiar em seus sentimentos de prazer, a lidar com a ansiedade, a expressar a raiva abertamente, canalizando-a para algum lugar que não oferecesse risco. Mas isso demandaria a competência terapêutica de um especialista, além de considerável dose de compromisso individual.

Foi dramático constatar, à época, as limitadas opções à disposição de crianças como essa. Encontramos apenas um lugar que poderia acolher crianças com tais características, a Comunidade Cotswold. Ali, as mensalidades eram caras, pois deviam custear a atenção individual dada aos menores; além disso, a comunidade era bastante seletiva em relação às crianças com as quais aceitavam lidar. Era uma medida sensata, já que dispunham de poucos lugares e a demanda era grande. Portanto, preferiam aceitar somente os indivíduos que eles tinham certeza de que podiam ajudar. O garoto conseguiu uma vaga, e as autoridades locais, após muitas queixas quanto à situação de suas finanças, concordaram em pagar. Porém, sua mãe acabou desistindo da vaga. A política da Comunidade Cotswold era a de manter as crianças longe de casa, de modo que elas pudessem recomeçar a vida com comprometimento. Ela não gostou nada da ideia e acabou matriculando o filho numa escola cujo foco estava centrado em trabalhos em equipe e atividades ao ar livre – um modo infeliz, no meu entender, de desviar as crianças das próprias emoções.

A despedida do garoto foi comovente. Apesar dos problemas que causava, ele era querido tanto pelos adultos como pelas crianças. Uma pequena multidão formou-se na porta da escola para lhe dar um último abraço. Enquanto as pessoas enfileiradas o abraçavam, ele permaneceu imóvel, com os braços largados, tossindo de vez em quando, como se algo estivesse entalado em sua garganta. Quando o abracei, senti que seu corpo todo tremia. Por fim, entrou no carro, com a caixa de madeira para coelhos que construíra amarrada junto ao bagageiro, e desapareceu pela entrada principal. A pequena multidão dispersou, vários de nós enxugando as lágrimas.

Mantivemos contato durante um tempo e, cerca de um ano mais tarde, ele voltou para visitar Summerhill. Estava bem maior e parecia mais calado, mas perdera a vivacidade. Disse gostar da escola nova, mas sua voz era automatizada e monocórdica. Minha mente é transportada para o tempo em que seus gritos desvairados ecoavam pela escola quando ele dava outro chilique, e não deixo de sentir uma ponta de pesar pelo fato de ele ter perdido aquele velho ímpeto.

O CONFLITO ENTRE OS PAIS E A ESCOLA

Por coincidência, no trimestre seguinte perdemos outro integrante de nosso terrível trio. Seus pais resolveram não mandá-lo de volta após as férias. Isso ocorreu após um período de tensões crescentes entre eles e a escola. Quando esse garoto chegou aqui, à mesma época que o colega de quem eu falava anteriormente, seus pais não nos deram nenhum sinal dos problemas enfrentados pelo filho. Mantiveram-se em negação durante toda a sua estadia em Summerhill. O fato é que ele era uma criança extremamente infeliz e perturbada, que vivia ansioso, sempre no limite. Sua relação com os pais e os colegas era de permanente conflito. Xingava as pessoas e caçoava delas, provocando-as até que reagissem.

Ele causava aflição nas crianças menores e, ao contrário de seu comparsa, não era muito benquisto na comunidade. Nas assembleias, vivia fazendo caretas para as pessoas, debochando e zombando delas. Porém, em qualquer confronto imediato mostrava-se covarde. Às vezes, respondia aos comentários nas assembleias e então ficava quieto um tempinho, pensativo. Mas isso não durava muito, e logo retomava seu temperamento maníaco, lançando insultos em todas as direções, pronto para estragar o prazer das demais pessoas.

Ele tinha um irmão mais novo, que era muitíssimo mimado pelos pais, que lhe sugeriam que ele, diferentemente do caçula, não correspondia às expectativas. Em vez de sentir-se bem em Summerhill, ele sentia que havia sido largado lá. Não foi uma escolha acolhida de bom grado, mas um último recurso a que apelaram. Logo no início, seus pais nos asseguraram que apoiavam a escola; porém, viviam procurando – e encontrando – falhas em pequenas coisas. Durante as férias, criticavam abertamente a escola na frente do garoto, e era frequente que ele voltasse com sentimentos confusos sobre aspectos da vida escolar. A mensagem que recebia de seus pais era a de que eles não aprovavam a escola e, por esse motivo, ao mandá-lo para cá, não o aprovavam. E ele tinha razão.

O menino recebia cartas de casa com regularidade, mas, apesar dos "beijos com amor" no final da página, o tom delas era sempre de desaprovação. Havia no mínimo uma referência ao irmão menor, em quem eles tinham descoberto mais uma qualidade maravilhosa. Seguia-se, então, a chantagem emocional: "Vovó e vovô amam você", dizia uma carta que ele me mostrou, "e ficariam muito felizes se você começasse a frequentar as aulas".

É um tanto desonesto mandar um filho a uma escola no interior do país onde o comparecimento às aulas não é compulsório e então fazê-lo sentir-se culpado por não frequentá-las. Aqui estava um garoto no meio de um fogo cruzado de mensagens contraditórias – sua confusão não era para menos. Era comum vê-lo com as sobrancelhas erguidas, numa expressão de perplexidade, como se perguntasse: "Por que estou aqui? Por que estou vivo?" (Tempos depois, ficamos sabendo que, quando ele tinha 3 anos, sua mãe sofreu de uma profunda e prolongada depressão e ele ameaçou suicidar-se, dizendo que se jogaria na frente de um caminhão). Seu olhar era tristonho e mostrava um desejo ardente, mas ele projetava o lábio inferior, num gesto de provocação, e caminhava com um ar de exagerada valentia, como um pequeno lorde. Parecia estar sendo colocado constantemente à prova, tendo de optar entre impor-se ou submeter-se.

Às vezes, essa disposição de brigar pelas próprias opiniões era bastante louvável. Lembro-me de uma ocasião em que seu *pai* sem querer colocou todas as calças desse garoto para lavar, e ele acabou ficando sem ter o que vestir na ida à cidade. Ele estava muito empolgado com a ideia de ir à

Matthew Appleton

doceria e, sem se deixar afetar pelo imprevisto, simplesmente vestiu seu robe e foi à cidade sem usar calças. Tivesse sido outro aluno, teria esperado até o dia seguinte, ou então pediria a alguém que comprasse os doces. Essa faceta de sua personalidade me agradava muitíssimo.

Eu me solidarizava com ele quando se sentia infeliz. Fazíamos longas caminhadas juntos pelo bosque e pela cidade, e ele me fazia perguntas instigantes sobre o mundo e sobre a vida. Demonstrava uma busca autêntica do conhecimento, mas sempre senti que ele procurava algo mais profundo do que as perguntas que fazia, algo não formulado e obscuro – uma resposta ao enigma de sua existência infeliz.

Comparecer ou não às aulas era uma questão que o incomodou durante toda sua estadia em Summerhill. Era muito comum que, após receber uma carta de casa, ele assistisse às aulas durante alguns dias; mas logo ficava entediado, não conseguia se concentrar e começava a atrapalhar os demais. Então, tomado por seus impulsos mais prementes, largava a sala de aula para brincar no bosque com os amigos. Mas, ao contrário dos colegas, nunca conseguia se envolver de fato com as brincadeiras: um peso na consciência o atormentava. Estava preso num círculo vicioso. Não surpreende que tenha se tornado rancoroso, violento e indisciplinado.

Também era bastante desleixado com as próprias roupas, e isso ficava ainda mais visível logo depois que recebia cartas de casa. Algumas peças, em geral muito caras, desapareciam. Ele se mostrava confuso em relação ao paradeiro das roupas, mas estou convencido de que havia uma conexão inconsciente entre a chegada das cartas e esse sumiço. O episódio era frequente demais para ser considerado coincidência. Ao perder as roupas que os pais haviam lhe comprado, ele os rejeitava. Sempre que eu o via finalmente suspirar e desistir da busca, notava um nítido brilho de triunfo em seus olhos. Portanto, embora fosse filho de pais um tanto quanto ricos, ele vagueava por Summerhill como se fosse um menino saído de um romance de Charles Dickens.

Inúmeras vezes ele me procurou para receber aulas particulares de leitura e redação, na expectativa de tranquilizar os pais; porém, teve dificuldade de se concentrar. Contou que fora levado à consulta com um psicopedagogo durante as férias, e que sofria "deste negócio que chamam de 'dificuldades de aprendizagem'". Nas aulas comigo, acabava preenchendo várias páginas do caderno de exercício com o próprio nome e com a frase "Vão se foder". Ele não era burro – estava fazendo, ali, as duas declarações mais importantes de sua vida.

Sempre que seus pais visitavam a escola, eu aproveitava a oportunidade para conversar com eles. Passava horas tentando lhes mostrar como as mensagens conflitantes entre a escola e o lar inviabilizavam a adaptação do garoto a Summerhill. Da nossa perspectiva, o problema era simples, mas os pais faziam vista grossa, negando a existência de conflitos e a infelicidade do menino. Sempre mudavam o rumo das conversas, fazendo críticas triviais à escola, tais como nos acusar de perder as roupas do garoto. Por fim, eu lhes escrevi, deixando novamente claro que a pressão sobre ele para comparecer às aulas estava tornando sua vida insuportável. E que, se eles não tinham condições de apoiar a escolha do filho em relação às aulas, seria mais justo que o matriculassem numa instituição em que a frequência fosse compulsória. Escolheram a segunda opção. De vez em quando, recebo notícias dele, que volta e meia é suspenso da escola nova.

Eu tinha forte ligação com esses dois garotos, e dei tudo de mim para fazer que eles se sentissem acolhidos e autoconfiantes. Foi enorme minha decepção quando eles partiram. Olhando em retrospecto, percebo que eu estava sendo bastante ingênuo e idealista. Passei por uma profunda desilusão durante certo tempo, mas não me tornei um cético por causa disso. Afinal, abandonar as ilusões não deve ser uma coisa negativa. Ao contrário, o episódio me proporcionou uma compreensão maior de Summerhill e também da natureza humana – com base na experiência e não numa quimera. Em vez de me fazer duvidar do estilo summerhilliano de tratar as crianças, reforçou minha confiança nele. Aprendi a reconhecer os limites, porém.

O primeiro garoto cuja história relatei passou por um grande trauma quando bebê. Nessa fase da vida, não recebeu estímulos espontâneos, tampouco um contato amoroso. Isso lhe trouxe aflição, o que por sua vez gerou ódio. A liberdade e a intensidade emocional de Summerhill foram excessivas para ele. O problema não era o seu bem-estar; aliás, ele superou rapidamente muitos de seus medos aqui na escola; o problema era o bem-estar das demais crianças. O segundo garoto estava enredado num conflito entre sua vida em Summerhill e a vida em casa. Além de não apoiarem Summerhill, os pais faziam questão de minar as tentativas de integração do filho, criticando a escola na sua frente e pressionando-o para assistir às aulas. Fiquei contente, meses mais tarde, em ouvir a história de um ex-summerhilliano dinamarquês que deixara a escola em circunstâncias parecidas, muitos anos antes, e está hoje na meia-idade. Ele ficou em Summerhill por poucos trimestres, mas guardou muito de sua experiência daquela época, e isso lhe deu forças para lidar com as dificuldades que enfrentaria em várias escolas daquele momento em diante.

De tempos em tempos acolhemos crianças com dificuldades semelhantes. Nunca é oito ou oitenta, sempre há nuanças. Mas a experiência nos permite tirar algumas conclusões. Summerhill não tem condições de compensar uma extrema privação afetiva ocorrida na infância, tampouco seremos capazes de vencer se tivermos de lutar o tempo todo contra os pais. Essa experiência também tem implicações num universo mais amplo. Nela pode-se ver, em microcosmo, uma luta da humanidade pela liberdade. Temos um desejo ardente por liberdade, que buscamos na religião, na política, na terapia, na arte, na música, na literatura, na filosofia, nas drogas, nas bugigangas que consumimos, na intimidade da vida sexual. No entanto, ele nos parece inalcançável. Não resta dúvida de que nossa capacidade de ser livres e aproveitar a vida é reduzida desde o berço e também na sala de aula. O único legado que a infância nos deixa é a impotência emocional que aceita passivamente o autoritarismo, seja este exercido pelo político, pelo guru, pelo especialista acadêmico ou pelas imagens veiculadas pelos manipuladores da mídia.

A LIBERDADE E A ACEITAÇÃO SÃO TERAPÊUTICAS

Faltou comentar sobre o terceiro garoto do trio problemático. Ele ainda está conosco, mas em breve estará pronto para abrir as asas e deixar o ninho.

Summerhill

Testemunhei uma mudança enorme nele desde que chegou a Summerhill, há seis anos. Roubava compulsivamente. Considerava seu, por direito, qualquer objeto que estivesse à vista, e o que estivesse trancado a chave era para ele motivo de desafio. Certa vez, circulou pela escola uma porção de chaves roubadas, que eram usadas para abrir gavetas e caixas de membros da comunidade. Na assembleia, um dos adolescentes propôs que todos os que portassem chaves que não abrissem os próprios cadeados tivessem tais chaves confiscadas naquele mesmo instante. No momento em que a proposta foi aprovada, a expressão facial de nosso jovem amigo passou da incredulidade ao horror. Quando ele se deu conta do que se passava, correu para a porta, mas foi detido por um grupo de colegas. Relutante, ele entregou um enorme molho de chaves que deve ter levado meses para acumular.

Ele também se metia em qualquer atividade em que os outros estivessem envolvidos, estragando a brincadeira. Tinha um hábito particularmente irritante: o de brincar com objetos alheios até quebrá-los. "Deixa eu ver, deixa eu brincar", implorava, e então, depois de minutos de manuseio sem mostrar a menor delicadeza, e diante do objeto quebrado, ia embora dizendo: "Bem, quem fabricou isso não fez um bom trabalho, né?"

As crianças menores sentiam-se intimidadas diante dele. Quando não estava aprontando confusões com os outros dois, vagava sozinho pela escola, impondo-se àqueles dispostos a conviver com ele. Em geral, ia embora quando lhe pediam, talvez não na primeira ou na segunda vez, mas depois que alguém lhe pedia por dez minutos ele finalmente saía de modo atabalhoado, dando de ombros. Parecia não saber como fazer amigos – e me pergunto se alguma vez já soube.

Tinha uma voz áspera e um tique que causava espasmos em seu rosto por horas. Era como se tivesse um grande pedaço de chiclete grudado no rosto, do qual ele estivesse tentando se livrar. Sua frase predileta era "Isso não é justo", que inseria em qualquer interação em que a palavra final não fosse a dele. Aparentava estar perplexo e angustiado naquele momento, só que minutos depois já não se lembrava mais do ocorrido.

Nas assembleias, sempre tinha à mão uma série de desculpas para justificar qualquer coisa que tivesse feito. Se lhe fosse permitido, prosseguiria dando essas desculpas, mas o presidente da assembleia lhe pedia que fosse direto ao ponto ou se calasse. No entanto, ele adorava as assembleias, e tinha opinião a dar sobre quase todos os casos – muitas vezes, o que dizia era irrelevante, mas ele opinava mesmo assim. Durante certo tempo, pediu para colocarem seu nome na lista de casos a discutir, no caso de lhe ocorrer algo durante a assembleia. Recorria de todas as multas que recebia, até que se estipulou um limite para o número de recursos em cada assembleia.

Morava com a mãe e com a irmã mais nova. A casa não contava com a presença do pai, embora sua mãe tivesse namorados esporádicos. Ela trabalhava duro para levar dinheiro para casa, e tinha dificuldade de conciliar trabalho e maternidade. Sua relação com o filho era particularmente difícil. Com a filha, as coisas pareciam ser mais serenas. A mãe não conseguia impor limites ao menino nem saber até que ponto ele deveria ajudar com as tarefas domésticas, por exemplo. Suas atitudes oscilavam entre um extremo e outro à medida que tentava encontrar um equilíbrio entre as necessidades dele e as dela. Porém, não havia consenso – era uma batalha constante.

Uma tia ajudou a família a juntar o dinheiro para que ele frequentasse Summerhill. A mãe se mostrou transparente em relação aos problemas que enfrentava com seu filho. Sabia que algo tinha dado errado entre eles, e queria muito obter orientação da escola para melhorar seu relacionamento com o garoto. Tinha esperança de que as necessidades dele fossem atendidas em Summerhill sem que ela as frustrasse constantemente; queria, também, encontrar espaço para si mesma, evitando as brigas constantes. Talvez, se cada um encontrasse um ponto de equilíbrio na própria vida, também fossem capazes de construir uma relação mais harmônica.

Durante os dois anos seguintes ela nos telefonava entusiasmada, relatando como as coisas tinham melhorado, e como estavam ótimas as férias deles juntos. Mostrava-se admirada com a maturidade cada vez maior do filho, com o modo como ele aceitava agora as limitações necessárias na convivência com outras pessoas. Ele explicava à mãe o jeito de lidar com os problemas em Summerhill e, embora fosse, no início, um tanto seletivo em suas explicações, eles começaram a tentar novas formas de relacionamento e a assimilar diversos aspectos da experiência dele na escola. Eventualmente,

Summerhill

enfrentavam percalços, mas esses não eram nada se comparados às tempestades que antes reinavam na família.

Depois da partida dos outros dois garotos, seu comportamento em Summerhill não sofreu mudanças significativas. Sua mania, o roubo compulsivo, era um problema particular para a comunidade. Então, cerca de um ano mais tarde, ele parou com isso. Não houve uma situação-limite, tampouco algum incidente particular que tivesse levado a esse desfecho. No ano seguinte, houve muitas outras mudanças – ele ficou mais ajuizado. Lembro-me de ter começado, em várias ocasiões, uma batalha verbal com ele, e no final me surpreender com sua aceitação de meus pontos de vista. Então, certo dia na assembleia, enquanto pegava embalo numa de suas intermináveis desculpas, provocando o costumeiro coro de suspiros e gemidos dos presentes na sala, de repente ele parou e, levantando os ombros, anunciou: "Ok, admito, fui eu". Atônitos, todos ficaram em silêncio por um instante, até que um aplauso arrebatador irrompeu na sala. Em três anos, era a primeira vez que ele admitia a culpa.

Começou a fazer amigos. Seu tique também desapareceu, bem como a sensação de estar sendo lesado e prejudicado. Talvez isso tenha ligação com o relacionamento dele com a irmã. No início, ele tinha ciúmes do relacionamento dela com a mãe. Agora, é ela quem tem ciúmes de ele estar em Summerhill. Hoje, quando novos funcionários ou professores o conhecem, custam a acreditar nas histórias que contamos sobre seus primeiros anos aqui. Seria desonesto, no entanto, concluir que sua transformação foi radical. Vez ou outra, ele ainda pratica roubos, mas isso é raro, e não há nada de compulsivo nessa atitude. Nas assembleias, ele ainda deixa as pessoas confusas com suas explicações, em vez de admitir ter esgotado seus argumentos. Agora, porém, apresenta suas ideias de modo simpático e descontraído, sem a falta de educação da época em que chegou à escola.

Em termos sociais, ele ainda é irritante, mas não muito. Zomba dos demais, sobretudo quando eles estão trabalhando em grupo em algum projeto criativo. Ele mesmo não participa de atividades coletivas; prefere ocupações mais solitárias, como pescar ou consertar bicicletas. No entanto, recentemente, pela primeira vez, representou um pequeno papel na peça teatral do final do trimestre; dedicou-se à tarefa com entusiasmo, para o deleite da plateia, que o aplaudiu animada.

Raramente demonstra emoções que possam revelar fraqueza ou vulnerabilidade, e caçoa das pessoas que as demonstrem. Entre todos os menores que estão conosco nesse momento, ele é o único que faz isso. Há pouco, tivemos um garoto recém-chegado que sentiu muita saudade de casa. Enquanto isso despertava a solidariedade do grupo, ele ridicularizava o choro do garoto. Os colegas dele, como de hábito, logo o repreendiam. Porém, ele tem laivos eventuais e surpreendentes de ternura: ajuda um colega mais novo a fazer algo, afaga um bebê ou mostra devoção a uma amiga. Há algum tempo, quando eu me despedia de um grupo de crianças na estação de trem, ao fim do trimestre, ele me surpreendeu ao se debruçar para fora da janela do vagão e me dar um breve beijo de despedida. Fiquei comovido com essa demonstração de afeto súbita e espontânea.

À exceção de situações esporádicas, em que se mostra irritante, ele deixou de ser um transtorno. Cuida de suas tarefas em silêncio e contente, sem atrapalhar ninguém. Depois de muitas alegações de que ele nunca aprenderia coisa nenhuma em Summerhill, mas necessitava ser estimulado, começou a assistir às aulas de livre e espontânea vontade, e seu desempenho tem sido muito bom. Pergunto-me como ele estaria hoje caso tivesse ido para uma escola convencional. Penso que estaríamos diante de um obstinado delinquente. Ele teria passado os últimos cinco anos em total conflito com um sistema que não fazia a menor ideia de como corresponder às suas necessidades. Um sistema que o teria obrigado a estudar arduamente, e o teria punido por não corresponder às suas expectativas; teria criado ressentimentos e o condenado por seus modos irritantes, dando a isso o nome de "maldade" em vez de "infelicidade", sem reconhecer os conflitos mais complexos que se encontram sob a superfície.

É muito prazeroso ver alguém se transformar da forma como esse garoto se transformou. Ao chegar aqui, ele enfrentava uma porção de conflitos, mas acabou fazendo as pazes consigo mesmo – ao menos em alguns aspectos. A franqueza e a disposição com que sua mãe lutou para melhorar as coisas entre os dois têm sido um fator importante nessa mudança. Ela

Summerhill

apoiou a vida escolar do filho e até mesmo se dispôs a aprender com essa rotina. Presenciei mudanças semelhantes também em outras crianças, e há aqui um enorme contraste em relação àquelas que travam uma constante luta com pais que não as aceitam. A aceitação é uma necessidade humana profunda, essencial para nosso bem-estar. Muitas pessoas passam a vida toda numa busca inútil da aprovação que seus pais nunca lhe deram. Aprovação não significa a ausência de limites razoáveis, mas a aceitação total da criança pelo que ela é – sem levar em conta expectativas irreais. A liberdade e a aceitação são inseparáveis. Somente quando as crianças são aceitas pelo que são estarão livres para levar a vida sem aflições. Do mesmo modo, só quando são livres para expressar seus sentimentos sem medo do ridículo ou de censuras elas se sentirão realmente aceitas.

6 AULAS NÃO OBRIGATÓRIAS

SEMPRE ME SURPREENDEU o interesse de tantos visitantes em assistir às aulas. Nunca consegui entender o atrativo nisso. A singularidade de Summerhill está na vida comunitária, no autogoverno e na liberdade de expressão e não em suas aulas. Nenhum método especial de ensino é adotado aqui. Na verdade, muitas vezes as aulas são dadas de maneira bastante tradicional. Cada professor tem seu estilo e a liberdade de ensinar como quiser – ninguém lhes diz de que forma devem fazê-lo. Se os alunos de Summerhill têm algum dote ou qualidade particular em classe, não tomei conhecimento. É no aspecto emocional da vida que a escola se destaca e não no acadêmico. A única particularidade relevante nas aulas é o fato de elas não serem compulsórias.

Certa vez, uma inspetora de ensino me perguntou: "Como vocês lidam com o problema das crianças que não assistem às aulas?" "Isso não é um problema", respondi, "se as crianças não comparecem às aulas, é porque têm coisas mais importantes a fazer". Ela não conseguia entender a lógica de meu raciocínio. Não podia conceber que as crianças tivessem algo mais importante a fazer que ficar sentadas numa sala de aula o dia inteiro. O fato de as crianças não comparecerem às aulas, e isso não ser considerado um problema, era completamente estranho a ela.

Como as crianças assistem às aulas somente de maneira voluntária, não temos o conceito de "matar" – ou cabular – aula. Há uma grande diferença entre a experiência de cabular aulas e a de não ter de assistir a elas. A pessoa que cabula experimenta a liberdade como algo sorrateiro e desafiador. É uma coisa que acontece escondida do mundo adulto e em reação à autoridade por ele imposta. Em Summerhill, as crianças sentem-se aprovadas, comparecendo ou não às aulas. Elas experimentam a liberdade co-

Matthew Appleton

mo natural. Esse é um direito delas, respeitado pela comunidade a que pertencem. Elas fazem suas escolhas. Obedecer a ordens impostas é para elas um conceito estranho. Seria algo impensável, para elas, temer os adultos e precisar esconder-se deles para poder gozar a vida. Talvez não desfrutem dessa liberdade logo que chegam a Summerhill, mas é o que ocorre à medida que se adaptam ao ritmo de vida da escola.

Tem havido um intenso debate na mídia sobre o problema de matar aulas, mas nada é dito sobre as crianças e os adolescentes que se submetem ao sistema tradicional sem questioná-lo. Não se fala sobre o assunto porque ele não é visto como problema. No entanto, basta uma rápida recapitulação na história da humanidade, em especial a do século XX, para lembrarmos que a aceitação passiva e a obediência cega prepararam o caminho para males muito maiores do que os causados pelo rebelde ocasional. A educação compulsória produz indivíduos compulsivos, que aceitam, de bom grado, que seu destino seja decidido pelos outros.

Experiências conduzidas por Stanley Milgram[22] nos Estados Unidos ilustram o problema com uma clareza assustadora. Voluntários foram convidados a participar de um experimento psicológico no qual deveriam aplicar choques elétricos em um desconhecido. Através de uma janela, os voluntários podiam ver a pessoa, que estava amarrada a uma cadeira. Disseram-lhes que estava sendo feita uma investigação dos efeitos da punição no aprendizado e que o papel deles era administrar choques – com intensidade cada vez maior – a essa pessoa toda vez que ela desse a resposta incorreta a uma pergunta. O que os voluntários ignoravam é que essa pessoa era, na realidade, um ator, e que não havia eletricidade nos choques aplicados.

O responsável pela experiência os estimulava a aumentar a voltagem, apesar de o ator gritar e se contorcer como se estivesse realmente sofrendo. Embora parte dos voluntários demonstrasse grande desconforto, 65% deles continuaram a administrar o choque máximo de 450 volts enquanto o condutor do experimento lhes garantia não haver problema em fazê-lo. Isso ocorria a despeito da visível angústia na expressão do ator e do alerta es-

---

22. Milgram, Stanley. *Obediência à autoridade – Uma visão experimental*. Rio de Janeiro: Francisco Alves, 1983. [N. E.]

tampado nas etiquetas dos interruptores: "Perigo: choque violento". Numa variação sobre o tema, o ator alertou os participantes para o fato de ter um leve problema de coração e pediu para ser solto quando a voltagem chegou a 150. Ainda assim, 26 dos 40 voluntários continuaram a administrar o choque máximo de 450 volts. Durante a entrevista realizada ao final da experiência, a declaração mais comum dada pelos voluntários foi: "Eu só estava fazendo o que me mandaram".

Tais experiências revelam um claro embotamento da consciência individual, à qual docilmente se abdica em nome da autoridade do especialista. Tem sido assim no decorrer da História, como provam a queima dos hereges e o uso de câmaras de gás em Auschwitz. E assim continua hoje na vida cotidiana, de mil e uma maneiras diferentes. A mulher permite que seu bebê seja retirado da sala de parto para se adequar às rotinas hospitalares, muito embora seus instintos lhe estejam implorando para carregá-lo e acariciá-lo. Pais educam os filhos com uma falsa civilidade e os punem por "maus modos" – não porque alimentem um sentimento autêntico por tais coisas, mas por medo do que os vizinhos poderão pensar. Pacientes sofrem calados os efeitos colaterais das drogas receitadas por médicos sem jamais lhes perguntar: "Que alternativas eu tenho à disposição?" O trabalhador da usina nuclear se satisfaz com o fato de estar exposto a níveis "seguros" de radiação, embora saiba que os filhos de dezenas de outros trabalhadores expostos a semelhantes níveis "seguros" tiveram leucemia. "Só estamos fazendo o que nos mandaram", imploramos. "Quem somos nós para questionar os especialistas?"

Não estou insinuando que a criança que mata aulas agiria de modo diferente nessas circunstâncias, ou que a decisão de matar aulas seja a melhor. O que pergunto é: por que se dá tanta atenção a esse assunto, que não é mais que um sintoma do verdadeiro problema? O problema verdadeiro é a escola e não a criança. É a escola que faz que o aluno cabule aulas, assim como é a escola que transforma os alunos em cordeirinhos e desgraça a vida de crianças e adolescentes. Por que esse mínimo denominador comum, que está na causa das rebeliões, de um lado, e da resignação, de outro – e produz enorme infelicidade –, continua sem merecer um debate amplo?

Há algum tempo, recebi uma carta de um garoto japonês de 12 anos cuja mãe o retirara de Summerhill e matriculara numa escola no Japão. Ele escreveu: "Pra mim, isto aqui é o inferno, dia após dia". Não disse "Eu não gosto daqui" ou "Isso aqui é um tédio", mas "Isto aqui é o inferno!" Dias mais tarde, recebi uma carta de sua mãe, na qual ela dizia que o filho estava "extremamente feliz" e que "gosta muito da escola nova". Assim como os voluntários no experimento de Stanley Milgram, acatamos a opinião do especialista em educação, que nos diz "este é o caminho certo" ou "aquilo é errado", mesmo que isso implique fazer vista grossa à evidente infelicidade de nossos filhos. Da sua parte, os especialistas e as autoridades não querem reconhecer o problema da obediência passiva, pois é justamente isso que faz deles as autoridades. A autoridade não gosta de ser contestada.

O AUTOISOLAMENTO

Para muitas crianças, as aulas compulsórias são um verdadeiro inferno. Consideremos o que exigimos delas quando interrompemos o fluxo natural de sua energia de vida e as mandamos para a escola. Em nossa posição de adultos, esquecemo-nos disso facilmente – esquecemo-nos do que sentíamos quando éramos crianças. Esquecemos que prendíamos a respiração, mordíamos os lábios, enrijecíamos as pernas e nos contorcíamos na cadeira, tentando ao mesmo tempo silenciar a vida que pulsava dentro de nós. Esquecemo-nos do anseio insondável que experimentávamos ao sentar à janela e ver o mundo por ela – um mundo excluído, remoto, inalcançável. Esquecemo-nos do grande anseio de escapar e mergulhar naquilo que fazia sentido para nós: o movimento sinuoso dos pensamentos e sentimentos, que encontravam sua mais completa expressão na brincadeira, na fantasia, nas amizades e num desejo verdadeiro de aprender sobre a vida. Esquecemo-nos do profundo – e quase palpável – tédio que nos dominava a ponto de querermos gritar. Esquecemo-nos do peso enorme de nossas pernas sob a carteira, que precisavam ser sacudidas de vez em quando para que não "dormissem". Esquecemo-nos da sensualidade deliciosa, da

Summerhill

tensão na barriga e nos genitais – sensações cada vez mais presentes na transição entre a infância e a adolescência – que tentávamos reprimir, pois o desejo se tornava insuportável e nos distraía por completo da voz do professor. Esquecemos que aprendemos a fazer uma respiração curta, a retesar o maxilar, a cochilar e a nos isolar de nós mesmos enquanto tentávamos acompanhar as explicações do professor. Esquecemos que já fomos senhores de nós mesmos, até o momento em que essa postura se voltou contra nós na forma de insultos e acusações.

A educação compulsória é um processo de esquecimento – esquecemos quem somos de verdade. Não nos preenchemos mais: somos preenchidos pelas ideias alheias de quem deveríamos ser. Nossa empolgação é refreada, nossas motivações mais profundas nos são arrancadas. Tornamonos fragmentados, alienados e aflitos. Aprendemos a ouvir a voz do outro enquanto nos tornamos surdos à nossa voz. Olhares zangados e ressentidos, uma postura desleixada e apática, distrações e devaneios, ansiedade, suspiros de tédio – tudo isso está presente nas expressões e nos gestos das crianças que comparecem às aulas obrigatórias. Tudo muito diferente do estado de alerta, da expressividade e da empolgação próprios das crianças imersas em brincadeiras ou no aprendizado daquilo que as motiva.

Não há como separar a capacidade de aprender do envolvimento emocional com o assunto que está sendo estudado. Quando criança, eu gostava muito de ler e era assíduo frequentador da biblioteca municipal. Tinha um interesse particular pelo mundo natural e passava horas lendo sobre as florestas tropicais da América do Sul e a selva africana. Estudava mapas, aprendendo tudo que podia sobre geografia, a vida selvagem, as tribos locais. Desenhava limites de reservas naturais imaginárias e fantasiava uma vida em que eu era um guarda florestal. Lembro claramente de ter lido sobre o ocapi, animal da família das girafas que habitava o Congo, então território belga. Recordo onde ficavam o Monte Kilimanjaro e o Lago Vitória. Lembro que os membros da tribo queniana dos massais, ágeis e altos, sobreviviam com uma dieta praticamente baseada em sangue e leite de vaca, e que eles eram capazes de extrair o sangue de uma veia do pescoço do animal sem ter de matá-lo. Essas coisas me fascinavam e estimulavam

Matthew Appleton

na infância, e delas tenho vivas lembranças até hoje. No entanto, tenho não mais que uma vaga lembrança do que seja uma equação de segundo grau, e não faço a menor ideia de quando aconteceu a Batalha de Waterloo.

A "ADULTERAÇÃO"[23] DA INFÂNCIA

Em boa parte do tempo, o único envolvimento emocional das crianças na educação compulsória se limita à ansiedade – a ansiedade de serem descobertas. Elas não têm medo de não saber, mas de que descubram que elas não sabem. Estão mais preocupadas em acalmar o professor ou em evitar que ele preste atenção a elas do que em realmente aprender. Quando eu estudava, dirigíamos rapidamente a atenção não para aquilo que os professores estavam dizendo, mas para o modo como eles controlavam a sala de aula. Apelando a uma grande dose de intuição, captávamos as peculiaridades psicológicas de cada professor e aprendíamos a reagir a eles da melhor forma, fosse para minar sua resistência, fosse para zombar deles.

Um deles sempre ignorava as mãos levantadas quando fazia uma pergunta; preferia escolher o aluno com a expressão facial mais confusa ou apalermada. As crianças mais espertas agitavam os braços entusiasmadas, simulando estar prestes a explodir de sabedoria e conhecimento. Era raro que ele engolisse esse truque – e, se isso acontecesse, lidávamos com a situação resmungando uma vaga tentativa de resposta para a pergunta. Nossa tática variava de acordo com o professor. Com outro, era melhor contorcer o rosto, fingindo preocupação intelectual, como se a resposta estivesse na ponta da língua, do que desperdiçar uma chance de sucesso por excesso de autoconfiança. De todo modo, tudo aquilo era blefe; por trás da fachada, nosso desinteresse pelos assuntos discutidos era quase absoluto.

A nossa zombaria fazia que o rosto do professor de francês fosse corando gradativamente. Inventamos uma tabela de cores imaginária que corres-

---

23. No original, *adult-eration*. Jogo de palavras com a palavra *adult*, adulto. Pode-se entender o termo como "adultização", processo que torna a infância, forçosamente, uma vivência do mundo adulto; ou como "adulteração", no sentido de falsificação. [N. T.]

Summerhill

pondesse ao seu estado emocional, como se ele fosse um termômetro, apostando até quando ele aguentaria antes de ferver. Era nosso modo de espantar o tédio à custa dele. Nossa crueldade não era aquela própria da juventude, mas a de um animal enjaulado. Em vez de demonstrar compaixão, que poderia ter ajudado a evitar aquela situação, nós agíamos de forma desumana e cruel.

Nosso professor de química, a quem demos o carinhoso apelido de "Brilhante", por causa de sua careca reluzente, era velho e surdo. No início de cada aula, havia uma corrida para se sentar nas fileiras do fundo. Lá você podia conversar com os amigos quanto quisesse, sem receio de que ele percebesse. No início de uma aula, ele gritou para a última fileira: "Vocês conseguem me ouvir aí no fundo?" A tentação era grande demais. "Como?", respondia o coro no fundo da sala. "Vocês estão me ouvindo?", repetia ainda mais alto. "Como?", devolvia o coro. Aproveitávamos a oportunidade para obter uns minutos a mais de diversão, até que ele se dava conta de que estava sendo enganado.

Tais táticas são usadas diariamente por crianças que assistem a aulas compulsórias para adicionar um pouco de tempero aos seus dias insossos. Elas não são "más", só estão entediadas e frustradas, e isso não é culpa delas. Imagine um filhote de gato brincando com um novelo de lã. Ele salta, e se curva: seu corpo é um instrumento de prazer. Seus movimentos e sua empolgação se fundem numa dança alegre. Não teme, não hesita, nenhuma ansiedade é capaz de afetar essa fusão. A expectativa e a gratificação viram uma coisa só, uma expressão única de prazer. Se eu decidisse pegar esse filhote e lhe amarrar as patas, as pessoas achariam esse gesto abominável. Claro que a aflição do animal seria enorme. Eu destruiria sua graça e essa sensação de unidade. No entanto, é justamente isso que fazemos todos os dias com nossas crianças quando as mandamos a escolas que as veem somente como os cidadãos do amanhã e não como cidadãos de hoje.

Numa tarde de sol, eu estava sentado à janela, assistindo a um pequeno grupo de garotos circulando na área em volta da escola. Algo na movimentação deles me chamou a atenção. De vez em quando, ocorria uma interação entre dois ou mais dos garotos e, então, por um tempo, cada um se

Matthew Appleton

entretinha com os próprios pensamentos, distanciando-se dos demais; cada um na sua, mas interconectados de algum modo. Pararam debaixo de uma árvore. Em silêncio, dois garotos começaram a trepar nela, enquanto os demais cutucavam o tronco com pedaços de pau. Minutos depois, trocaram algumas palavras, os garotos desceram e o grupo partiu novamente, sumindo de vista. Alguma coisa nessa breve cena me agradou e tentei decifrar o que era. Era a movimentação geral do grupo – ela me remeteu ao modo como uma revoada de pássaros repentinamente se move em certa direção, como em obediência a um sinal secreto. Ou a forma como as ondas quebrando na costa convergem e se espalham à medida que a maré se aproxima da praia. Tinha algo de natural naquilo, algo integrado e coerente e, ao mesmo tempo, fortuito e aleatório.

Impressionou-me a grande diferença entre essa movimentação e o modo como as crianças se movem quando são direcionadas pelos adultos. Elas se tornam rígidas e desajeitadas. Nós as organizamos em linhas retas. Impomos limites à sua mobilidade. Colocamos as crianças, uniformizadas, atrás de carteiras. Nós lhes impomos nossa falta de naturalidade. Tudo isso em nome da educação. O termo "adulteração" seria mais adequado. Literalmente adulteramos as crianças com nosso modo inflexível de pensar e de viver, privando-as de sua naturalidade e de sua sensibilidade.

Assim que nasce, a criança começa a explorar o mundo ao redor. De início, ela simplesmente absorve tudo que há no ambiente por meio dos sentidos. Mais tarde, começa a agarrar objetos. Aprende a coordenar os movimentos, a engatinhar, a ficar em pé e a andar. Encontra intermináveis frustrações no caminho, mas persevera. Torna-se mais interativa, imitando gestos e expressões faciais. Aprende a estruturar palavras a partir de sons sem forma, e lhes atribui significado. Faz perguntas o tempo todo. "O que é isso?", "Por quê? Por quê? Por quê?" Ela deseja entender, conhecer o mundo. Sua curiosidade é insaciável. Tem um enorme anseio de aprender e de socializar. Em determinado momento, esse *continuum* é interrompido. O desejo de conhecimento é aniquilado pelo processo que chamamos de "educação da criança" e a sociabilidade natural é sufocada pela falsidade que lhes é imposta.

As crianças naturalmente vivem nos limites de suas habilidades, seja para subir nas árvores, seja para aprender a ler. Porém, quando as colocamos em situações artificiais, obrigando-as a aprender o que ainda não estão preparadas para aprender, elas se retraem, ficando na defensiva em vez de envolver-se. A essa ausência de envolvimento damos o nome de preguiça, quando o que fizemos foi destruir seu estímulo pela vida e pelo aprendizado. A maioria dos adultos seria sensata o bastante para não obrigar uma criança a aprender a subir em árvores se ela não estiver pronta para isso, mas infelizmente a mesma lógica não é aplicada à esfera acadêmica. Porém, o resultado é idêntico: a criança entra em pânico e fica paralisada, travada. Então a empurramos e forçamos, e finalmente ela se mexe. Sentimos que estamos de parabéns: ela aprendeu algo hoje. É desse modo, precário e humilhante, que muitas crianças vivem. Elas estão presas a árvores acadêmicas, com adultos que lhes mandam – aos berros, às vezes – fazer isso, tentar aquilo.

CUIDANDO DAS EMOÇÕES

A maior parte das crianças mais novas que chegam a Summerhill comparece às aulas de bom grado. O tempo que passaram assistindo a aulas obrigatórias não foi suficiente para minar sua busca de conhecimento. Se elas não vão às aulas, é porque estão brincando contentes em algum lugar. Já para as crianças que vêm a Summerhill um pouco mais tarde, ou passaram por episódios infelizes com professores, a história pode ser um pouco diferente. Para elas, a liberdade de não assistir às aulas não é apenas uma escolha, mas um grande alívio. Finalmente desceram da árvore e estão em terra firme novamente. Talvez continuem faltando às aulas por alguns trimestres, ou até por vários anos. Precisam de tempo para voltar a caminhar sobre os próprios pés, para readquirir autoconfiança e o impulso para aprender o que necessitam saber. É um período de curas. Uma fase em que antigas humilhações e frustrações são colocadas de lado.

O retorno à sala de aula pode acontecer espontânea e rapidamente, ou ser um processo lento e vacilante. Talvez a criança recomece a assistir às aulas e, meses depois, desista. Talvez ainda não se sinta autoconfiante ou encontre coisas mais atraentes para fazer fora de sala de aula. Porém, depois de certo tempo, a maioria das crianças cansa das brincadeiras ou de ficar à toa com os amigos o dia todo. Além disso, elas têm plena consciência de que precisarão de certas habilidades e qualificações para alcançar seus objetivos quando deixarem Summerhill. Então, assumem um compromisso mais sério de comparecer às aulas.

Um adolescente de 13 anos, que estava em Summerhill havia três e não assistira a uma aula sequer, mal conseguia ler e escrever. Uma amiga minha, durante visita à escola, perguntou: "Você não acha que ele deveria ao menos aprender a ler e a escrever? Nesse caso, ler e escrever não deveriam ser compulsórios?" Respondi: "Ele não sabia ler nem escrever ao chegar aqui, mesmo tendo passado pelo ensino compulsório. Precisa resolver inúmeros problemas emocionais antes disso. Vai poder aprender quando estiver pronto, e só ele pode decidir isso".

Lembro-me de ter feito essa mesma pergunta sobre certas crianças quando cheguei a Summerhill e de ter recebido respostas semelhantes de professores e funcionários que já estavam aqui havia algum tempo. O tempo provou que eles estavam certos, e, tendo visto isso acontecer inúmeras vezes, confio na minha opinião. Passados alguns trimestres, ele começou a assistir a aulas de inglês e de ciências, por livre e espontânea vontade. Envolveu-se com estudos mais estruturados, aprendeu a ler e a escrever no meio desse processo e logo ficou entusiasmado com o próprio progresso.

A criança infeliz é incapaz de se concentrar nos estudos. Faz um grande esforço para ouvir as explicações dos professores, mas pensamentos sem sentido começam a jorrar, turvando-lhe a mente. Não há como separar intelecto e emoções em duas categorias distintas, sem relação entre si. Percebo isso ainda hoje no meu trabalho. Se estou lendo um livro e me sinto incomodado com algo que ocorreu antes – por exemplo, uma interação desagradável com alguém –, pego-me lendo a mesma linha várias vezes, sem conseguir entendê-la. Isso me faz perguntar até que ponto a inteligência pode ser considerada algo fixo e estático. Há dias em que estou totalmente receptivo e entusiasmado, e meus olhos ziguezagueiam página abaixo; meus sentidos ficam aguçados à medida que me envolvo numa conversa. Noutros, sinto-me embotado e idiota, e fico a vagar num estado de distração permanente. Meu contato com o mundo exterior está em constante mudança. Como adulto, tenho a liberdade de fechar o livro, encerrar uma conversa ou começar a fazer algo diferente. É verdade que preciso fazer coisas que não quero, mas em geral consigo arranjá-las de um modo que minhas necessidades não sejam anuladas por completo. O ambiente de aulas obrigatórias não dá essa opção às crianças. Elas vivem em conflito com seus pensamentos e sentimentos – precisam suprimi-los a fim de concentrar-se naquilo que outra pessoa julga ser importante. Volta e meia, essas emoções reprimidas podem de repente vir à tona numa explosão incontrolável de histeria ou de agressão. Por vezes, são incorporadas ao caráter da criança na forma de mau humor, rabugice e melancolia – comportamentos tão característicos da adolescência.

Em grande medida, as crianças de Summerhill conseguem lidar com a própria infelicidade, pois expressam suas emoções. Não vivem em conflito com os próprios pensamentos e sentimentos, imóveis em sala da aula; podem expressá-los na vida cotidiana, nas brincadeiras, nos relacionamentos e nos acessos de raiva. Assim como o ato de expressar-se alivia as aflições – "Eu me sinto melhor agora que desabafei" –, estas aumentam quando a expressão é imobilizada. Um garoto de 8 anos chega a Summerhill. Tem o maxilar tenso de raiva, os ombros rígidos. Já foi expulso de inúmeras escolas por mau comportamento em sala de aula. No entanto, relatórios de um psicopedagogo atestam que sua inteligência é acima da média. Ele é irritável, esquisito e estabanado. Recebeu o diagnóstico clínico de hiperatividade; um relatório de uma das escolas que frequentou o define como "deliberadamente desobediente". Em ambos os documentos, sua infelicidade evidente só é mencionada porque isso atrapalha seu desempenho acadêmico. Em momento nenhum os relatórios dão a entender que a felicidade em si tem um valor intrínseco, ou que assuntos acadêmicos poderiam ser relegados a segundo plano durante algum tempo.

Nos dois anos seguintes, o garoto virou tema de inúmeros debates nas assembleias, sempre sobre assuntos banais, mas irritantes. Aos poucos, seu maxilar foi ficando menos rígido e seus ombros relaxaram. Ele adquiriu autoconfiança e hoje é capaz de brincar com os colegas sem aborrecê-los. Gosta de ler e tem uma redação bastante boa, mas até o momento em que escrevo mal pisou na sala de aula. Quando o fizer, ele se sentirá em paz consigo mesmo e não será incomodado por distrações zunindo em sua cabeça feito moscas.

Por vezes, o envolvimento com o trabalho acadêmico serve de válvula de escape para o desconforto emocional. Daqui nasce o estereótipo do intelectual insensível, friamente lógico. Conversar com essas pessoas é como ser atingido na cabeça por uma enciclopédia. Um garoto que tivemos na escola há alguns anos assistiu a todas as aulas possíveis. Absorvia fatos e informações como uma esponja, e aproveitava cada oportunidade para mostrar que sabia mais do que todos. Contudo, essa sua capacidade permanecia numa espécie de vácuo, dissociada de qualquer manifestação de prazer, do desejo de compreender de fato ou de estar em contato com o mundo. Ela só existia para ser manifestada sempre que possível, para impressionar as pessoas. Esse garoto teria facilmente sido o queridinho dos professores na sala de aula tradicional. Porém, quando sua erudição enciclopédica não impressionava ninguém, sua fachada logo desmoronava e ele revelava uma faceta sua – infelicidade, carência de autoconfiança e autorrepugnância – que jamais ficaria evidente numa escola comum. A infelicidade só vira motivo de preocupação na medida em que começa a afetar o desempenho acadêmico – conforme os relatórios mencionados deixaram claro. Assim, milhares de alunos passam a vida em meio a uma infelicidade silenciosa, sem que ninguém perceba.

Esse garoto tinha muita dificuldade de socializar com os colegas. Não conseguia relacionar-se de igual para igual, dava preferência a brincadeiras em que pudesse mostrar superioridade em relação aos demais. Não era estimado pelos colegas e exibia sinais de histeria diante do menor gesto de agressão que sofresse – fosse uma careta, um insulto, uma ameaça ou um empurrão. Isso estimulava os impulsos sádicos dos intimidadores em potencial. Eu mesmo sentia vontade de lhe dar um chute bem dado no traseiro quando ele começava a choramingar sem motivo ou a dar uma de santo.

Summerhill

Testou os limites de nossa paciência com os casos que trazia à assembleia e outros apresentados ao *ombudsman* – a maioria deles sobre assuntos triviais, que qualquer outro teria desconsiderado. Apesar de tudo isso, ele era grande e agia insidiosamente de forma sádica. Seus olhos cintilavam quando ele criava problemas a um colega ou o agredia, em geral com fortes pisões nos pés alheios. Assim que o relacionamento com seus pares começou a melhorar, seus pais deixaram a Inglaterra, levando-o consigo.

Conhecimento acadêmico e inteligência são duas coisas distintas. Os participantes de *quiz shows* televisivos, tais como *Brain of Britain* ou *Mastermind*, não estão usando a inteligência, mas apenas repetindo fatos, ao passo que um mecânico ou um oleiro pode fazer uso das mãos de maneira inteligente. A felicidade também não pode ser aprendida. Lembro-me de um filme de Woody Allen em que o personagem por ele representado escuta do médico que só lhe resta determinado tempo de vida; mais tarde, descobre que o diagnóstico estava errado e, na verdade, ele gozava de perfeita saúde. Mas esse breve flerte com a morte o deixa totalmente insatisfeito com seu estilo de vida, que agora lhe parecia vazio e sem propósito. Tenta encontrar um novo sentido para a existência, convertendo-se primeiro ao catolicismo e depois ao hinduísmo, mas nada disso adianta. Então ele se tranca numa biblioteca enorme, grandiosa, e estuda as obras de todos os grandes filósofos, para então concluir que eles também não têm a resposta. Desanimado e desencantado, acaba entrando num cinema em que está passando um filme dos irmãos Marx. Assistindo ao filme, sente-se arrebatado pelas palhaçadas dos atores e começa a rir. Pela primeira vez desde a suspensão de sua sentença de morte, ele abandona a busca de um sentido para as coisas e simplesmente vive. Mais tarde, percebe que a resposta que procurava o tempo todo estava naquele simples momento de prazer.

Para que serve a educação, senão para nos ajudar a aproveitar melhor a vida? Um aluno de Summerhill, ao retornar para a Alemanha durante as férias, foi abordado por um velho amigo, que lhe perguntou por que ele estava lendo um livro. "Porque eu gosto", ele disse. "Ah, você não gostaria se frequentasse o ensino médio daqui. Você ficaria de saco tão cheio que nunca mais iria querer ver um livro na frente", comentou o amigo.

Matthew Appleton

Parece um contrassenso pressionar crianças a aprender a ler e a escrever se isso contraria a vontade delas. Estamos cercados de palavras o tempo todo. Onde quer que estejamos, veremos sinais e informações escritas. À medida que se desenvolve e amplia seus horizontes, a criança naturalmente buscará aprender a decodificar essas mensagens secretas que todas as outras pessoas conseguem entender. Isso a levará a outras coisas quando ela deparar com adultos e outras crianças ao seu redor lendo revistas e livros. Mas, ao forçar essa decisão, dissociamos o conhecimento do prazer. Para a criança que busca o prazer, ler e escrever transformam-se numa abstração, em algo a ser evitado e de que se deve fugir.

Quando as crianças estão prontas e motivadas a aprender, assim como a que está aprendendo a andar, toleram os primeiros (em geral entediantes e frustrantes) passos necessários para dominar determinado assunto. Os chamados educadores "progressistas" falam em liberalizar o ambiente das aulas obrigatórias, tornando-as mais informais, elaborando métodos de ensino mais criativos do que o do ensino mecânico e repetitivo. Quando se fala em sala de aula, isso é realmente progressista, mas na esfera mais ampla da vida da criança ainda é compulsório. Continua sendo o lobo do autoritarismo adulto, só que na pele de cordeiro do liberalismo. Para começar, o simples fato de as aulas serem obrigatórias é prova suficiente disso. Quando elas comparecem às aulas por livre e espontânea vontade, fazem isso porque querem aprender. Inúmeras vezes os professores de Summerhill me contaram que, quando tentaram tornar as aulas mais interessantes, as crianças lhes pediram para seguir em frente com o trabalho e parar de besteira. Elas já haviam brincado o bastante e estavam prontas para se concentrar no aprendizado.

Há alguns meses, recebemos a visita dos Inspetores de Ensino ingleses[24]. Depois de observar um grupo de crianças pequenas brincando num tanque de areia, comentaram: "Aí está uma oportunidade perdida. Em vez de desperdiçar tempo brincando, as crianças poderiam estar aprendendo sobre a erosão, ou sobre pesos e medidas". Essa compulsão em transformar

---

24. Veja a nota 6. [N. E.]

Summerhill

tudo que as crianças fazem numa "experiência de aprendizagem" é simplesmente desrespeitosa. Pergunto-me como nos sentiríamos como adultos se, a cada vez que decidíssemos "desperdiçar o tempo" apreciando uma boa refeição, alguém nos desse uma aula expositiva de nutrição, ou sempre que decidíssemos desfrutar do ócio fazendo amor isso virasse uma aula de biologia. Seria tão ridículo quanto o que é feito com as crianças. Ao incorporar o ensino à brincadeira, ou a brincadeira ao ensino, estamos fazendo a mesma coisa: trapaceando as crianças. Com o pretexto de respeitar seus interesses, lhes enfiamos nossas preocupações goela abaixo.

É comum que a liberdade de brincar em Summerhill seja confundida com a abordagem montessoriana de ensinar por meio da brincadeira. Nas escolas Montessori utiliza-se um aparato especial para ensinar coisas específicas às crianças. Não há lugar para a fantasia ou para a expressão das emoções. A brincadeira é guiada pelos adultos com objetivos específicos de ensino. Em Summerhill, a brincadeira tem valor intrínseco. Embora adultos às vezes brinquem junto com as crianças, não interferimos nessas brincadeiras, assim como não gostaríamos que ninguém interferisse em nossos assuntos particulares. Não é da conta de ninguém se uma pessoa quer lutar contra invasores imaginários o dia todo ou andar de skate pelo Vagão, assim como não é da conta de ninguém se eu resolvo cuidar do jardim ou ler um livro. Juntar-se às crianças em suas atividades, de vez em quando, pode ser um lembrete agradável de como estas podem ser prazerosas. Passei por um momento emocionante numa brincadeira de guerra de gangues, quando o grupo das crianças da Casa, do qual eu fazia parte, apanhou numa emboscada a *mãe* do San, que pertencia à gangue adversária. Foi hilariante o momento em que atiramos sobre ela uma saraivada de bonés, fazendo-a correr para debaixo da mesa para se proteger. Afinal, não é essa a fantasia de todo adulto quando assiste a um filme de faroeste ou de gângsteres na televisão?

Um amigo meu dos tempos de Londres dizia que crianças deveriam ser proibidas de brincar com armas. Ou então deveria haver fotografias expostas nas dependências da escola exibindo imagens de vítimas dos conflitos reais. Justificava dizendo que as crianças devem conhecer o potencial

Matthew Appleton

de uma arma de verdade. Lembro-me com nitidez do prazer que sentia, quando criança, em brincar com armas de plástico. Antecipar a cena em que a polícia vigia um prédio secretamente, para descobrir atividades ilegais dos ladrões. O barulho dos tiros. Mas era um mundo de fantasia, com paisagens, figuras obscuras e ameaças veladas específicas. Já a perspectiva de sofrer de verdade me deixava aterrorizado. As crianças em Summerhill parecem ser bastante capazes de fazer a mesma distinção. Divertem-se enquanto veem Arnold Schwarzenegger explodindo vinte dublês um após o outro, mas uma notícia de telejornal que exiba a violência real ou um filme que retrate a violência em um contexto mais realista – por exemplo, um linchamento racista – as deixará perturbadas e aflitas. Interferir na brincadeira de crianças a fim de extrair uma lição de moral implica privá-las de sua fantasia. Se essas brincadeiras contêm um elemento de agressividade, tanto melhor, pois isso está sendo liberado de modo inofensivo, em vez de ampliar-se e materializar-se de forma destrutiva numa situação real. A criança mais violenta que já encontrei em Summerhill foi um garoto de 12 anos cujos pais eram pacifistas.

Mas me desviei do tema original – assuntos acadêmicos – e passei a falar de lições de moral. É inevitável que ambos se misturem no ambiente de aulas compulsórias, já que cabe ao professor manter a disciplina, mas em Summerhill um não tem relação com o outro. Nossos professores não são submetidos ao estresse de impor a disciplina, já que o aluno que comparece às aulas o faz porque deseja aprender. Seria um absurdo se ele resolvesse tumultuar um ambiente a que sente pertencer. Muito de vez em quando, uma das crianças do ensino fundamental cria uma ligeira confusão na sala de aula, mas a questão é abordada como qualquer outra infração da comunidade – na assembleia. Em geral, basta que alguém lhe diga: "Se você fizer isso novamente, vou levar o caso à assembleia" – alerta que pode ser dado por um dos colegas ou pelo professor.

O fato de as aulas não serem obrigatórias pode, no entanto, criar problemas para alguns professores. Um deles ficava contrariado quando as crianças não apareciam. Era comum que, depois de ele ter dedicado um tempo considerável ao preparo das aulas, aparecesse somente um aluno.

Summerhill

Isso o deixava desanimado e perdido. O risco envolvido em tal situação é que o professor projete seus sentimentos nas crianças, enxergando nelas esse desânimo e essa falta de direcionamento. O processo criativo delas talvez inclua momentos de tédio, só que há muita coisa importante acontecendo fora do ambiente de sala de aula. De sua parte, os professores não têm a opção de não lecionar, portanto pode ser frustrante estar numa sala de aula sem ninguém para ensinar. Na verdade, isso é raro; a maior parte das aulas fica cheia. Mas pode haver trimestres em que o comparecimento dos alunos a determinada aula seja baixo e o professor acabe se sentindo meio perdido.

O princípio de que as crianças aprenderão aquilo que necessitam, e no momento em que a necessidade surgir, também se aplica fora da sala de aula. Crianças de diversos países convivendo juntas costumam ter um rápido progresso ao comunicar-se na língua de seus colegas. Uma garota francesa de 11 anos não falava inglês. Infelizmente, o único lugar disponível para ela, na época, era numa sala somente com garotas japonesas. Rapidamente, ela conseguiu se comunicar com as colegas, usando um vocabulário básico de japonês, embora mal conseguisse falar uma palavra em inglês. Mais tarde, ela foi transferida para uma sala com a maioria de garotas inglesas e logo adquiriu fluência no inglês. Isso tudo ocorreu no período de um ano, e sem que tenha havido nenhum ensino formal. Um garoto americano, também de 11 anos, pediu a um de seus amigos japoneses que lhe ensinasse sua língua. Juntos, dedicaram-se muito aos estudos, e dois meses depois ele tinha uma compreensão, ainda que rudimentar, do japonês escrito e falado.

Muito do que é ensinado nas escolas não tem significado verdadeiro ou interesse prático para as crianças. No instante em que deixarem a escola, terão esquecido a maior parte do que aprenderam. O que tem valor para elas poderia ter sido aprendido numa fração do tempo efetivamente empregado, e sem que nada fosse forçado. A profissão de professor sempre me pareceu estranha. O professor é aquele que digere o trabalho de alguém para regurgitá-lo para outras pessoas. É o intermediário do conhecimento. Passa coisas adiante. Quantos professores já realizaram a própria pesquisa ou produziram uma obra? Poucos, imagino. São pequenas as chances de

Matthew Appleton

que essa profissão atraia pensadores originais. Nos boletins escolares de Charlotte e Emily Brontë, seus professores relatavam características como falta de imaginação e um péssimo domínio da gramática. No entanto, as obras das duas[25] são lidas até hoje, ao passo que os professores de ambas estão há muito esquecidos.

Certamente, há muitos educadores que demonstram verdadeira paixão pela disciplina que lecionam e têm respeito profundo por seus alunos. Mas eles não são maioria. Caso fossem, nossas escolas seriam lugares diferentes, nosso sistema educacional teria outros valores. Depois de lecionar em Summerhill, muitos professores decidem não voltar ao ensino tradicional, pois consideram-no sufocante. O ambiente da aula compulsória é o reino do adulto compulsivo. Ali, o professor é a autoridade. Em Summerhill, o professor é apenas mais um membro da comunidade; porém, nessa posição, consegue ser muito mais autêntico e mais humano.

OS ALUNOS ESCOLHEM SEUS CURSOS

No início de cada trimestre ocorre o processo de "matrícula". Nele, os professores ficam no saguão, à disposição dos alunos, para lhes dar detalhes dos cursos que serão oferecidos. Os alunos circulam pela área analisando os cursos e fazendo perguntas. A essa altura já terão refletido um pouco sobre o que gostariam de estudar e já fizeram suas escolhas. Nos dias que se seguem, os professores elaboram uma grade que atenda às necessidades de todos e evite conflitos de horário entre as disciplinas. As crianças menores são automaticamente agrupadas na Sala 1, enquanto a Sala 2 atende crianças de idade intermediária, que abrange a maioria das crianças da Casa. Ambas são turmas do ensino fundamental, as quais têm aulas de uma grande variedade de habilidades práticas. A frequência na Sala 1 costuma ser alta, ao passo que na Sala 2 as crianças estão mais interessadas em brincar do que em aprender.

25. *O morro dos ventos uivantes*, de Emily Brontë, e *Jane Eyre*, de Charlotte Brontë, entre outras obras. [N. T.]

As crianças passam da Sala 2 para o sistema de matrículas quando têm cerca de 12 anos. Quando têm entre 13 e 14 anos, a maioria delas se matricula em alguns cursos. Seria possível para um aluno passar a estadia inteira em Summerhill sem assistir a uma única aula, mas isso é pouco provável. Ouvi falar sobre casos assim, mas nunca os vi acontecer. Ouvi relatos sobre um ex-summerhilliano que só aprendeu a ler e a escrever (sozinho) depois que foi embora da escola, mas se tornou o gerente de uma empresa em que a maioria dos funcionários tinha nível universitário, alguns com PhD. O princípio de que as crianças aprenderão o que necessitarem, e quando estiverem prontas a fazê-lo, pode também ser aplicado à vida adulta. Mas a história desse rapaz provavelmente teria sido bem diferente se, em sua vida escolar, ele tivesse precisado lutar contra um sistema que talvez o convencesse de que ele era burro demais para aprender.

Enquanto nas Salas 1 e 2 o comparecimento às aulas é facultativo, quando os alunos escolhem seus cursos espera-se deles uma frequência regular. Eles têm a liberdade de abandonar o curso no meio, mas não podem ir e vir aleatoriamente, pois isso significa que o restante da sala teria de esperar até que eles alcançassem o mesmo nível dos demais alunos. A maioria dos cursos está voltada para os exames do GCSE[26]. Quando as crianças começam a assistir a aulas de livre e espontânea vontade, em geral logo se equiparam ao nível dos demais. O impulso para aprender já está presente nelas, e não diluído nos desejos de uma infância frustrada, como ocorre com tantos jovens ao se aproximar a época de provas.

Essa afirmação é comprovada pela experiência de muitos ex-alunos de Summerhill, que consideram os colegas de universidade um tanto imaturos, ainda sob a influência de impulsos que se manifestaram neles há muitos anos. Um ex-summerhilliano manifestou surpresa quando um de seus professores universitários passou uma tarefa para ser feita em classe e em seguida se retirou; o grupo ficou extremamente feliz por poder entregar-se a alguns momentos de ócio. Ele não entendia por que, pelo

---

26. *General Certificate of Secondary Education*. Para ingressar em cursos de nível superior, a maioria dos alunos presta esse exame em três disciplinas distintas. Em certos casos, porém, para entrar em universidades renomadas, os alunos acabam prestando o exame em cinco ou seis disciplinas. [N. T.]

simples fato de o professor não estar na sala, teria de agir de maneira diferente.

Em Summerhill, as salas de aula são menores do que em muitas escolas. Quase sempre há apenas quatro ou cinco crianças por sala, e algumas delas recebem aulas particulares, caso precisem. Como a aceitação de novos alunos não se dá por meio de critérios acadêmicos, há um amplo leque de necessidades a ser atendido. Ao preparar as aulas, os professores tentam atender ao interesse de todos; assim, existe grande flexibilidade em vez de limites rígidos conforme a idade. Com isso, o ambiente de ensino assemelhar-se ao da sala de estar do aluno que recebe dos pais a instrução formal no próprio lar – em vez de ser parecido com uma sala de aula convencional, com suas 30 ou 40 crianças sentadas em fileiras.

Grande parcela dos professores tem formação acadêmica, mas não todos. Os melhores professores não são necessariamente os que têm tal formação. A rotatividade de educadores e funcionários é bastante grande. Muitos permanecem somente por dois anos, embora sempre haja um núcleo que fica mais tempo. São vários os motivos que levam as pessoas a chegar até aqui e partir tão rapidamente. Embora o professor da escola pública – que enfrenta diariamente uma sala repleta de alunos que não desejam de fato estar ali – possa achar que oferecemos as condições ideais, muitos adultos têm sérias dificuldades de adaptação a Summerhill. Um dos fatores é o baixo salário. A escola não tem nenhuma outra fonte de renda além das mensalidades pagas pelos pais, e o valor destas é o menor possível. Portanto, tanto os salários quanto as condições de vida são desafiadoras. Um segundo motivo é a falta de privacidade. Pode ser difícil ter vida pessoal e ao mesmo tempo fazer parte da comunidade; além disso, poucos professores têm condições de manter uma segunda casa fora de Summerhill. Não há hierarquia entre professores e funcionários, portanto não há plano de carreira ou algo do gênero.

Grande parte dos professores que são atraídos por Summerhill não pretende fazer carreira nessa escola. É uma experiência que desejam ter durante certo tempo, desde que não exija dedicação completa. Isso não é necessariamente ruim, pois, se de um lado os funcionários que permanecem um longo tempo trazem uma sensação de estabilidade, os demais es-

Summerhill

tão sempre trazendo sangue novo e ideias novas para a comunidade. O fato de muitos professores decidirem não voltar ao ambiente de ensino tradicional após deixar Summerhill parece sugerir que eles consideram sua experiência aqui mais desafiadora do que imaginavam. Contudo, há exceções. Uma professora que lecionou em Summerhill durante apenas um ano nunca conseguiu abandonar sua postura autoritária. Um dia, quando voltou para nos visitar, contou a algumas crianças que a diretora de sua nova escola exigia que ela se mostrasse autoritária, embora ela odiasse aquele papel. Depois que ela foi embora, as crianças se entreolharam espantadas. "Ela era exatamente assim quando trabalhava aqui", disse uma, expressando o que todas as demais estavam pensando.

Ao deixar Summerhill, a maioria dos adolescentes continua estudando no ensino superior. Em termos comparativos, tendem a prestar menos GCSEs do que os adolescentes do sistema tradicional. A urgência deles se volta a outros aspectos: eles têm uma comunidade para administrar, participam de assembleias. São adolescentes que atuam como inspetores das camas, *ombudsman*, presidentes das assembleias, e concorrem a cargos nas comissões e organizam eventos. Sua socialização está em pleno desenvolvimento, eles têm amigos que consideram irmãos, com os quais talvez tenham somente mais alguns trimestres de convivência. Em geral, a escola não é silenciosa; há crianças brincando por toda parte e gritando umas com as outras. Não é muito fácil estudar em Summerhill.

Grande parte das crianças presta exames em mais algumas disciplinas do GCSE após deixarem Summerhill, logo se equiparando academicamente aos demais colegas. É interessante notar que essas crianças muitas vezes reclamam da bagunça feita pelos colegas universitários. Recentemente Zoë preparou, para os inspetores que nos visitam, uma lista de áreas para as quais se encaminharam ex-alunos de Summerhill nos últimos anos. A lista incluía biologia marinha, medicina, astrofísica, música, dança, agricultura, psicologia, hotelaria, carpintaria, artes, administração de empresas e construção naval, para citar algumas. Um dos ex-alunos era gerente num restaurante na região de West End. Outro iniciara sociedade empresarial com um amigo, imprimindo e vendendo cartões de datas festivas. Alguns trabalhavam em lojas, outros faziam trabalho manual. Cada um estava encontrando seu caminho no mundo. O quadro geral não mostrava pessoas inaptas a progredir ou com algum tipo de desvantagem por não terem assistido às aulas obrigatórias.

A falta de trabalhos acadêmicos pode ser rapidamente compensada, mas uma infância infeliz nunca mais pode ser corrigida. O que somos, nossa visão de mundo, as crenças que alimentamos sobre nosso lugar no mundo e nosso ritmo emocional surgem da nossa experiência na infância. Na sala de aula compulsória, nos retraímos e depreciamos nossa natureza em busca da sobrevivência. Talvez a constatação mais difícil de aceitarmos, uma vez que passamos por esse sistema, é que ele foi desnecessário. Com ele, uma experiência que já era difícil ficou ainda mais penosa.

Assim, não surpreende que muitos não se mostrem dispostos a aceitar um sistema não coercitivo de educação e defendam com veemência a frequência compulsória às aulas. Tendo convivido com crianças num ambiente de liberdade, vivenciei o luto de parte da minha infância, algo que eu nunca questionara antes. Não tem sido fácil. Coisas que eu via como normais, simplesmente porque achava que eram daquele jeito, deixei de considerá-las assim. Sei hoje que elas não têm de ser daquele jeito. Isso torna mais difícil suportar a dor dessa ferida aberta. Mas também faz do mundo um lugar melhor e mais cheio de esperança para viver. Um mundo em que a vida não tenha de ser imposta por pressões externas, mas possa ser modelada conforme as necessidades e os impulsos internos das pessoas. Um mundo em que a felicidade humana não seja relegada a segundo plano, mas possa ser o ponto de partida para o desenvolvimento de todo tipo de interesses.

7 XINGAMENTOS, MALCRIAÇÕES E CAMAS DESARRUMADAS

CENA: RUA PRINCIPAL de uma pequena cidade em Suffolk. Um grupo de quatro garotas, que aparentam ter entre 14 e 16 anos, passeia no sol vespertino. Vestem o uniforme da escola secundária local, que lhes dá uma imagem de meninas decentes e respeitáveis. Como que para contradizer essa imagem, exibem cigarros entre os dedos, numa demonstração de pseudoinformalidade. Conversam e riem alto, apimentando sua fala com palavrões, de um jeito nada espontâneo. Há um quê de afetação no modo como andam. Estão representando uma cena para os transeuntes, como se dissessem "Olhem para nós, vejam como somos livres".

Outra cena. Uma lanchonete modesta, mas com ares exóticos. Uma garçonete caminha de um lado a outro servindo os fregueses, a maior parte deles famílias e casais de idosos. Uma mesa é ocupada por garotos adolescentes, cujas jaquetas e distintivos pertencem a uma escola católica da região. Um deles, fingindo falar com os amigos, faz um discurso para os demais fregueses. Tentando impressionar, usa as palavras mais obscenas. Seus amigos, nervosos e constrangidos, pedem-lhe que abaixe o tom de voz, mas ele continua a falar de maneira assertiva, reclinado na cadeira, gesticulando de forma desafiadora. Seus modos parecem dizer: "Vejam como sou escandaloso, o que eu digo não é mesmo chocante?" Cenas como essas podem ser vistas diante de praticamente todas as escolas no país.

XINGAMENTOS E OBSCENIDADE

As crianças de Summerhill, com a possível exceção das recém-chegadas, não se comportariam dessa maneira. Não são proibidas de falar palavrões, tampouco sentem necessidade de impressionar os adultos. Esse tipo de comportamento lhes pareceria infantil e entediante. Não há regras que limitem o uso de palavrões dentro de Summerhill; aqui, xingamento é lugar-comum. Expressões como "vá se foder" e "ah, que merda" são usadas de modo expressivo e não em tom de desafio. Mesmo que elas tivessem a intenção de chocar, ninguém perceberia. Uma coisa só é chocante se as pessoas se sentem chocadas com ela. Xingar é uma atitude de crianças em todas as escolas, só que isso acontece escondido dos adultos. Trata-se de uma linguagem secreta que as une.

As crianças adoram o fruto proibido, e os palavrões são ainda mais doces pelo fato de serem proibidos. Quando alguém pronuncia a palavra "foda" como se estivesse dizendo realmente algo monstruoso, confere a essa palavra um *status* quase religioso. Lembro-me de ter pensado quando criança "Ah, eles querem dizer 'caralho", e achava isso uma bobagem; não havia problema em dizer "carvalho" nem "baralho", mas não era correto dizer "caralho". Afinal, não passava de uma palavra diferente.

Muitos adultos adotam dois pesos e duas medidas: eles próprios xingam, mas proíbem as crianças de fazê-lo. Dia desses, eu estava na sala de espera do hospital. Uma mãe com dois garotos pequenos, aos brados, reclamava da longa espera. A cada duas palavras, uma era "porra". Contudo, quando um dos meninos deixou escapar um palavrão, ela o criticou, ordenando que não falasse palavras obscenas e ameaçando dar-lhe um tapa. Não sei se ele entendeu por que sua mãe podia falar palavrões e ele não, mas eu não entendi.

Quando uma criança fala palavrão na frente de um adulto em Summerhill, ninguém toma conhecimento. Em outras escolas, isso vira questão de disciplina. Um jovem professor de escola pública, que visitava a nossa, me disse: "Se uma das crianças fala palavrão, tenho de mandá-la à diretoria. Elas estão acostumadas a ver o professor como autoridade, e se eu não impuser a autoridade me tomarão como fraco e perderei o controle sobre elas. Pessoalmente, não me importo que elas falam ou não palavrões, mas não posso dizer isso. O sistema não me permite".

Os adultos de Summerhill não precisam participar desse jogo: xingam com tanta naturalidade quanto as crianças quando se trata de desabafar. Os palavrões só se tornam um problema quando as pessoas fazem deles um problema. Uma *mãe*, cuja formação rígida lhe criava dificuldades para lidar com muitos aspectos da escola, pregou em sua porta uma lista de palavras que não queria que os alunos usassem em sala de aula. Isso inevitavelmente fez que grupos de crianças pequenas se colocassem do lado de fora da porta entoando essas palavras como uma ladainha religiosa. Isso é o que acontece em todas as escolas, com a diferença de que o medo da punição faz disso uma questão mais furtiva.

Eu mesmo não uso a palavra "foda" para descrever a relação sexual. Ela não soa espontânea em minha fala e me remete à postura machista que adota frases do estilo "Vocês dois foderam ontem à noite?" Sugere uma atitude insensível, um gesto mecânico. Há certa grosseria nisso. Mas poucas crianças sabem como me sinto a esse respeito. Se o assunto surgisse numa conversa, não omitiria minha opinião, tampouco lideraria uma cruzada contra isso. De qualquer forma, o que na verdade está em relevo não são as palavras, mas os sentimentos que motivam o uso delas. As crianças da Casa usam "foda" com a conotação de ato sexual, pois a palavra ainda é abstrata para elas, mas os adolescentes, cujos sentimentos sexuais estão amadurecidos e mais profundos, raramente usam esse termo nessa acepção. Ninguém disse a eles que não deveriam fazê-lo: isso simplesmente se tornou inadequado, já que suas emoções estão mais desenvolvidas.

Uma das regras internas determina que não se pode falar palavrões na cidade. Em geral, ela é respeitada. Um garoto me denunciou uma vez na assembleia por ter dito um palavrão na cidade, mas o caso foi arquivado por ter sido somente algo que deixei escapar e não haver ninguém mais por perto que pudesse ouvir. Em tais casos, as circunstâncias são sempre levadas em conta e as regras nunca são aplicadas com rigidez. Em outra ocasião, acompanhado de um funcionário da escola, levei um grupo de crianças pequenas a um workshop de artesanato. Um aluno recém-chegado à escola exclamava "Que merda!", em alto e bom som, quando o molde de argila no qual ele trabalhava se desfazia em pedaços. Isso deixou uma das mães, que não queria ver seus filhos expostos a tal linguagem, extremamente irritada. As outras crianças de Summerhill e eu o lembrávamos sempre que podia xingar quanto quisesse dentro da escola, mas não fora dela. Minutos depois, ele se esquecia do alerta e soltava outro palavrão. O caso foi levado à assembleia e lhe foi novamente explicado que, embora lhe fosse permitido xingar nas dependências de Summerhill, quando saísse, tinha de lembrar que muitas pessoas se sentiam ofendidas com palavrões, razão pela qual havia, entre nós, uma regra a esse respeito. Como ele era novo na escola, não foi multado. Não demorou muito para que ele entendesse o funcionamento das coisas e passasse a tomar cuidado para evitar xingamentos na cidade.

Às vezes, as crianças esquecem onde estão e dizem palavrões na cidade ou na presença de parentes que não aprovam essa atitude, mas geralmente são bem espertas ao distinguir essas coisas. Quando me casei, demos uma festa em Summerhill. Meu pai veio para o evento e fui buscá-lo na estação ferroviária. Alertei-o previamente de que a linguagem das crianças poderia ser um pouco vulgar. No entanto, quando chegamos, fiquei impressionado com a pequena quantidade de palavrões ditos por elas. O que eu não sabia era que, em minha ausência, na assembleia de sábado à noite, Zoë insinuara que podia não ser educado falar palavrões na frente do meu pai, já que ele não estava acostumado com crianças xingando tão livremente, e isso poderia deixá-lo constrangido. À exceção de pequeninos deslizes, a comunidade inteira restringiu o uso de palavrões a fim de fazê-lo sentir-se em casa.

Talvez pelo fato de os próprios valores das crianças serem respeitados, elas respeitam os valores alheios. Elas sempre me perguntam o porquê de tanto estardalhaço. Por que não há problema em dizer "dane-se!", mas não se deve dizer "foda-se!"? Não sei. Imagino que tenha mais que ver com o que os vizinhos poderão pensar do que com qualquer outra coisa. Antigamente, não era aceitável dizer "dane-se", mas hoje é, e a língua não parece ter sofrido prejuízos por causa disso. Na minha infância, não podíamos dizer *bloody*[27], como na frase *How much bloody longer are you going to be?*[28] Mas podía-

---

27. Em sentido literal, "ensanguentado" ou "sangrento". Na gíria, tem a acepção de "maldito" ou "infame". [N. T.]
28. "Quanto tempo você vai demorar, porra?" [N. T.]

mos dizer essa palavra se o nariz ou joelho estivesse sangrando. Para mim, isso nunca fez sentido. Minha avó, uma pessoa religiosa, corria atrás de mim e do meu irmão com a bengala na mão quando nos ouvia dizer *gawd blimee*[29], que repetíamos do que ouvíamos na televisão. "Vocês estão pedindo a Deus para ficar cegos", gritava ela, "isso é pecado". Se disséssemos palavrões, nos advertiam duramente para não usar "esse tipo de linguagem". No entanto, com grande frequência éramos chamados de *buggers*[30]. Só bem mais tarde fui descobrir o significado dessa palavra!

As primeiras palavras aprendidas pela maioria das crianças cuja língua materna não é o inglês, ao chegar a Summerhill, são palavrões. Elas buscam e se deleitam com tais palavras como se elas fossem as joias da coroa da língua inglesa. Do mesmo modo, as crianças inglesas têm curiosidade de saber como se xinga em outros idiomas. Portanto, ao assistir a um filme recentemente, que continha fragmentos de diálogos em alemão, a única palavra que reconheci foi *scheisse*[31]. As crianças apreciam trocar insultos em idiomas diferentes, para ver quem consegue dizer o pior deles. O japonês é uma língua em que a polidez está muito presente. As piores palavras usadas pelas crianças japonesas para ofender eram *baka* (estúpido) e *butu* (porco). Então, elas inventaram seus insultos nipo-summerhillianos, tais como *unchi-atama*, cuja tradução literal é "cabeça de merda", mas aparentemente não faz nenhum sentido gramatical no idioma japonês.

No entanto, a liberdade para xingar não dá às pessoas a liberdade de ser agressivas. Uma coisa é a troca amigável de insultos, mas se alguém realmente se sente ofendido com um adjetivo a outra pessoa deve parar, ou então um *ombudsman* pode ser chamado; ou então ela pode ser denunciada na assembleia. No trimestre passado, uma menina denunciou um dos garotos que a chamavam de *slag*[32]. Os participantes da assembleia se solidarizaram com ela, e ficou decidido que, se ele fizesse aquilo novamente,

---

29. Corruptela de *God blind me*, literalmente "Que Deus me cegue". A expressão pode ser derivada também de *God blame me*, ou "Deus me culpe". O termo empregado no inglês contemporâneo (informal e gíria) é *blimey*, usado para expressar surpresa, raiva ou susto. [N. T.]
30. Palavra com várias acepções, como sodomita, pessoa desprezível ou alguém de quem se gosta ou por quem se tem empatia. [N. T.]
31. Em inglês, *shit*, ou merda.
32. "Piranha" ou "galinha". [N. T.]

seria multado. Um aluno detestava ser chamado de "ameixa", apelido que lhe fora dado porque ele sempre usava roupas lilás. Foi decidido na assembleia que ninguém deveria chamá-lo assim. Na semana seguinte ele denunciou três pessoas por fazê-lo e elas foram multadas. Depois desse episódio, não tivemos mais problemas com apelidos ofensivos.

O conceito de ofensivo é bastante individual. É esse o critério adotado em Summerhill, em vez da total proibição do uso de certas palavras. O xingamento é censurado nas escolas, mas os professores têm liberdade de chamar os alunos de "estúpidos" e de humilhá-los de diversas formas – e diante dos colegas. Em Summerhill, isso seria chamado de licenciosidade. A justificativa para a proibição de algumas palavras é que elas são consideradas obscenas. Contudo, assim como a beleza, a obscenidade está nos olhos de quem observa. Entre nós, é frequente uma criança interromper uma brincadeira no meu quarto e dizer "Esperem um minuto, vou só dar uma cagada". Isso é dito naturalmente, sem pensar duas vezes. É uma simples afirmação descritiva do que está acontecendo.

As crianças conversam livremente, entre si, sobre coisas que são apenas funções biológicas. Mas o adulto inibido não sente tal naturalidade em relação ao próprio corpo, sendo incapaz de referir-se a esses processos sem sentir vergonha. Isso é particularmente verdadeiro no que diz respeito à sexualidade, em que estão envolvidas sensações de imenso prazer e a entrega a movimentos naturais. O sexo só se torna um assunto socialmente aceito quando é encarado como um ato mecânico, como algo frio e científico. Claro que não é verdade que as crianças não sejam também inibidas, já que desde a tenra infância começam a imitar a atitude dos pais. Mas em geral elas vivem num ambiente muito mais relaxado do que os adultos. Eu me percebo agindo de modo tão ingênuo e espontâneo quanto as crianças quando convivo apenas com elas. Mas, na companhia de adultos, não mostro a mesma espontaneidade. Simular espontaneidade seria algo forçado, uma forma de exibicionismo.

A maneira como a maioria das pessoas usa as assim chamadas palavras obscenas é rude e obscena porque esse é o sentimento que está por trás de tal uso. As crianças, para quem tais termos não refletem sentimen-

Summerhill

tos de autodesprezo e de vergonha, podem usar esse mesmo vocabulário de forma descritiva. Relegar certas palavras ao limbo não nos cura da obscenidade, apenas contribui para reforçar nossas inibições. Ao contrário, é de nossas inibições que nasce a verdadeira obscenidade – seja a obscenidade insensível do homem agressivo sexualmente, que ostenta uma pose de valentão e nada tem de carinhoso, seja a obscenidade inconsciente do moralista sexual, que vê impurezas em toda parte, exceto onde elas de fato estão: em sua mente. Ambas estão separadas do conteúdo emocional mais profundo de suas expressões.

Um argumento contra o uso de palavrões e a linguagem "obscena" é que isso leva ao declínio nos padrões. Ignoro o que sejam exatamente tais padrões. Estamos falando de padrões de conduta? Um fazendeiro da região, conhecido meu, vive falando palavrão, mas é um homem simpático e gentil, que tem sempre algo afetuoso a dizer. A vizinha de um amigo, num vilarejo aqui perto, trabalha como voluntária em uma instituição de caridade cristã. Você jamais veria um palavrão saindo de seus lábios, mas ela espalha fofocas maliciosas, deliberadamente estimulando o conflito entre as pessoas. Talvez estejamos falando dos padrões da língua inglesa. De todos os ex-summerhillianos que conheci, não encontrei nenhum sequer que fale palavrões em excesso. Talvez xinguem uma vez ou outra, mas não o fazem sem necessidade ou somente para se exibir. Em geral, são pessoas bem articuladas, cujo uso da linguagem mostra tanta proficiência quanto o de qualquer outra.

O xingamento compulsivo, como qualquer outra forma de comportamento compulsivo, não é atraente. Quando as pessoas poluem a fala com palavrões de modo indiscriminado ou sem propósito, isso faz que pareçam bobas e agressivas. As palavras passam a ser usadas de maneira mecânica, sem expressão, e soam monocórdicas. Não sei que papel os palavrões cumprem nessas circunstâncias, mas suspeito que a própria censura de tais palavras é que conduz ao uso inadequado delas. Creio que esse uso permita ao falante expressar uma sensação de desprezo e de descontentamento com o mundo sem que, de fato, ele dê vazão a esses sentimentos. Com isso, elas começam a soar como um disco riscado. Por vezes, isso é atribuí-

do à indolência no uso da linguagem, mas não explica o porquê de os palavrões serem usados com maior frequência do que outras palavras. O que está em jogo aqui é a inibição dos instintos e não a indolência.

A CIVILIDADE NATURAL

As condutas compulsivas não exercem encanto maior do que o xingamento compulsivo, e não entendo por que os adultos sentem tamanho prazer em impor um comportamento tão antinatural e rigoroso a seus filhos. É como se a criança tivesse nascido depravada e precisasse ser salva de sua natureza. De um lado, o uso de palavrões é considerado ruim, e presume-se que a criança que não for adequadamente treinada recairá nessa "maldade". De outro, ter bons modos é considerado correto, mas não se aceita que a criança se transformará, naturalmente, num ser "bondoso". A bondade tem de ser inculcada, a criança deve ser educada para ser boa. Trata-se da noção inconsciente do pecado original que ainda permeia nossas atitudes em relação ao universo infantil.

Summerhill

As crianças são instruídas a dizer "por favor" e "obrigado" assim como um papagaio é ensinado a dizer "olá" e "fulano é bonzinho". Isso é tão inócuo num caso quanto no outro. Se dou um presente a uma criança, agrado-me com o deleite espontâneo dela, uma reação autêntica que é prazerosa para nós dois. Ambos nos envolvemos nessa troca. Esse sentimento é destruído quando alguém se intromete e pede à criança que me diga "obrigado". De imediato, ela sente que fez algo de errado, que não reagiu do modo correto. O prazer se transforma em incômodo e o sorriso verdadeiro é substituído por um falso, enquanto ela pronuncia as palavras obrigatórias. A sensação ruim desaparece num instante, mas estragou algo real e significativo que fluía entre nós dois.

Não se causa dano nenhum ao ensinar às crianças que "por favor" e "obrigado" são respostas comuns no meio social. Seria estranho não familiarizá-las com a cultura a que pertencem. Mas elas deveriam ter a liberdade de adotar tais respostas a seu tempo, e não deveríamos lhes incutir nenhum sentimento de culpa se se esquecem de dizer essas palavras.

Não espero receber gratidão em troca de algo que lhes dei ou fiz, a menos que isso surja de maneira espontânea. A expectativa de gratidão se baseia na premissa de que as crianças estão em débito conosco. Se não posso lhes dar algo de modo espontâneo e generoso, o problema é meu e não delas. Sentir-se em eterna dívida com alguém é sentir-se inferior. A prostituta é condenada ao ostracismo por estipular um preço para o amor que oferece; contudo, ninguém desaprova o fato de o amor dos pais também ter um preço – aliás, bem mais alto que o primeiro. Por mais que o pai ou a mãe repita a seu filho a frase "Eu te amo", enquanto a criança tiver de conquistar esse amor por meio de pequenas falsidades e demonstrações de gratidão ela não se sentirá realmente amada pelo que é.

Não fazemos esforço para estimular boas maneiras em Summerhill e no entanto nossos adolescentes estão entre as pessoas mais educadas que conheço. Não me refiro à polidez no sentido formal – por favor, obrigado, com licença (embora eles certamente usem tais palavras quando querem). Eles são educados de um modo autenticamente gentil, que revela interesse pelo outro e profundidade na relação com ele. Minha companheira, Gunn, que é norueguesa, às vezes considera meus modos ingleses um tanto exagerados. Ela fica irritada com o número de vezes que digo "obrigado" quando vamos às compras. Mas isso nada tem que ver com autênticas boas maneiras. Não passa de uma etiqueta social, que varia de país para país. As verdadeiras boas maneiras consistem em ser consciente em relação a outras pessoas e corresponder aos sentimentos delas, não em frases repetidas como que por papagaios. Aquelas demandam um estado de alerta emocional; estas não passam de um entulho linguístico da vida em sociedade.

Bons modos à mesa são, em grande medida, desnecessários. A maneira como uma pessoa segura a faca ou o garfo é problema dela. Contanto que ela leve a comida do prato à boca, que diferença isso faz? Um garoto, que está conosco há quase quatro anos, come somente com colher. Não sei por quê, mas é a escolha dele, e deve haver alguma razão para isso. As crianças não têm nenhum interesse na forma correta de segurar uma faca ou um garfo, mas em Summerhill, se alguém está mastigando de boca aberta diante dos demais, imediatamente lhe pedem para fechar a boca. Um garoto sempre conversava de boca cheia e acabava provocando uma "chuva" de comida sobre os demais. Seus colegas reclamaram com veemência e ele foi denunciado várias vezes na assembleia. As crianças só criam caso com uma situação se esta as impede de ter prazer e de se divertir. Não estão preocupadas se algo é considerado "correto" ou não. Com frequência, demonstram ter uma compreensão instintiva da diferença entre o que Neill chamava de liberdade e licenciosidade – distinção que os adultos, mesmo com seu bom senso, por vezes não são capazes de fazer.

NUTRIÇÃO ALIMENTAR E EMOCIONAL

A comida e a alimentação são motivos de grande estardalhaço. É um assunto que gera conflito em muitos lares. Há tempos me interesso muitíssimo pela relação entre nutrição e saúde. Depois que a mãe de um amigo teve câncer, comecei a pesquisar dietas que ajudassem a prevenir e a mitigar doenças. Sou vegetariano desde os 19 anos mais ou menos, e tenho ótima mão no preparo de comida integral. Quando morava em Londres,

Summerhill

as refeições muitas vezes viravam eventos sociais, partilhados com amigos, e se estendiam até tarde da noite. Durante cerca de um ano me alimentei somente de comida orgânica, cortando álcool, chá, café e todos os produtos derivados do leite. Sentia-me com ótima saúde e adorava meu estilo de vida.

Porém, a alimentação não pode estar restrita às preocupações nutricionais; ela é também um fato emocional, aspecto muitas vezes ignorado nos debates sobre dietas e alimentação. O ato de comer deve proporcionar prazer. Prazer equivale a sustento emocional. O alimento que as crianças são forçadas a comer é experimentado como forma de punição. Ele deixa de ter associação com o prazer e transforma-se em ingrediente de uma luta por poder.

Uma garota de 14 anos se senta à mesa, um prato cheio de comida à sua frente. Dez minutos antes, ela e a mãe tiveram uma discussão. A garota queria pular a refeição da noite, que estava sendo preparada um pouco mais tarde que o normal, para não perder o horário do encontro que marcara com seu namorado. A mãe recusa-se a deixá-la sair sem comer antes. "Você nunca me deixa fazer nada", ela acusa a mãe, "você me trata como um bebê". "Não fale desse jeito com sua mãe", ordena o pai, entrando na cena, "ela trabalha feito escrava na cozinha por você; você podia ao menos mostrar um pingo de gratidão".

No momento em que todos se sentam à mesa, uma nuvem de raiva e ressentimento paira no ar. Gratidão é a última coisa que ela sente. Sua irmã caçula dá uma risadinha. Talvez seja somente tensão. Mesmo assim, ela sente vontade de lhe estapear. Porém, paralisada e entorpecida, não consegue se mover. Sente a boca seca e a garganta apertada. A faca e o garfo em sua mão pesam feito chumbo. "Deixe de birra e comece a comer", diz o pai, com um olhar sério de censura. Comendo em silêncio, a mãe traz estampada no rosto a expressão do martírio. "Não estou com fome", ela responde. "Você não vai deixar essa mesa antes de terminar", diz o pai, olhando-a com raiva.

Devagar, ela começa a comer. Não sente nada além de amargura. Tem de forçar a comida goela abaixo e lutar contra as ondas de raiva silenciosa que sobem partindo do estômago. Tem a sensação de estar sufocando enquanto força a comida garganta abaixo – garganta já apertada, represando a raiva. A comida se acomoda no estômago feito pedra. Sente enjoo e ânsia de vômito. Não é só a comida, mas a emoção engolida que parece fermentar dentro dela e borbulhar, como se pudesse de repente entrar em erupção. Pouco depois, ela se refugia no banheiro e enfia os dedos no fundo da garganta. Sente um fluxo de comida semidigerida e de raiva engolida. Sente o gosto da bílis, mas nada de sólido sobe. Sente um forte aperto na garganta, algo parece estar preso ali. Lágrimas lhe vêm aos olhos, mas ela não consegue chorar. Agora é tarde demais. Vê o próprio rosto refletido no fundo da privada, olhando de volta para ela. Cospe nele. Acha-se feia e despreza a si mesma. A feiura a come por dentro.

Esse é um relato fictício, mas os sentimentos são verdadeiros. As refeições de crianças e adolescentes muitas vezes estão carregadas desses sentimentos. Começam com pequenas amolações: instruções para que lavem as mãos e segurem direito a faca e o garfo. Continua, então, com a maneira de comer. Ansiosa para voltar a brincar, a criança devora a comida. O outro filho, que se sente infeliz e preocupado, só belisca a comida no prato. Eles ouvem frases do tipo "Come direito", "Come devagar" ou "Anda, come logo", como se houvesse uma velocidade correta para comer. Então os pais insistem para que ela coma tudo que está no prato. Terminada a refeição, a criança talvez seja forçada a esperar os demais acabarem antes de deixar a mesa. A hora das refeições torna-se tensa e lhe causa uma grande aflição.

Não há como apreciar a comida em tal ambiente de conflito, mas o que está se passando ali implica uma questão mais profunda. A família que se senta ao redor da mesa faz isso como uma espécie de ritual – trata-se de um símbolo de união. Infelizmente, o simbólico em geral acaba predominando e minando a possibilidade de harmonia verdadeira. Todo o empenho para que se preserve o símbolo não é somente desperdiçado, é contraproducente. Muitas mães se sentem rejeitadas quando os filhos parecem desprezar a comida que fizeram. Muitos pais se sentem ameaçados quando a unidade familiar parece incerta. A mesa de jantar é o campo de batalha simbólico de tais tensões.

Summerhill

A urgência da criança em voltar à brincadeira não é mero capricho: ela o sente profundamente e não há motivo racional que possa impedi-la. Comer rápido causa um dano muito menor à digestão do que a frustração. Forçar a criança a comer sem ter apetite é extremamente perturbador para ela. A partir do instante em que o recém-nascido dá a primeira mamada no peito da mãe, o alimento é identificado com o amor. A nutrição física e a emocional estão inexoravelmente unidas. Privar a criança de alimento é privá-la de amor. Forçar o alimento equivale a forçar o amor, e o amor imposto a alguém não é amor verdadeiro, mas poder. Há uma diferença qualitativa nisso, e as crianças a sentem. Um gesto de amor é uma coisa; uma intervenção abusiva é outra.

O gesto de impedir a criança de deixar a mesa antes que todos terminem a refeição significa, para ela, uma pena de prisão. Poucos minutos têm peso significativo na infância. As crianças já têm de aguentar frustrações em número suficiente na vida – não precisamos criar outras. A partir do momento em que se sentam à mesa de jantar, muitas têm a sensação de estar presas. Sentem-se incômodas e inseguras. O alimento, para elas, é menos uma fonte de sustento do que de ansiedade, e essa ambiguidade é sentida em relação não somente ao alimento, mas também ao amor.

Os distúrbios alimentares são problemas não eventuais, mas epidêmicos. Alimentar uma criança de forma compulsiva leva inevitavelmente a hábitos alimentares compulsivos. Os extremos da obesidade, da anorexia e da bulimia, bem como inúmeros outros distúrbios alimentares, transformaram-se em lugar-comum, a ponto de serem hoje aceitos como normais – sobretudo no caso das mulheres. Encontrei pouquíssimas mulheres que não viveram alguma forma de conflito em relação à alimentação. Sem dúvida, a importância dada pela mídia às dietas ajuda a explicar isso, em especial com sua ênfase obsessiva no corpo feminino ideal. Mas esses conflitos muito provavelmente não seriam hoje tão generalizados e nocivos se isso tudo não tivesse sido semeado durante a infância. Um aspecto que me surpreende é o grande número de crianças e adolescentes que se declaram alérgicas a algum tipo de alimento; após poucas semanas descobrimos que eles estão ingerindo tais alimentos normalmente com os demais colegas

Matthew Appleton

sem sofrer nenhum efeito colateral. Não sei explicar isso, mas presumo que tenha havido, nesse caso, uma alteração de natureza emocional, já que não há nada de especial na comida preparada em Summerhill.

As refeições são servidas através da portinhola da cozinha. Os pratos do cardápio são descritos num quadro-negro e a escolha é livre. Carne ou peixe são servidos na maioria dos dias, mas sempre há uma opção de prato vegetariano. Se a pessoa quiser comer somente batatas, ou só a sobremesa, ninguém a força a comer nada mais. Existe uma preocupação nutricional bastante compreensível na escola, mas as crianças aqui raramente ficam doentes, e crescem até se tornar jovens robustos e sadios. Ao que parece, suas necessidades nutricionais instintivamente se equilibram – elas se alimentam daquilo que o corpo demanda e quando sentem necessidade. Conheço um médico cujo filho de 5 anos tem se alimentado somente à base de massas, batatas e suco de frutas desde que desmamou. Embora os pais tenham ficado preocupados, acharam melhor não forçá-lo a comer se não tivesse vontade. No entanto, ele é saudável e ativo, e os exames clínicos não revelaram nenhuma insuficiência em seu organismo. A questão nutricional é muito mais complexa e interessante do que se imagina.

As crianças menores, que fazem suas refeições no primeiro turno, tendem a comer rapidamente e saem correndo para retomar suas brincadeiras o mais breve possível. As maiores normalmente demoram um pouco mais, mas são quase sempre os adultos que levam mais tempo para comer. A lentidão nas refeições é coisa de adultos. Em Summerhill, todos comem em seu ritmo e ninguém fica perturbado com isso, embora os funcionários da cozinha às vezes se impacientem um pouco com os adultos que permanecem no refeitório conversando muito tempo depois de todos terem ido embora.

Não existem regras diretamente relacionadas a refeições, embora haja normas quanto às filas e ao refeitório. Uma delas diz, por exemplo, que não se deve jogar comida fora. O resto de ketchup que vez ou outra se encontra num prato e o purê que pende do teto feito uma estalactite são provas de que essa regra nem sempre é cumprida. Outra regra estabelece que as crianças do primeiro turno não podem ir à cidade antes das 13h. Isso foi decidido quando um pequeno grupo de crianças pequenas passou a pular o almoço, indo direto para a cidade comprar doces, o que resultava no desperdício de uma grande quantidade de comida. Mas não há regras quanto ao consumo de chocolates ou doces. O açúcar extra que as crianças absorvem é rapidamente eliminado em brincadeiras que consomem bastante energia.

Como a alimentação é uma questão estritamente ligada ao aspecto emocional, às vezes é difícil distinguir nossas atitudes racionais das irracionais. Durante meus primeiros trimestres na escola, eu tinha um sonho recorrente: quando me aproximava da portinhola da cozinha (que, desde então, foi ampliada, tendo se tornado menos claustrofóbica) e colocava a cabeça naquele vão, este se transformava numa guilhotina. Os funcionários da cozinha, sentados em volta da mesa e tricotando, olhavam-me com ar de reprovação. Por sorte, eu sempre acordava antes de perder a cabeça. Penso que esse sonho me aparecia por eu ter de renunciar ao controle daquilo que comia e de quando o fazia. Esse é um aspecto inevitável da vida comunitária. Não tenho dinheiro nem tempo para preparar minhas refeições durante o período letivo, e a cozinha tem de atender a paladares variados, portanto não consegue agradar a todos o tempo todo. Hoje me preocupo menos com a comida e, embora às vezes sinta falta de poder comer aquilo de que gosto e quando quiser, reconheço que não se trata apenas da alimentação. Há também uma associação entre esta e o fato de ser controlada – um fantasma de minhas ansiedades infantis. Portanto, quando um pai me diz que seu filho só se alimenta de legumes crus, castanhas e nozes, não me surpreendo quando, poucos dias mais tarde, ele passa a devorar batatas fritas com Coca-Cola. Sou plenamente a favor da alimentação saudável, mas esta também implica apreciar o que se come.

O ADULTO CONTROLADOR

As atitudes controladoras que os adultos mostram em relação às crianças são, em grande medida, resultado da projeção de seus medos. Tentamos controlar nas crianças aquilo que vagamente sentimos como mais ameaça-

Matthew Appleton

dor em nós mesmos. Assim, o pai que na infância foi forçado a ir à escola, e ainda tem ressentimentos em relação a seu trabalho, projeta nos filhos a sua atitude inconsciente de rebeldia contra o aprendizado. "Eles têm de ser cobrados", diz ele, "se quiserem um dia vencer na vida". A mãe que foi obrigada a adotar uma postura passiva na juventude confunde a expressividade e a vivacidade dos filhos com seu próprio ódio e desprezo reprimidos. "Eles têm de saber quem é que manda aqui", afirma ela.

As creches, pré-escolas e a escola em si dão continuidade a esse processo, caminhando na contramão da capacidade natural da criança para a autorregulação e incutindo nela as ansiedades irracionais adultas. Assim, as próprias crianças começam a sentir necessidade de ser controladas pelos adultos – processo quase sempre inconsciente para ambos.

O que acabo de afirmar não é apenas uma tese vaga. Resulta de vários anos de convivência com – e observação de – crianças capazes de viver sua vida sem a influência da irracionalidade adulta. É inevitável que crianças com pais superprotetores passem suas primeiras semanas em Summerhill tropeçando nas coisas, caindo e geralmente se machucando. São desastradas e desajeitadas; perderam a confiança na própria capacidade funcional. No tempo devido, readquirem a autoconfiança e saem rumo ao bosque, sobem em árvores e correm, tão espertas e ágeis como sempre foi sua natureza. Em geral, por trás da superproteção está o sadismo. A ansiedade sentida por adultos superprotetores nasce de seus impulsos sádicos de ferir a criança, impulsos conscientemente negados e em estado latente. Certa tarde, eu caminhava atrás de uma mãe, em um parque no Sul de Londres. Sua filha pequena saiu correndo à frente dela. "Não corra, você vai cair e se machucar", disse a mãe entre dentes. Claro que ela caiu. Tais avisos quase sempre se tornam profecias que se cumprem. "Ah", gritou a mãe com ar triunfal, arrastando sem a menor delicadeza a filha que chorava, "eu não avisei você?"

O instinto de proteção é vital em qualquer animal preocupado em cuidar dos filhotes. Permitir a uma criança que está dando seus primeiros passos brincar numa rua agitada sem ninguém que cuide dela não é liberdade – é uma flagrante irresponsabilidade. Mas o excesso de ansiedade só gera

Summerhill

crianças ansiosas. Certo dia, sentei-me à beira de um riacho, observando uma pata e seus filhotes. O trecho onde eu estava era particularmente estreito e, quando eles se aproximaram de mim, a pata nadou rapidamente atrás dos filhotes, empurrando-os apressada. Assim que eles passaram por mim, ela voltou a deslizar graciosamente, ciente da presença de seus filhotes, mas sem um pingo de ansiedade. Se ela tivesse continuado a empurrar e apressar os patinhos, toda aflita, mesmo que não houvesse mais ameaças, teria sido estranho. Mas é assim que o humano adulto quase sempre se comporta com seus filhos. Somos criaturas neuróticas, pressionando e controlando nossos filhos de modo angustiado, mesmo sem nenhuma necessidade real de fazer isso.

Por que amolamos as crianças para que lavem as mãos antes das refeições? As crianças de Summerhill raramente lavam as mãos antes de comer e isso não lhes causa nenhum mal. Há poucos casos de doença na instituição. Sempre me sinto constrangido quando os inspetores pedem para ver os registros médicos feitos pelos *pais*. Boa parte deles está em branco, embora eu faça o registro de todas as doenças e acidentes. Questões de higiene e de organização estão mais ligadas à formação do caráter do que a qualquer função útil e real. É como se as crianças precisassem ser salvas de si mesmas – para evitar o risco de recaírem num estado selvagem caso não lavem as mãos direito.

Não me intrometo nos hábitos de higiene e banho das crianças da Casa, e elas são bem capazes de se autorregular nessas questões. As crianças do San parecem gostar de horários organizados e regulares para o banho, mas as da Casa são mais independentes. A maior parte delas lava o rosto e as mãos, toma banho e escova os dentes com regularidade. Algumas deixam de tomar banho por várias semanas, mas isso não afeta de maneira nenhuma sua saúde ou seu bem-estar. Já houve casos de crianças que raramente tomavam banho ou nem sequer trocavam de roupa durante as 11 semanas letivas do trimestre. No entanto, poucos anos mais tarde, elas passaram a tomar banho com regularidade, penteando os cabelos e geralmente se orgulhando de sua aparência, tudo por conta própria. Não houve a mínima necessidade de obrigá-las a fazer isso.

Matthew Appleton

Se a higiene pessoal acaba se transformando, efetivamente, numa questão de saúde, lido com ela como tal. Mas isso não é comum. Se alguém começa a descuidar da higiene dos dentes, enfatizo a importância disso para a saúde. A maioria das crianças, porém, tem plena consciência da importância da escovação e não precisa de lembretes. Já houve alguns poucos casos de crianças me pedindo para ser avisadas quando eu fosse escovar os dentes, de manhã e à noite, e isso rapidamente se tornava parte da rotina diária delas. Frieiras nos dedos dos pés às vezes é um problema, sobretudo em crianças que usam tênis o dia inteiro. Nesses casos, aplico o tratamento adequado e recomendo banhos regulares nos pés e que estes sejam arejados. O corpo encontra um meio de nos dizer quando algo está errado. Ao permitir que ele seja nosso guia, em vez de impor rotinas rígidas e desnecessárias, escolhemos o caminho da higiene natural em vez do da higiene compulsiva; isso só faz que no final as crianças sintam como se seus corpos fossem sujos e motivo para sentir vergonha.

Quando a higiene pessoal de alguém começa a incomodar os outros, deixa de ser assunto privado. Por vezes, as crianças reclamam de um de seus companheiros de quarto que não toma banho nem troca as meias há certo tempo e começa a cheirar mal. Se essa pessoa não fizer nada a respeito, pode-se chamar o *ombudsman*; talvez o aluno seja denunciado na assembleia. Mas me surpreende o longo tempo que as crianças passam sem tomar banho, e mesmo assim não cheiram mal; ao mesmo tempo, algumas delas rapidamente se transformam em verdadeiras latas de lixo ambulantes. Se o hábito de tomar banho já foi um problema em casa, as crianças talvez criem uma espécie de aversão a ele, ou comecem a fazer frescura. Por vezes, isso tem uma ligação profunda com o regime estrito de idas ao banheiro imposto na infância. Um aluno japonês é bastante obsessivo e compulsivo em relação à limpeza e se mostra a organização em pessoa. Mas seu senso de humor está muito relacionado com o próprio ânus, e ele faz questão de se exibir com seus peidos. Quando a irmã e ele estão sozinhos em meu quarto e eu entro, começam a dar risadinhas, aparentando culpa. Então ele aponta para um pacote de batatas fritas jogado no chão, ou um lugar em minha cama em que o edredom está levemente amarrota-

Summerhill

do, e diz "fizemos bagunça", e os dois saem correndo dando gritinhos de felicidade. Entro no espírito da brincadeira e adoto uma postura exagerada de quem se sente ofendido, e os gritinhos deles ficam ainda mais altos. Essa é uma brincadeira que agrada tanto a eles quanto a mim.

Uma garotinha levou esse desafio simbólico um passo adiante e começou a defecar nas banheiras e no chão dos banheiros. Uma das crianças a denunciou na assembleia. Foi decidido que ela não deveria fazer cocô nesses lugares, já que isso incomodava as outras pessoas; poderia fazê-lo no mato se quisesse. Após a assembleia, ela correu para o seu *pai* e, com um suspiro de alívio, disse: "Estou tão feliz, achei que eles iam me matar!"

Imagino que em sua casa ela tenha sido duramente repreendida ou punida por ter se sujado de fezes. Seu ato de defecar em lugares públicos trazia uma mensagem clara: ela pedia punição e, ao mesmo tempo, implorava por aceitação. Era um desafio feito ao mundo para que ela pudesse descobrir se seria aceita ou rejeitada. Na assembleia, ninguém fez estardalhaço com o caso e isso ajudou bastante a minimizar a seriedade do episódio para ela. Quando os adultos impõem às crianças seus complexos em relação à limpeza, isso só traz mais confusão à vida interior delas.

Da mesma forma, a organização tende a despertar uma preocupação excessiva. Quando cheguei a Summerhill, uma regra determinava que todos tinham de arrumar suas camas de manhã. Como ou por que isso foi decidido eu ignoro, mas para mim a regra parecia contrariar a natureza da escola. Afinal, o fato de a cama estar ou não arrumada não afetava ninguém. Propus a abolição da regra e minha proposta foi aceita. Desde então, comecei, eu mesmo, a arrumar a cama das crianças da Casa, de modo que quando elas fossem dormir os lençóis estivessem esticados e confortáveis. A verdade, no entanto, é que as crianças geralmente não percebem que isso foi feito, e algumas delas até chegaram a me pedir que eu não arrumasse a cama – desejo que obviamente respeitei.

A meu ver, a preocupação dos adultos com organização e camas arrumadas não desperta o menor interesse das crianças. Os quartos dos alunos da Casa, em geral, são muito bagunçados. Ninguém os manda organizá-los ou limpá-los, a menos que a desordem seja tão grande a ponto de afetar o trabalho diário dos funcionários da limpeza. Porém, eles não têm permissão para desarrumar o meu quarto, e, se isso acontecer, peço que coloquem tudo em ordem antes de sair. Nossa convivência é harmoniosa. Não imponho meus valores a eles e eles não impõem os deles a mim. De vez em quando, fico irritado porque deixaram meu quarto bagunçado, e no trimestre passado houve várias discussões na assembleia a respeito de um quarto onde a desordem era tamanha que os funcionários mal conseguiam entrar. Mas esses casos não se transformam em conflitos enormes: são resolvidos nas assembleias e tornam-se referência para a distinção que fazemos entre liberdade e licenciosidade.

Há algum tempo, os quartos das crianças da Casa eram rudimentares, com um aspecto até meio deprimente, com beliches com estrutura de metal e cômodas de segunda mão um tanto quanto dilapidadas. Satisfazia perfeitamente as necessidades delas. Elas podiam pular onde e quanto quisessem sem medo de quebrar nada. O piso sem acabamento e a mobília surrada não lhes provocavam o mínimo incômodo. Na verdade, eram um sinal de liberdade para elas. Liberdade de não ter de se preocupar com a sujeira no carpete, esbarrar em objetos decorativos ou manter um regime opressivo de ordem e organização. Há algum tempo, e sobretudo em reação às demandas dos inspetores do governo, Summerhill começou a fazer melhorias nos quartos, redecorando-os, substituindo as camas velhas por beliches de madeira e dotando-os de carpetes, armários embutidos, estantes e escrivaninhas. O risco é que, ao fazer concessões, a escola abra mão daquilo que é funcional para as crianças apenas para agradar ao senso estético dos adultos, recriando, desse modo, a sensação claustrofóbica de "beleza" que limita a liberdade das crianças por toda parte. Existe uma pressão para que se faça isso, mas os quartos novos parecem ter encontrado um equilíbrio razoável. As camas são sólidas, construídas para aguentar muitos pulos e brincadeiras de cavalo. O carpete é industrial e de grande durabilidade.

Summerhill foi concebida para se adequar às crianças e não o contrário. Na maioria dos casos, espera-se que elas se adaptem ao ambiente adulto, como se fizessem parte da mobília. A criança que se ajusta melhor a essas expectativas é graciosa e dócil, uma caricatura unidimensional sem a energia e a expressividade características das verdadeiras crianças. Imagens em revistas e na televisão muitas vezes estampam a mesma cena falsa. A creche colorida em tom pastel com um bebê se divertindo com os sons que emite. O menino que sai de casa todo animado em direção à escola, irradiando entusiasmo após um café da manhã reforçado. A garota de voz delicada, eternamente fascinada com a maciez das mãos da mãe que acaba de lavar a louça. São poucas as casas construídas para levar em conta as necessidades reais das crianças; ao contrário, baseiam-se em expectativas nada realistas com as quais elas devem se conformar. Em um de nossos quartos há um enorme buraco na parede: um dos garotos, segurando-se na cama de cima do beliche, tentou subir na cama, escorregou e acabou indo de encontro a uma placa de gesso acartonado. Foi um acidente, e o lugar foi consertado sem que ninguém fizesse alarde. Essas coisas acontecem. Quando tais acidentes inevitáveis ocorrem, não fazemos as crianças se sentirem mal em relação a si mesmas. Isso transformaria o ambiente numa fonte constante de perigo em potencial, na qual a criança tem medo de se locomover.

ESPIRITUALIDADE E RELIGIÃO

Volta e meia, os visitantes perguntam se Summerhill tem algo em comum com as escolas Waldorf, que dão grande ênfase ao desenvolvimento natural da criança. A resposta é não. Os princípios que seguimos aqui são completamente diferentes dos da pedagogia Waldorf. Em Summerhill, a criança vive de acordo com sua natureza. Na pedagogia Waldorf, ela vive de acordo com as ideias de Rudolf Steiner sobre a natureza da criança. As escolas Waldorf têm por objetivo a educação integral da criança e não apenas seu intelecto. Mas isso não é o mesmo que deixar a criança se expressar integralmente. Seguindo certos estágios de desenvolvimento, como propõe Steiner, a expressão da criança é guiada e controlada por adultos, geralmente em um nível maior do que na escola tradicional. Num estágio específico, por exemplo, a criança só poderá usar certas cores e formas, as que são consideradas harmoniosas com seu desenvolvimento espiritual naquela fase. Dá-se grande ênfase a esse tema.

Em Summerhill, não se pratica nenhuma religião, tampouco a escola segue uma filosofia "espiritual" de algum tipo. A crença de Neill de que a criança "má" não passa de uma criança infeliz tem sido confirmada pelos 75 anos de liberdade e autogoverno em nossa escola. Portanto, a "bondade" não é algo a ser ensinado, mas surge naturalmente quando a infelicidade é eliminada. Nunca consegui compreender o sentido da palavra "espiritual", mas ela parece implicar o alcance de um princípio maior fora e além da natureza. Esta é relegada a um plano inferior, que deve ser conquistado e manipulado; é preciso lutar contra ela, superá-la. Se, por outro lado, a espiritualidade remetesse ao princípio de vida contido na natureza, as crianças poderiam ser consideradas criaturas espirituais, pois nelas encontramos nossa natureza em sua forma mais intensa e espontânea. Dizemos que alguém é "cheio de vida, animado[33]" quando essa pessoa é entusiasmada com a vida, e "espiritual" quando ela renuncia a ela. É como se o conceito de espírito, que já foi personificação da vida, tivesse sido retirado dela. As crianças não precisam renunciar à vida para ser felizes, para estar em sintonia consigo mesmas e com seu mundo. É só quando a existência se torna cheia de angústias que existe algum alívio na renúncia aos seus prazeres.

Cristo disse: "Sejam como as criancinhas". Mas, em todo o mundo, nos lugares onde as crianças brincariam espontânea e naturalmente umas com as outras e ficariam amigas, a religião organizada ergueu barreiras de ódio. Católicos de um lado, protestantes de outro. Cristãos aqui, muçulmanos acolá. A fé islâmica contra a descrença pagã. Recomenda-se às crianças que não conversem entre si. No início, elas não entendem. Tamanha estupidez escapa à compreensão delas. Mas, com o tempo, elas também aprendem a odiar em nome de seu Deus. As histórias que ouvem as deixam temerosas e desconfiadas. A violência de que foram testemunhas as enrijece e as torna cruéis. O conflito exterior ecoa o interior, no qual a religião também desempenha um papel. O impulso amoroso do corpo aca-

---

33. No original, *spirited*, em contraste com *spiritual*. [N. T.]

bou sendo reduzido a um sofrimento infame. Quando ele finalmente surge, vem carregado de ódio e sadismo, sem o menor sinal do desejo ardente que há muito tempo se tornou fonte de angústias e de frustração. Não existe mais a natureza generosa e sensual da criança, natureza que gera a vida. Em seu lugar emerge o fervor cruel do fiel que evita o prazer, pregando a dor e o sacrifício.

Esse é o retrato da religião em sua forma extremada, mas é também um indício de todas as crenças, em certa medida, que interferem na "bondade" natural da criança, criando demônios. A religião tenta aperfeiçoar a criança. Em todas as religiões do mundo predomina o conceito de que há uma falha inerente à natureza humana ou um pecado original com o qual se deve lidar. Tais crenças são inevitavelmente contrárias às crianças. Uma religião não baseada no conceito do pecado original teria uma atitude muito diferente em relação às crianças: estas seriam celebradas como expressão da natureza. Não tentaria aperfeiçoar a sua natureza, e sim protegê-la e nutri-la. Não alimentaria a ideia de que o amor só pode ser alcançado no paraíso ou na mera abstração do espírito, mas daria boas-vindas à corporificação desse amor, bem como às expressões dessa corporificação – não apenas entre pessoas casadas, mas também entre crianças e adolescentes. A grande presunção da religião organizada é que ela se julga mais sábia do que a natureza. Porém, catedrais, igrejas, mesquitas e templos religiosos são insignificantes diante das estrelas, das montanhas, das florestas, dos rios e dos oceanos. Aqui, nessa corrente de vida mais ampla, a criança já é perfeita. É apenas na mente de homens e mulheres que negam a natureza dentro de si que a criança precisa de aperfeiçoamento.

Claro que é possível ter sentimentos "espirituais" sem ser religioso, no sentido estrito da palavra. Pode-se experimentá-los como uma sensação de encantamento, como um sentimento de integração e sintonia com as coisas. Nesse caso, não precisamos interferir na vida das crianças. Elas estão mais próximas de tais sentimentos do que nós. Não necessitam de belas palavras, preces, meditação ou cânticos para ter acesso a tais sentimentos: eles surgem naturalmente. Temos somente de cultivá-los dentro de nós mesmos, caso nossa capacidade natural de experimentá-los espontânea e diretamen-

Matthew Appleton

te tenha sido prejudicada. Então, tais sentimentos serão envoltos por uma nuvem de misticismo. Serão vividos como algo transcendental, que se encontra além da esfera da vida cotidiana. Mas, pelo fato de termos sido isolados deles há tanto tempo, eles nos parecem algo mais do que a alegria natural de viver.

Essa inclinação para as "coisas mais elevadas" também se expressa no plano cultural. Tenta-se cultivar os gostos das crianças de modo que elas "apreciem as melhores coisas da vida". Uma vez por semana, minha mãe me fazia sentar e ouvir música erudita durante meia hora. Isso criou em mim um preconceito contra música erudita, do qual ainda não consegui me livrar. Quando, anos mais tarde, comecei de fato a gostar de ouvir uma sinfonia ou uma ária, isso aconteceu *apesar* dos esforços de minha mãe, e não por causa deles. Grande parte de nossa cultura não passa de esnobismo. Quando comecei a ouvir jazz de vanguarda, achava que tinha um gosto sofisticado e vendi boa parte dos discos de música popular da minha juventude. Mais tarde, arrependi-me e recomecei a colecioná-los. Olhando para as expressões extasiadas das crianças quando cantam e dançam ao som de suas canções prediletas no Gram, não tenho dúvida de que elas sentem tanto prazer e satisfação emocional quanto alguém que estivesse ouvindo uma sinfonia de Beethoven ou um prelúdio de Wagner.

A música tem papel importante na identidade do adolescente. Quando eu estava nessa fase, a primeira coisa que fazia ao chegar em casa era colocar um disco para tocar. Fechava a porta do quarto, dançava e cantava junto, liberando as tensões do dia. A música me ajudou a suportar a adolescência; não consigo imaginar o que eu teria feito sem ela. Tão logo o disco começava a tocar, eu entrava num mundo próprio, diferente do universo dos meus pais ou professores. Meus sentimentos flutuavam naqueles sons. Minhas emoções encontravam expressão à medida que eu cantava, apoiado pela voz do cantor. Os adolescentes veem cantores e músicos como heróis, pois estes falam diretamente com suas emoções. A vida emocional do adolescente tem urgência, é avassaladora. Muitas vezes, os professores tornam-se os vilões da adolescência, pois se dirigem somente ao intelecto, negligenciando as emoções. Quase sempre, a música é o único meio de expressão que os adolescentes conseguem encontrar para seus sentimentos mais profundos. Desprezar a música que o outro aprecia, qualificando-a de "lixo", como fazem muitos pais, é o mesmo que considerar a vida interior dessa pessoa um lixo. Seja qual for o tipo de música que ouvimos, ela preenche uma necessidade dentro de nós. O que importa é se essa necessidade está sendo atendida de modo adequado, e não o estilo musical.

O mesmo se aplica à arte e à literatura. É preferível que a criança leia um gibi com prazer a ser obrigada a ler um texto de Shakespeare que odeie. É melhor porque o gibi lhe dá alegria; o livro a faz infeliz. Falamos em "cultivar" o intelecto, mas nos esquecemos das emoções. O resultado é que a criança acaba odiando Shakespeare e nunca o lerá novamente. Quantos adultos leem as obras de literatura que lhes obrigaram a ler na infância? Muito poucos. Em consequência, grande parte do cardápio literário das massas consiste em tabloides diários e não em livros de sua época de escola. Haverá algo mais contraproducente do que a educação compulsória?

Na infância, eu adorava ler gibis de super-heróis, como Batman e Super-Homem. Logo depois de minha chegada a Summerhill, passei a ter um sonho recorrente. Nele, eu olhava livros em um sebo, sem compromisso, quando deparei com uma pilha de gibis antigos. De imediato, senti a mesma excitação que tinha quando criança. Havia um sentimento delicioso, uma expectativa prazerosa. Isso fazia que eu me sentisse inteiro, integrado e absorvido pelo momento. Então, segundos mais tarde, como o estalar de um chicote, uma voz me reprimia, dizendo que eu já era adulto e deveria abandonar esses prazeres infantis. Quando acordava desse sonho, sempre tinha uma enorme sensação de perda.

Esse sonho foi recorrente ao longo dos anos, e hoje sei que ele me alerta quando estou trabalhando demais, não reservando tempo suficiente para aproveitar a vida. Assim que reencontro um equilíbrio entre trabalho e as demais atividades, o sonho desaparece. Não tenho um interesse especial pelo significado dos sonhos, mas, como esse foi tão recorrente, prestei mais atenção a ele. O que mais me causa impacto é a nítida sensação de empolgação e de entusiasmo que percorre meu corpo. Tenho a sensação de pertencer a mim mesmo. Quando a voz me diz que devo esquecer esses prazeres infantis, perco essa sensação. Fico dividido, perco a sintonia comigo mesmo. Meu senso de identidade, a personificação de meu entusiasmo tornam-se vagos e desaparecem. Não me surpreende que os gibis apareçam como símbolo de uma alegria simples da infância: eles me davam imenso prazer. Também não me surpreende que minha vinda a Summerhill tenha despertado tais sentimentos. Aqui as crianças não precisam renunciar a si mesmas. Os prazeres infantis não são subjugados ao aperfeiçoamento da mente; amadurecem em ritmo próprio.

É só quando amadurecemos no tempo certo que o amadurecimento de fato ocorre. O entusiasmo da infância pode ser reprimido, mas não desaparece. Seu curso é desviado e ele ressurge de outras maneiras, que se enraízam em nossa personalidade quando a frustração dura tempo demais. Pode se transformar em ansiedade, quando a criança desenvolverá uma atitude ansiosa em relação à vida. Pode ser sentido como um vazio interno e a lembrança incômoda de que a vida poderia e deveria ser mais significativa. Por vezes, rebela-se contra os limites impostos, explodindo de forma antissocial e nociva: por meio da delinquência, da violência, do abuso de drogas, da automutilação e até mesmo do suicídio. Cada um de nós tem nítidas lembranças de situações em que o entusiasmo foi abortado na infância. Ele pode manifestar-se de diferentes maneiras – algumas delas estarão em conflito com a sociedade, outras refletirão as atitudes e os valores dessa sociedade. Muito do que fazemos na vida adulta, no entanto, está diretamente relacionado a temas e conteúdos reprimidos durante a infância.

Neste capítulo, descrevi uma série de situações em que a vida das crianças entra em conflito com as expectativas dos adultos. O pressuposto implícito, que permeia todas essas questões, é o de que a criança é basicamente "má" e deve ser "civilizada". A ideia de que nascemos no pecado ainda está profundamente enraizada, ainda que não seja verbalizada de maneira tão direta como no passado. Até Freud, que descobriu o dano que causamos às crianças ao reprimir seus impulsos naturais, evocou mais tarde sua teoria da "pulsão de morte", descrevendo o jovem *homo sapiens*, no entanto, como um bruto, detentor de tendências destrutivas que deveriam ser sublimadas.

Contudo, conforme já demonstrei, nossa experiência em Summerhill não corrobora esses conceitos. As crianças não revelam tendências destrutivas inatas, mas uma sociabilidade inata. Além disso, quando não sofrem a interferência constante dos adultos, demonstram grande capacidade de distinguir o que é melhor para si mesmas. O conceito de pecado foi criado com base em uma natureza humana já deformada por rígidos hábitos culturais. O conceito psicanalítico de destrutividade instintiva surgiu do estudo de adultos neuróticos e de crianças infelizes, carregadas de ódio e cercadas de conflitos, não de crianças que foram estimuladas a confiar em sua natureza e a sentir-se em sintonia consigo mesmas. Podemos evoluir muito social, política ou tecnologicamente, mas, enquanto nosso autoconhecimento estiver baseado nessa falsa premissa, não haverá um progresso real. Sem uma compreensão profunda de quem somos e da estrutura emocional que subjaz em nossas atitudes e gestos, continuaremos a repetir os mesmos erros, como um disco riscado, seja no plano da vida pessoal, seja no plano histórico.

Esses comentários parecem uma longa digressão do assunto inicial: nosso assuntos cotidianos, os xingamentos, as boas maneiras, a organização, os hábitos alimentares etc. Se cada uma dessas questões existisse no vácuo, seriam insignificantes. Seria tolice insinuar que uma criança sofre enormemente ou desenvolve inibições terríveis em razão do hábito dos adultos de proibi-las de falar palavrões, ou de mandá-las arrumar a cama. De fato, há momentos em que tais pedidos são bem razoáveis. Esses assuntos são, em si, triviais. Mas eles não existem no vácuo; ao contrário, revelam vislumbres de um conflito muito mais profundo. São sintomáticos da extrema desconfiança de nossa sociedade em relação à natureza da criança. Em nível mais profundo, revelam uma desconfiança na própria natureza, no dinâmico *continuum* do qual fazemos parte – e do qual, no entanto, tentamos nos separar com tanto empenho.

8 AS EMOÇÕES E A COURAÇA

DURANTE MUITOS ANOS, Neill deu o que ele denominava "aulas particulares", conhecidas na comunidade Summerhill como "APs". Na verdade, não eram aulas, mas sessões de terapia nas quais Neill chamava uma das crianças de lado para uma conversa informal, a fim de examinar o que, a seu ver, a incomodava. Essas sessões eram voltadas às crianças que pareciam ter problemas particulares na adaptação à liberdade de Summerhill, ou que passavam por um período difícil com a família ou os colegas. Tempos depois, Neill praticamente abandonou as APs, afirmando que os alunos que não as tinham frequentado haviam progredido tanto quanto aqueles que tinham. Creditava isso à liberdade de Summerhill, que por si só parecia curar muitas crianças de sua infelicidade e de suas tendências antissociais.

Muitos daqueles que se interessam pelo conceito de liberdade na infância acabam revelando acentuado interesse político. Ao visitar Summerhill, fazem perguntas sobre a hierarquia e a administração. Preocupam-se com o fato de as crianças não votarem sobre questões envolvendo contratação ou demissão de funcionários, ou ainda com o fato de as decisões nas assembleias serem tomadas com base na maioria dos votos e não em um consenso. O que muitas vezes se ignora é o aspecto emocional da liberdade em Summerhill. Já as crianças que vêm nos visitar demonstram pouco interesse em tais assuntos. Seus olhos brilham ao observar grupos de crianças correndo ao redor, participando de jogos sem a supervisão de adultos, motivadas pelo mero prazer da brincadeira. Comparam mentalmente essa cena com a escola onde estudam, na qual alunos são forçados a permanecer dentro da sala de aula, debruçados sobre livros de exercícios, sob a supervisão de um professor que provavelmente os humilha ou

Matthew Appleton

os trata com arrogância, insistindo com detalhes de etiqueta irrelevantes. Ficam encantadas ao ouvir palavrões sem que ninguém faça escarcéu quanto a isso. Esse é um lugar onde elas sentem que podem ser elas mesmas. O relacionamento sereno entre crianças e professores/funcionários e entre garotos e garotas pode lhes parecer ao mesmo tempo atraente e desconcertante. Elas estão acostumadas a colocar-se numa posição de defesa e são pegas de surpresa pelas interações espontâneas e pelos gestos afetuosos entre as pessoas. Para muitas crianças, essas coisas não passam de um sonho.

Quando um pai e uma criança em potencial vêm visitar Summerhill, eu ou um dos demais *pais* os acompanha pela escola e conversa com eles. As crianças normalmente perguntam: "É verdade que posso faltar às aulas?", "A que horas tenho de ir para a cama?", "Posso me vestir do jeito que quiser?", "Posso ir à cidade se quiser?", "Posso trazer meu computador para a escola?" Summerhill não oferece liberdade total, e a vida em comunidade talvez imponha limitações que não existem em casa. Algumas crianças podem ter liberdade para ir dormir na hora que quiserem em casa. Em Summerhill, há regras quanto aos horários para uso dos computadores e para assistir à TV. Existem as regras sobre a ida à cidade, que podem ser mais rígidas do que os limites impostos em casa. Às vezes, essas revelações provocam muxoxos ou resmungos, mas são rapidamente esquecidas, sobretudo quando menciono que qualquer uma dessas regras pode ser discutida e alterada na assembleia.

A liberdade desfrutada pelas crianças que vêm a Summerhill não é necessariamente a mesma coisa que a liberdade teórica e abstrata com a qual muitos adultos se preocupam. Portanto, nunca ouvi nenhuma das crianças questionar o porquê de as contratações e demissões de funcionários não serem discutidas nas assembleias. Ou por que há tantos cadeados na escola. As crianças não são excluídas desses assuntos, mas não precisam se preocupar com eles. Se elas tivessem interesse por isso, poderiam facilmente se pronunciar sobre esses aspectos da vida escolar, da mesma forma que questionam tantos outros. As crianças tendem a pensar de maneira mais funcional do que os adultos. Lidam melhor com a natureza prática das coisas e com os assuntos que têm para elas um conteúdo emocional. Por exemplo, em determinado trimestre houve uma onda de arrombamentos. Fazendo o papel de advogado do diabo, disse a um grupo de crianças: "Já estou cheio disso. Vou propor que a gente se livre de todos os cadeados na escola, para dar um fim a essa história". Elas reagiram horrorizadas: "Ah, não, desse jeito tudo vai acabar sendo destruído".

As restrições existentes servem a tais funções práticas. Não foram criadas para moldar as crianças, que sentem instintivamente a diferença entre o que é funcional e o que é moralista ou intrusivo. Isso não quer dizer que as regras não sejam por vezes violadas, mas somente que a negociação e a aceitação desses limites indicam a compreensão da natureza prática de tais restrições – que, por sua vez, não são um simples capricho da irracionalidade adulta. Assim, as crianças evoluem emocionalmente. Talvez seja a primeira vez na vida em que elas podem ser elas mesmas. Podem enfurecer-se, gritar e chutar coisas, chorar de modo convulsivo, rir e brincar, dançar de alegria. Ninguém as mandará para seu quarto para se acalmar ou lhes dirá para deixar de bobagem e calar a boca. Elas podem ser denunciadas na assembleia por, num acesso de mau humor, ter quebrado algo que não lhes pertencia, mas não se tentará incutir nelas sentimentos de inadequação ou "maldade" por sentirem o que sentiram. Aqui impera um ambiente de liberdade emocional.

A EXPRESSÃO EMOCIONAL E O DESENVOLVIMENTO DA SENSATEZ

Toda criança passa, em algum momento, por experiências desagradáveis e traumáticas. Não é tanto o trauma em si que causa dano duradouro à criança, mas sua incapacidade de expressar as emoções associadas ao trauma. Muitas vezes, as crianças são estimuladas – estímulo que pode se transformar em ameaça – a manter silêncio sobre experiências traumáticas vividas com adultos ou com outras crianças. Talvez não se trate de algo violento, como abuso sexual ou físico, mas de traumas crônicos de longo prazo, que vão sendo entrelaçados no tecido da vida cotidiana. As crianças – para quem a escola é um martírio cotidiano, mas que não contam com uma válvula de escape para sua frustração e infelicidade além de eventuais explosões emocionais que não compreendem – sofrem desses traumas. E são elas, e não o sistema, as responsabilizadas por isso. As crianças cujos pais são profundamente infelizes e estão sempre discutindo. Aquelas cujos pais lhe compram presentes caros, mas nunca demonstram amor genuíno. Aquelas cujos sentimentos mais carinhosos e afetuosos foram cercados de culpa, quando lhes disseram que eles são "sujos". Esses traumas "menores" têm também sua parcela de responsabilidade.

Quando uma criança pequena é contrariada, expressa isso de imediato. Vejo isso muito claramente em minha filha, Eva, que tem 15 meses de idade. Quando ela quer que eu a pegue no colo e a abrace, chora sem parar até que eu o faça. Se eu a impeço de brincar com algo que pode ser perigoso, ou que receio que quebre, ela se enfurece comigo, bate os pés no chão e explode em lágrimas de raiva. Do meu ponto de vista, é sensato não pegá-la no colo naquele momento ou não deixar que ela estrague meus discos. Da perspectiva dela, porém, é igualmente sensato que ela possa apreciar aqueles objetos; e, naquele momento, transformei o certo em errado ao interromper seu prazer. Ambas as perspectivas são válidas, e é certo que ela possa expressar sua frustração quando interfiro, assim como é necessário que eu diga "não" às vezes.

À medida que crescem, as crianças aprendem a aceitar os limites. Tornam-se mais sensatas. Mas, mesmo com as crianças de 10 a 13 anos de quem sou *pai*, percebo que meu apelo ao bom senso tem alcance limitado, e há momentos em que tenho de dizer: "Escute aqui, pare com isso, ok?" Não é a lógica de meu argumento que as convence, mas a seriedade no meu tom de voz. No último trimestre, vivi um conflito permanente com um pequeno grupo de garotos da Casa, que insistiam em rolar sobre minha cama e brincar de luta assim que eu virava as costas. Tendo deixado o quarto várias vezes por alguns minutos e, ao voltar, encontrado a roupa de cama jogada no chão, me irritei. "A gente arruma a cama depois", ofereceram. "Mas eu não quero nem que comecem a bagunça", implorei. "É a minha cama! Será que não tenho direito de ter esse espaço?"

Summerhill

A cama, símbolo da minha necessidade de espaço pessoal, nada significava para eles. Ao perceberem, no entanto, que aquilo estava de fato me irritando, tentaram evitar desarrumar a cama; porém, no instante em que uma luta espontânea começava, tudo era esquecido no calor do momento e os combatentes jogavam uns aos outros sobre ela, jogando os lençóis para lá e para cá. Fiquei tão irritado que acabei mandando todos para fora e trancando meu quarto sempre que saía.

É comum que os adolescentes me visitem no quarto. Eu me divirto observando-os assistir às crianças da Casa brincando e me vendo interagir com elas, e me perguntando: "Não éramos assim quando éramos da Casa, não é mesmo?" Respondo: "Ah, eram, sim", surpreso com a amnésia deles. O fato é que eles agora veem a vida com olhos diferentes. Hoje, percebem que as crianças da Casa não têm consciência da destruição que causam, mas não tinham a mínima noção disso quando pertenciam àquele grupo.

Esse desenvolvimento da sensatez e da consideração pelos outros não precisou ser forçado, mas se deu naturalmente, sem moralidade nem disciplina – que servem apenas para incutir culpa e ansiedade, e não uma verdadeira consideração pelos outros. Voltando ao exemplo de Eva: ela expressa suas emoções de modo enérgico, constituindo uma força poderosa a ser enfrentada. Quando se sente frustrada ou infeliz, manifesta esse sentimento para Gunn e para mim. Essa é a única maneira que encontra para se satisfazer. Nem sempre consegue o que quer, não porque haja um conflito de vontades entre nós, mas porque às vezes isso simplesmente não é possível. Às vezes, detalhes práticos da vida cotidiana precisam ser resolvidos – o horário do trem ou um compromisso com hora marcada. Enquanto for possível atender às necessidades dela, Gunn e eu cedemos. Quando não podemos fazê-lo, levamos o protesto dela a sério.

As crianças, às vezes, precisam aceitar a frustração; isso faz parte da vida. Mas a ideia de que isso é bom para elas, que elas devem aprender "quem é que manda" ou "não podem ter sempre o que querem" é trágica. Só leva à frustração e ao conflito desnecessários. Esse tipo de moralidade não alimenta o desenvolvimento emocional, mas o retarda. Quando chegam a Summerhill, as crianças deixam para trás muito da pseudo-

Summerhill

-obediência que adotaram durante anos, retomando hábitos mais infantis durante certo tempo. Isso é bastante evidente em crianças que foram especialmente "bem-treinadas" e menos visível naquelas que atingiram sozinhas um nível mais elevado de sensatez. Há também uma disparidade semelhante entre a criança de 12 anos recém-chegada a Summerhill e aquela, de mesma idade, que aqui está desde os 6 ou 7 anos.

Certa ocasião, numa noite em que eu brincava de lutar com três das crianças do San – as mais novas na escola –, isso me impressionou bastante. Duas delas vinham de lares bem tradicionais e estavam na escola havia pouco tempo. A terceira, que tinha pelo menos dois anos a menos que as outras, vinha de uma família em que havia mais liberdade. Ela não residia em nossa comunidade, vinha todos os dias às aulas e retornava para casa. Enquanto brincávamos, as duas maiores se punham a fazer brincadeiras que envolviam uma boa dose de sadismo e agressividade. O garoto mais novo, no entanto, ficava dizendo aos outros "Ei, tomem cuidado" e verificava comigo se eu não me importava com o que estava acontecendo.

Quando as reações emocionais das crianças diante da frustração são constantemente reprimidas, estas aparecerão mais tarde sob outras formas, como o sadismo, a violência gratuita e acessos de mau humor. Para a criança, a expressão emocional é uma forma de relaxamento, um modo de aliviar a tensão. É sua única defesa contra um mundo que, ao contrário dela, é excessivamente opressor. Quando essa expressão é inibida, ela fica paralisada e impotente. Quando essa contenção emocional é associada a uma frustração crônica ou a um trauma, transforma-se numa tensão profundamente arraigada, que se fixa não apenas na psique, mas também nos músculos e nos órgãos do corpo.

Consideremos por um instante o que pedimos a um garoto que chora e soluça com profunda tristeza quando mandamos que se controle e pare de chorar. A criança não consegue simplesmente interromper o fluxo de lágrimas e fazer que sua angústia desapareça. Os soluços são a expressão de sua dor, movem-se como ondas, do fundo de seu ser até a superfície. A emoção é a liberação de sua dor. Se quiser interromper essa liberação, ele deve se contrair. Segura a respiração e morde os lábios. Desvia o olhar, evitando contato,

Matthew Appleton

protegendo-se de qualquer expressão de suavidade ou vulnerabilidade. A garganta se contrai e o maxilar se aperta com o tremor que lhe passa pelos lábios e pelo queixo. As mãos e os punhos cerrados, os braços empurrados duramente para baixo e ao lado do corpo. O corpo todo se enrijece, passando de tremores ritmados à imobilidade. A dureza dessa reação está associada à dureza da pressão externa para que ele se cale. É uma reação carregada de medo. O medo da punição ou da humilhação é maior do que o anseio natural de aliviar-se da angústia desse momento. Se esse padrão de contenção da expressão emocional ocorre com suficiente frequência ou intensidade, pode adquirir forma em meio à personalidade do indivíduo. A criança perde a capacidade de se entregar ao choro, perde contato com sua brandura interior e se torna enrijecida física e emocionalmente.

Quando me entrego ao choro por completo, literalmente arremesso a emoção para fora de mim. Minha respiração ganha profundidade. Sinto-me esgotado. Tenho um sentimento de liberação, de acomodação. Sinto mais flexibilidade e vitalidade em meu corpo. Na verdade, a maioria de nós perdeu a capacidade de entregar-se ao choro, e raramente tem essa sensação de acomodação. Em vez disso, aprendemos a aceitar a dor sem reclamações, a nos esconder atrás de um sorriso e fingir que tudo está bem. É um mecanismo de proteção a que estamos presos um longo tempo depois de ele servir a seu propósito original. Quase nunca estamos cientes desse sentimento, que se manifesta como vazio interior ou tensão.

Minha decisão de escolher um garoto como protagonista, na descrição dessa cena hipotética, foi deliberada: o tabu em relação a meninos que choram é maior do que em relação a meninas. Inevitavelmente, em muitos casos, isso leva a explosões de raiva irracional e de violência, pois a tensão que poderia ter sido aliviada pelo choro só pode ter vazão por meio de atitudes mais ríspidas. Porém, esse problema está longe de ser exclusivamente masculino. Uma garota que chegou a Summerhill aos 10 anos de idade apanhava muito quando pequena e mudou-se de casa várias vezes, até que se fixou com uma família. Durante a maior parte dos seis anos que passou conosco, causou problemas para a comunidade, intimidando as outras crianças e transgredindo as regras. Nas assembleias, ao ser cobrada por seus atos, ela simplesmente dava de ombros e abria um largo sorriso leviano. Sua expressão parecia dizer: "Façam o pior que puderem, posso aguentar qualquer coisa que o mundo atirar em mim". Infelizmente, esse seu jeito só irritava ainda mais a maioria das pessoas. Aos poucos, ela conseguiu aceitar melhor sua vulnerabilidade e a expressá-la à medida que reduzia sua necessidade de autoproteção, mas não foi um processo fácil para ela.

Numa circunstância oposta, podemos encontrar alguém que chora com facilidade, mas é incapaz de expressar a raiva. Muitas vezes, esse sentimento é uma característica feminina, já que é mais bem-aceito que garotas irrompam em lágrimas do que demonstrem raiva. Esta é engolida e então sublimada, sendo parcialmente descarregada numa enxurrada de lágrimas. Isso, por sua vez, restabelece a confiança e o bem-estar, ao passo que a raiva inicial, que pode muito bem ter sido expressa de maneira justificada, foi recebida com hostilidade e rejeição profundas. O processo de contração e retração permanece. À primeira vista, a garota se torna passiva e obediente, mas desenvolve um lado rancoroso, carregado de ódio e malícia. Essa forma de defesa não é, de modo nenhum, exclusividade das garotas. Já vi muitos meninos que evitam a agressão natural demonstrando grande aflição, ao mesmo tempo que desferem ataques carregados de um ódio venenoso.

AS EMOÇÕES EM BEBÊS E EM CRIANÇAS PEQUENAS

As crianças expressam suas emoções com muita liberdade, liberando a tensão e recuperando o equilíbrio rapidamente – até o momento em que sua capacidade de fazê-lo sofre algum transtorno. O principal agente desse transtorno é sua relação com os pais, mas outros fatores externos, como amigos, vizinhos, parentes e a escola, também influenciam. Os primeiros contatos visuais entre a mãe e a criança exercem um impacto profundo. O recém-nascido sente-se seguro e tranquilo quando depara com olhos que brilham com amor terno. Mas um olhar carregado de ódio e de rejeição faz que a criança se contraia e evite esse mundo pouco acolhedor; pode transmitir-lhe a sensação profundamente arraigada de que o mundo é um lugar inseguro, de que ela não é bem-vinda – tampouco pertence a ele.

Uma criança descobre seus genitais. Concentra-se ali uma sensação fascinante e estimulante. Ela inicia a exploração. Suas mãos os tocam. Os dedos acariciam. Isso lhe dá alento, lhe traz felicidade. De repente, alguém aparece. Uma pessoa grande. Olhos zangados. Voz zangada. Nariz torcido em expressão de repugnância. "Não faça isso, é feio!" Uma raiva intensa invade o mundo de prazer da criança e este se transforma em medo. Ela toma consciência do que está fazendo. Tudo estava certo, mas agora tudo está errado. Só pode estar errado. Assustada, a criança fica paralisada. Segura a respiração. Contrai os músculos. Enrijece-se. Essa tensão mata os sentimentos. Abafa o medo.

Da próxima vez que a criança tiver essas sensações de prazer nos genitais, ela se contrairá, retraindo a pélvis e apertando com força as coxas para eliminar as sensações. Ela se sentirá ansiosa. Prenderá a respiração. Morderá o lábio. Ficará enrijecida. A mesma cena já esperada. Enraizada. Tornou-se parte daquilo que a criança é. Logo, ela não terá sequer consciência disso.

Se o adulto intruso tiver sido um vizinho ou um parente distante, mas os pais apoiam a criança, o trauma terá menos impacto do que se o ataque advier dos próprios pais. Não há alívio nenhum para a criança cujos pais se voltam contra ela. Mas se eles não fizerem o papel de antagonistas e proporcionarem afeto e segurança à criança, ela poderá liberar as emoções do trauma e sentir-se de novo em segurança com a experiência do prazer genital. Será necessário um grande empenho para restabelecer a confiança na criança: "Olha, o sr. Silva foi criado de tal forma que ele se sente mal com essa sensação de prazer, então ele se sente mal quando os outros sentem isso. Mas a gente sabe, você e eu, que é uma bobagem se sentir mal em relação a isso, né?" Talvez, no futuro, também se possa pedir ao sr. Silva, ou a qualquer outro adulto intruso, que cuide da própria vida.

Muitos de nós temos lembranças de cenas da infância em que nos sentimos maravilhados com a vida, ou absortos em uma atividade prazerosa, e isso de repente foi arruinado pela reação grosseira de um adulto. Uma amiga relatou seu encontro, na infância, com o que ela julgou ser a flor mais bonita no planeta, no jardim de sua casa. Sentiu-se maravilhada, quase intoxicada pela beleza dela, e correu para dentro para chamar a mãe e lhe mostrar a

Summerhill

flor. Mas a reação da mãe foi ríspida: mandou que saísse dali e deixasse de bobagem. Ela ficou arrasada. Lembramos tais coisas com um sentimento de tristeza e de raiva. Mas não nos lembramos dos traumas mais profundos, pois eles são opressivos demais. Não lembramos mais da sensação provocada por eles e os eliminamos da mente.

Logo depois de minha chegada a Summerhill, numa conversa com um velho conhecido meu de Londres, comecei a falar de minha vida nova, descrevendo as crianças e os princípios que norteavam a escola. De repente, ele ficou irritado e disse com rispidez: "Bem, eu tive sorte. Tive uma infância muito feliz". Seu tom de voz desmentia suas palavras, bem como sua postura física. Seu corpo todo expressava um trauma, um medo congelado, o medo de um menininho vulnerável obscurecido por um mundo adulto reprovador e condenador. Tinha o maxilar tenso, esboçava um sorriso e mantinha os ombros erguidos, como se alguém lhe estivesse ameaçando dar um tapa na nuca. Sua respiração era curta; sua voz, inexpressiva e monótona. Evitava me olhar direto nos olhos quando se comovia, e seus olhos arregalados mostravam pasmo, numa expressão de medo. Moviam-se rápida e ansiosamente de um lado para o outro quando ele falava. Seus movimentos eram enrijecidos e mecânicos, sem um pingo de espontaneidade. Meu amigo ouvia minhas descrições da vida em Summerhill com um olhar cheio de desprezo e arrogância.

O adulto que passou por tal amortecimento emocional tem dificuldade de tolerar a vivacidade das crianças. Como a sua vida emocional foi aniquilada, ele não compreende a validade ou autenticidade dessas emoções nas outras pessoas. Sente apenas seu vazio interior e atribui a expressão emocional da criança a um "mau comportamento" ou a outro traço negativo de personalidade. Em certas situações, as expressões intensas da criança provocam nele profunda ansiedade. Isso pode ocorrer quando o adulto tem alguma consciência dessas emoções dentro de si, mas encontra dificuldade de expressá-las. Por causa desses bloqueios emocionais, os pais tendem a criar problemas dessa mesma natureza na vida dos filhos. Ninguém está completamente livre desse processo. Identifiquei tais limitações em mim mesmo, sobretudo na minha relação com Eva. Suas demonstrações enérgi-

Matthew Appleton

cas de raiva trouxeram à tona uma ansiedade latente em mim, e a capacidade dela de passar da raiva ao puro êxtase, em questão de segundos, me deixava desolado e ressentido. Embora parte disso possa ser atribuída ao estresse e às tensões do dia a dia, também estou ciente de que existe algo da própria infância que me dificulta as coisas. O melhor que posso fazer é tentar ter consciência de quando estou sendo irracional e buscar outras formas de lidar com isso sem precisar descontar em Eva. Por sorte, Gunn e eu normalmente conseguimos reconhecer esses aspectos irracionais um no outro, sendo capazes de atuar sobre eles antes que surja um grande problema. Mas tal reconhecimento pode ser um processo bastante doloroso.

WILHELM REICH

Wilhelm Reich foi o primeiro a estabelecer uma ligação entre o trauma emocional e a contração do corpo. Ele foi amigo íntimo de Neill desde 1937, quando os dois se conheceram na Noruega, até o falecimento de Reich, em 1957. Neill identificou na obra de Reich uma compreensão mais profunda dos processos que ele vinha observando em Summerhill, ao passo que Reich considerava a escola de seu amigo um exemplo vivo das próprias ideias sobre a natureza das crianças.

Reich era psicanalista e aluno de Freud, embora mais tarde tenha rompido com a psicanálise, à medida que sua insistência em abordar questões sociais, como a falta de moradia, o aborto, a contracepção e a situação da mulher, bem como seus estudos sobre a sexualidade, começaram a irritar os psicanalistas conservadores. Seu método analítico de trabalho também causava bastante polêmica. Durante a análise de pacientes, Reich percebeu que, enquanto o estado de alguns deles melhorava à medida que a memória inconsciente começava a vir à tona, outros relatavam incontáveis traumas do passado e, ainda assim, não obtinham nenhum progresso. Se a teoria psicanalítica estivesse correta, e se a revelação do material inconsciente pudesse, por si só, curar o paciente de suas neuroses, todas essas pessoas deveriam apresentar melhora. Com esse problema em mente, Reich começou a obser-

Summerhill

var que os pacientes que reviviam as emoções em conexão com a memória eram os que progrediam. Assim, era a libertação emocional e não a lembrança dos fatos que fazia toda diferença.

Ele também observou que, na sequência de tal liberação emocional, os pacientes não apenas melhoravam do ponto de vista psicológico, mas mostravam também uma mudança fisiológica. A rigidez de sua postura dava lugar ao relaxamento. Sua voz perdia a afetação. Seus movimentos tornavam-se menos desajeitados. Sua pele e seu tônus muscular melhoravam. O contato visual que a pessoa estabelecia com os outros era mais expressivo, ganhava vida. Sua respiração se aprofundava. Seu corpo todo ficava mais maleável. Os pacientes também falavam de sensações corporais prazerosas que nunca haviam experimentado ou, pelo menos, não se lembravam de ter tido. Tais sensações eram particularmente fortes na região da pelve e nos genitais, embora muitas vezes fossem intercaladas com momentos de intensa ansiedade.

Enquanto fazia essas observações, Reich começou a mudar suas técnicas terapêuticas. Deixando para trás o papel passivo do psicanalista, adotou uma abordagem de maior confrontação, buscando conscientizar o paciente de como ele resistia à expressão de certas emoções ao adotar um estilo de vida artificial e superficial. Deu a isso o nome de "couraça do caráter", pois isso se expressa no caráter da pessoa como um todo, e não apenas por meio de sintomas isolados. Sua função é, literalmente, "encouraçar", proteger o indivíduo tanto da hostilidade e da reprovação no mundo exterior quanto dos impulsos carregados de ansiedade que se encontram em seu interior. Essa couraça se revela de muitas maneiras – por exemplo, por meio da educação exagerada, das atitudes do machão, da indiferença arrogante, da excessiva intelectualização, da falsa modéstia e da falsidade aduladora. O modelo da couraça depende de diversos fatores, como que emoções estão sendo reprimidas, a forma como a repressão foi vivenciada e em que fase da infância o trauma foi assimilado.

À medida que Reich adquiria mais consciência das mudanças fisiológicas que seus pacientes mostravam durante essa análise de caráter, ele começou a trabalhar diretamente com as contrações crônicas da musculatura, e também com o "caráter" do paciente. Isso em geral provocava a liberação de uma boa dose de emoções retidas. Reich chamava isso de "couraça muscular". Assim, o "encouraçamento" atua simultaneamente na psique e no corpo; são expressões idênticas de um processo unitário.

Neill reparou que muitos de seus alunos mais problemáticos e abomináveis tinham o abdome tenso. Observei a mesma coisa e passei a reconhecer que um recém-chegado com o abdome tenso é um forte indício de problemas prestes a surgir. Mas o "encouraçamento" é bem mais complexo e variado do que isso. Muitas camadas de emoção estão sendo contidas, com grupos musculares do corpo trabalhando funcionalmente para evitar que se expressem. Quando a couraça é afrouxada, a mais submissa e passiva das pessoas pode dar vazão a um ódio mortal. Por outro lado, um valentão sabichão pode demonstrar grande vulnerabilidade. Mas, como Reich descobriu, na essência de todas essas emoções conflitantes temos uma capacidade inata de experimentar uma vida integral e feliz. Ele observou uma enorme mudança nas atitudes de seus pacientes. Na medida em que seus sentimentos carregados de ódio e rancor cediam, eles demonstravam um senso instintivo de compostura e de sociabilidade e mostravam-se capazes de regular as próprias necessidades de forma amistosa, sem ter de recorrer a códigos rígidos de conduta e a uma moralidade imposta de fora para ra dentro.

Obviamente, isso faz eco à nossa experiência com as crianças em Summerhill. Vemos nelas uma inclinação natural a restabelecer essa essência autorreguladora uma vez que as inibições de natureza emocional tiverem sido removidas. O grau em que cada criança é capaz de fazer isso varia enormemente, dependendo da profundidade do trauma que a acometeu antes da vinda para cá e de como se dão suas relações familiares. Mas toda criança parece progredir nessa direção, não importando quanto ela caminhe.

No Capítulo 5, descrevi um garoto que pediu uma mamadeira assim que viu Zoë usando uma para alimentar um cabrito. Nas duas semanas seguintes, muitas crianças começaram a pedir mamadeiras. Acabei tendo de ir à farmácia local quase diariamente, para espanto dos balconistas, que se entreolhavam intrigados, embora nunca me tenham perguntado o que eu faria com tantos daqueles apetrechos. Em nossas assembleias, visitantes levavam um susto ao deparar com adolescentes de 16 anos, grandões e meio desajeitados, sugando mamadeiras com prazer. Embora isso tenha virado, na época, uma moda passageira, ainda há algumas crianças do San ou da Casa que sentem enorme prazer com esse hábito.

É evidente que o prazer de mamar é uma necessidade infantil, e caso tal necessidade não seja satisfeita durante a infância ela reaparecerá mais tarde disfarçada de várias maneiras. O peito da mãe não somente é fonte de nutrição para o bebê, mas também proporciona prazer e restabelece a confiança. Nessa fase, a boca é uma parte bastante erógena do corpo. Mais tarde, a fonte principal do prazer sexual se deslocará para os genitais. Essa mudança de foco da excitação erótica, que ocorre na infância, muitas vezes é alvo de perturbações na sociedade moderna. Sentimentos negativos por parte da mãe durante a amamentação, desmame precoce, horários fixos para a alimentação, treinamento compulsivo do uso do banheiro, repugnância dos pais quanto às funções naturais do organismo e uma postura negativa em relação à masturbação – tudo isso pode afetar o bom desenvolvimento natural. Quando as necessidades não foram satisfeitas, permanecem fixadas naquele estágio. É por essa razão que, para muitas pessoas, a comida é mais prazerosa do que o sexo. Isso é particularmente verdadeiro no que se refere a doces, os quais, dada sua semelhança com a doçura do leite materno, são ingeridos quando se busca acolhimento. Da mesma forma, diante de posturas negativas de adultos, a excitação sexual pode ser desviada de seu fluxo natural em direção aos genitais e fixar-se no ânus. O erotismo anal surge em reação ao sentimento de culpa quanto aos genitais e à preocupação excessiva dos pais com a evacuação. Tal preocupação se manifesta no treinamento imposto do uso do banheiro, normalmente acompanhado de "subornos", ameaças e ansiedade excessiva. Os erotismos oral e anal tendem também a ser reprovados pelo adulto; por não terem uma válvula de escape, tornam-se prazeres secretos. No momento em que as crianças se sentem livres para se expressar, tais atitudes e impulsos começam a vir à tona.

É difícil imaginar um adolescente tomando mamadeira numa escola convencional. Ele seria chamado de bebezinho, ridicularizado, e viraria

Matthew Appleton

motivo de escárnio. Ouvi poucos comentários quanto a isso em Summerhill. Os alunos parecem não ver nenhum problema em aceitar um adolescente que goste de mamadeira. Só posso atribuir esse nível de aceitação ao fato de as crianças se sentirem elas mesmas aceitas. A escolarização, de modo geral, faz muito pouco no sentido de valorizar – ou mesmo levar em consideração – a vida emocional das crianças. É um processo de insensibilização, que só reforça a couraça que as crianças já usam.

Esse clima de aceitação também é capaz de afetar os adultos em Summerhill. Muitos deles expressam sentimentos que antes eram inibidos e percebem que podem ser mais autênticos. Eu mesmo experimentei isso. Sempre tive dificuldade para expressar raiva, sentindo enorme aflição logo depois de ter demonstrado tal sentimento. Isso destruiu minha capacidade de lutar pelas coisas que eu julgava importantes na vida. Meu interesse pela religião oriental me convencera de que eu estava indo com o fluxo das coisas, enquanto o que me dominava de verdade, na maior parte do tempo, era uma sensação sombria de ressentimento e impotência. Na infância, eu temia a ira dos adultos. Ela me parecia imprevisível e perigosa. Assim, quando consegui o emprego em Summerhill, disse a mim mesmo que não ficaria irritado com nenhuma das crianças. Mas isso não durou muito tempo.

Um dos garotos pequenos alimentava uma obsessão: tentar esmurrar meu pênis. Um dia, quando me deu um golpe particularmente forte, fiquei furioso e gritei: "Pare com isso!" Ele não sentiu medo, ao contrário: nos dias seguintes, as crianças brincavam aproximando-se de mim, fazendo as mais estranhas caretas e dizendo: "É assim que você fica quando está irritado". Isso me fez perceber que as crianças não temem a ira, mas a maneira como os adultos a usam. Minha raiva não era a raiva maligna e autoritária de que muitos adultos se valem para oprimir as crianças, mas uma reação à dor, manifestada claramente. Porém, como as crianças não ficaram com medo, eu me senti arrasado. Quando elas me imitavam, eu sentia como se tivesse lhes revelado uma faceta horrível da minha personalidade. Era a mesma ansiedade que sempre senti toda vez que minha ira irrompia.

Aos poucos, porém, percebi que, embora as crianças estivessem zombando de mim, havia também uma aceitação muito grande na maneira como elas o faziam. Se elas estavam dispostas a revelar esse lado de si para mim e para os demais colegas, por que eu não deveria fazer o mesmo? Era como se elas estivessem dizendo: "Olhe só, na verdade você é igualzinho a todos nós, não venha dar uma de arrogante e de todo-poderoso". Aos poucos, tornou-se mais fácil confiar em minha raiva e expressá-la claramente ao ser provocado sem me sentir tão mal depois.

Muitas vezes, a ira é considerada uma emoção muito negativa. Aqui, o papel dinâmico desempenhado pelo "encouraçamento" permite-nos compreender melhor a forma como expressamos e percebemos as emoções. Se nossa essência autorreguladora não é perturbada durante a infância e a adolescência, nossas reações ao mundo são imediatas e racionais. No momento em que é despertada, a emoção é liberada, mantendo um equilíbrio emocional. No entanto, quando o processo de "encouraçamento" é iniciado por causa das influências dos pais e da sociedade, a emoção é retida e o equilíbrio emocional é rompido. À medida que somos incapazes de descarregar a pressão emocional de uma frustração ou de um trauma, ela se internaliza e impede que retornemos ao estado de flexibilidade relaxada em que estávamos antes.

Isso não quer dizer que qualquer explosão de emoções seja sinal de que tudo está bem, pois os sentimentos podem irromper de modo inadequado e irracional. Mas essa é uma função da "couraça", que desvia a energia da emoção de seu percurso original, seja sublimando-a na direção de expressões menos naturais, seja permitindo que ela seja represada de forma que reapareça, mais tarde, ampliada e distorcida. A saúde emocional não é questão somente de expressão, mas também de integração e equilíbrio.

Minha experiência com as crianças fez que eu passasse a sentir mais paz interior, mas nada além disso. Ela me estimulou a procurar ajuda, e comecei a fazer sessões com um profissional que praticava a terapia orgônica de Reich[34]. A sensação de ter sido aceito pelas crianças é semelhante, imagino, àquela que elas vivenciam em Summerhill. Necessito das habilidades

---

34. Reich identificou uma energia biológica particular que denominou orgone. Ela é semelhante aos conceitos de energia vital descritos em outras culturas, tais como o *ki*, no Japão, o chi, na China, ou o prana, na Índia.

de um terapeuta qualificado para me aprofundar nesse assunto, mas as crianças não tendem a resistir tanto a mudanças. O "encouraçamento" delas é mais flexível do que o dos adultos, e elas têm uma capacidade maior de relaxar e de se adaptar a situações novas. A essência maleável e receptiva de sua natureza autorreguladora sobressai quando o clima emocional assim o permite.

Isso não quer dizer que todos que vêm a Summerhill se tornarão pessoas completamente equilibradas e sem neuroses. Embora as crianças sejam bastante adaptáveis, nossa estrutura emocional básica é estabelecida, em grande parte, por volta dos 4 ou 5 anos de idade. A partir dessa idade, nossas experiências e a forma como lidamos com a vida dependerão, em grande medida, do modo como tivemos de nos "encouraçar" nesses anos iniciais. Mas certamente a couraça se torna menos rígida e mais maleável quando as crianças estão em um ambiente onde sejam capazes se expressar e se sentir aceitas, em oposição ao ambiente inibidor da escola convencional e das famílias cujo foco está centrado no adulto – que servem apenas para reforçar a couraça já existente.

EXPANSÃO E CONTRAÇÃO

A adolescência é outra fase crítica na vida da criança em processo de amadurecimento. Com a maturação do impulso sexual e a premência progressiva pela gratificação com os genitais, há uma grande pressão interna para que essa excitação sexual crescente seja expressada. Se essa excitação de grande carga emocional não for expressa, isso levará a um endurecimento ainda maior da couraça. Isso explica, em grande medida, o comportamento turbulento observado em adolescentes: humor volúvel, jeito desengonçado, devaneios, desatenção, depressão, ressentimento, rebeldia, agressividade, delinquência. O adolescente literalmente se expande em direção ao mundo, ardendo de excitação. Porém, ao deparar com a repressão exercida por um ambiente externo que não o compreende, e também com a repressão interna de uma couraça já estabelecida, ele reprime essa forte carga sexual. O que poderia ter sido experimentado como um padrão natural de tensão-carga-descarga-relaxamento[35] transforma-se num campo de batalha caótico de emoções conflitantes, no qual os adolescentes se sentem puxados de um lado e empurrados de outro. Tendo vivido nesse estado de turbulência durante alguns anos, o jovem em geral se torna resignado e a couraça fixa-se como repertório limitado de atitudes e expressões. A vivacidade e a espontaneidade infantis dão lugar a uma existência insípida e insossa.

No entanto, não se trata de ter um orgasmo por dia para ter uma existência plena. Não é questão de ser experiente no sexo ou de ter bom desempenho sexual. Na verdade, a valorização da experiência sexual contribuiu para o uso da moralidade como forma de evitar as profundezas emocionais da sexualidade. A capacidade de sentir profundamente é solapada pelo "encouraçamento". Ela diminui na infância e reafirma-se novamente na adolescência. O impulso cheio de alegria e de amor do corpo que nos leva em direção à satisfação de nossas necessidades emocionais mais profundas transforma-se numa tentação a ser evitada, uma coceira da qual nos aliviamos ou uma pressão a ser liberada.

É esse fortalecimento da couraça na adolescência que faz que seja tão mais difícil para os adultos permanecer em contato com sua natureza autorreguladora original. Entre a infância e a adolescência, embora muitos traços de personalidade já sejam fixos, a pessoa ainda está mais em contato com seus sentimentos do que os adultos. Isso lhe permite descarregar boa parte das tensões de modo espontâneo, por meio de fantasias não reprimidas e das brincadeiras, e também de expressões intensas de emoção. Assim, na época em que muitas das crianças de Summerhill atingem a adolescência, elas estão mais bem preparadas para lidar com o aumento da excitação sexual – e para evitar sucumbir a um fortalecimento da couraça – do que estariam se sua vida emocional tivesse sido limitada pelas regras de "bom" comportamento que a escola convencional espera de seus alunos. Enquanto

---

35. Reich denominou esse modelo de quatro fases – tensão-carga-descarga-relaxamento – "fórmula do orgasmo", pois considerava o orgasmo o maior reflexo da liberação da excitação que não foi descarregada de outra forma. A liberação da excitação reprimida demonstrou ser fundamental para o bem-estar geral do organismo. Na verdade, o restabelecimento dessa pulsação biológica natural tornou-se o objetivo da terapia de Reich.

Matthew Appleton

na maioria das escolas a adolescência é vista como um período de grandes transtornos, em Summerhill os adolescentes atravessam essa fase da vida com estabilidade.

Embora, como observava Neill, fosse a liberdade e não suas aulas particulares que melhorava a vida das crianças, um pouco de apoio emocional pode ajudar quando uma das crianças se encontra em dificuldades. Ninguém dá APs propriamente ditas hoje, mas de vez em quando Zoë, um dos professores ou funcionários chama um dos alunos de lado para uma conversa informal, a fim de saber como ele está ou de lhe mostrar um ponto de vista diferente em relação a um problema que ele estiver enfrentando. Há pouco tempo, dois garotos japoneses ficaram muito tristes depois de ser tratados com dureza numa reunião extraordinária da assembleia, convocada porque eles vinham desrespeitando várias regras e a comunidade já estava farta daquela situação. Percebendo seu olhar abatido, Zoë aproximou-se deles para tentar animá-los e lhes dizer que, embora os participantes da assembleia tivessem sido rigorosos, isso não significava que não gostavam deles. Mais tarde, encontrei um desses garotos no corredor. Ele abriu um largo sorriso. "Sabe, Zoë não é como uma diretora de escola japonesa", disse-me. "Ela gosta das mesmas coisas de que as crianças gostam. Gosta de se divertir e de doces." Ele aproximou do meu nariz um doce que Zoë lhe dera. "Zoë não é como as diretoras japonesas. Eu não sabia disso."

Em outra ocasião, dois de nossos alunos mais problemáticos atearam fogo em uma caixa de correios na cidade. A polícia os deteve e, quando eles foram liberados e retornaram à escola, uma reunião extraordinária da assembleia foi convocada. A comunidade é bastante sensível a problemas que ocorrem na cidade e eles foram duramente interrogados. Depois disso, pareciam muito nervosos e preocupados. Senti grande pena deles. Tinham sido tratados com dureza na polícia e na assembleia. Fui procurá-los em seu quarto e aproximei a cabeça da porta. "Vá embora!", disseram-me, num tom agressivo. "Eu só queria saber se vocês não queriam ir ao bosque comigo", disse. "A gente podia fazer uma fogueira."

Eles se animaram de imediato e seguimos na direção do bosque, onde fizemos uma pequena fogueira e assamos *marshmallows*. Estava previsto que a polícia voltaria à escola para conversar com eles, e no momento em que voltávamos do bosque um carro da polícia estacionava em frente à escola. "Acabamos de vir do bosque, onde fizemos uma fogueira com Matthew", um dos garotos declarou com entusiasmo ao policial. Dei um sorriso amarelo. Nem sempre é fácil explicar a lógica de Summerhill a estranhos.

Em certas situações, Neill dava recompensas a crianças quando elas roubavam. Sua justificativa era a de que, em muitos casos, elas se tornam ladras compulsivas porque ninguém jamais lhes deu algo de modo espontâneo. Assim, ao ser recompensadas, elas se sentiam amadas e aceitas, e a compulsão para o roubo desaparecia. Tais "truques" não podem ser usados de modo sistemático. O foco está na emoção que subjaz à atitude e não no "crime", e o adulto deve ser capaz de perceber isso. Neill reparou que os alunos americanos que viviam em Summerhill nos anos 1960 eram sofisticados demais e tinham conhecimento suficiente de psicologia para que tais gestos surtissem algum efeito. Não tivemos muitos americanos nos últimos anos, mas essa lógica se aplica aos poucos que passaram por aqui.

Em meu primeiro trimestre, um saquinho de amendoins foi roubado do meu quarto. Não foi difícil descobrir o autor do delito – um grupo de garotas do quarto vizinho ao meu. Recém-chegado a Summerhill e pronto para usar minha "psicologia neilliana", dei a elas de presente, no dia seguinte, um segundo saquinho de amendoins. Várias delas pareciam realmente surpresas com o presente, mas, quando eu deixava o quarto, uma americana, também recém-chegada, proclamou: "Oooh! É igualzinho ao livro!"

Foram poucas as vezes em que dei recompensas como essa, mas às vezes isso melhora o humor da criança. Um garotinho japonês que vivia na Casa dava repetidas voltas em círculo com sua bicicleta e parecia muito deprimido. Soube que ele estava se sentindo culpado por duas razões. Em primeiro lugar, passara boa parte da tarde se escondendo do professor de violino. Sua mãe contratara um professor particular para ir a Summerhill e dar-lhe aulas particulares, que ele odiava, mas sentia-se pressionado a assistir. Em segundo lugar, ele tinha acidentalmente me deixado com um olho roxo após uma luta de mentirinha, na noite anterior. Eu lhe disse vá-

Matthew Appleton

rias vezes que deixasse aquilo pra lá, pois percebi ter sido um acidente, mas ainda assim ele se sentia culpado. Lembrando aqueles momentos terríveis de culpa paralisadora que dominaram minha infância, aproximei-me dele e coloquei uma moeda de 50 centavos em sua mão. "Isso é por você não ter ido à aula de violino", disse. Coloquei outra moeda de 50 centavos na palma de sua mão. "E isso é por ter me deixado de olho roxo." A nuvem se dissipou e seu rosto se iluminou. Jamais consegui dar crédito à tese do moralista de que a infelicidade e o sofrimento aperfeiçoam as crianças.

Nesse caso, a recompensa cumpria a função de símbolo concreto de aprovação e eliminou a sensação de culpa do garoto – que não poderia ter sido eliminada com meras palavras de incentivo. Ironicamente, recompensas oferecidas por "bom comportamento" muitas vezes servem para negar um profundo sentimento de aprovação. Se a criança agiu movida por um desejo autêntico e é recompensada, sente que seu gesto foi usado de maneira desonesta. Um preço foi atribuído a ele. Um gesto originalmente prazeroso e desinteressado perde a espontaneidade e a transparência em meio ao jogo de recompensa e punição com o qual o universo adulto manipula o universo infantil. Nesse contexto, a punição e a recompensa são somente lados diferentes da mesma moeda. Se a criança age de maneira insincera somente para obter a aprovação do adulto, essa insinceridade será fortalecida e seus sentimentos de hipocrisia e de culpa serão intensificados. Muitos alunos, ao chegar a Summerhill, mostram-se presos a esse modo de relacionar-se com os adultos. Fazem e dizem aquilo que acham que se espera deles até se darem conta de que os adultos aqui não negociam com essa moeda. Só então eles começam a ser eles mesmos.

Onde existe repressão emocional normalmente há culpa, e a vida de muitas crianças é permeada de culpa. A culpa é uma consequência da couraça e surge da tensão entre o impulso de expressar uma emoção proibida e o tabu internalizado que impede a sua expressão. A couraça pode também surgir quando a pessoa expressa um sentimento-tabu e, logo em seguida, a angústia faz seu corpo contrair. É por isso que a culpa provoca tamanha paralisia – ela é a sensação subjetiva de uma imobilidade emocional. Lamentavelmente, muitos adultos acreditam que incutir o sentimento de culpa e explorá-lo é o melhor meio de ensinar às crianças a distinção entre o certo e o errado. Mas isso só lhes ensina a submeter-se e a odiar a si mesmas. O certo e o errado são abstrações codificadas da moralidade compulsiva, nada tendo que ver com necessidades ou sentimentos humanos reais. Da mesma forma, o amor e o altruísmo autênticos jamais se desenvolvem com base no medo ou no ódio a si próprio. A necessidade dessas algemas moralistas só surge quando a capacidade original de sociabilidade e de autorregulação foi negada e formas de expressão substitutas começam a emergir. Foi a ignorância quanto ao processo de encouraçamento e suas camadas emocionais subjacentes que criou a necessidade de conduzir a vida humana por meio do medo e não do amor.

A confusão que se faz entre obediência superficial e amor e aceitação acaba criando, para muitas crianças, uma grande dificuldade de admitir que estão zangadas com os pais. Elas sentem estar agindo errado e que, de alguma forma, estão traindo os pais. Diversas vezes precisei explicar a uma criança aflita que tais sentimentos são naturais, e que sentir raiva de alguém não significa que você não ame essa pessoa.

Certa noite, após o apagar das luzes, a poucos dias do final do período letivo, ouvi o choro vindo de um dos quartos. Abri uma fresta da porta e olhei para dentro. Um menino estava sentado na cama, fungando. Era o garoto japonês cuja mãe tinha contratado aulas de violino. Aproximei-me e sentei na beirada da cama. "O que aconteceu?", perguntei. Ele colocou a cabeça no meu peito e soluçou em silêncio. Abracei-o por algum tempo e deixei-o chorar. Quando lhe perguntei de novo o que tinha acontecido, disse-me que a mãe, professora no Japão, lhe passara tarefas de casa para ser feitas durante o trimestre e ameaçara não deixá-lo retornar a Summerhill se não fizesse as lições. Como qualquer outra criança ativa em sua idade, em meio à empolgação de brincar com os amigos o dia inteiro, ele deixara o trabalho para a última hora e agora era tarde demais. Perguntei como ele se sentia com a ameaça da mãe. "Eu me sinto mal", disse, entre soluços. "O que você tem vontade de dizer à sua mãe quando ela faz essas ameaças?", perguntei. "Não sei", respondeu. Apanhei um travesseiro. "Ok", disse, "vamos imaginar que o travesseiro é sua mãe. Agora, você pode dizer o que quiser a ela, ok?" Ele fez que sim com a cabeça. "Certo... ela está dizendo que você tem de fazer a tarefa e, se não fizer, vai tirar você de Summerhill e você ficará longe de todos seus amigos. O que você vai dizer a ela? Ela começa a falar 'blá, blá, blá, blá, blá, blá, blá, blá, blá, blá, blá, blá...'". Mordendo o lábio, ele olhou para o travesseiro. "Cala a boca", resmungou. "Ela não está ouvindo você. Está ocupada falando." "Cala a boca!", disse ele um pouco mais alto. "Ela ainda não consegue ouvir você", disse eu.

Encarando o travesseiro em posição de luta, ele lhe mandou calar a boca e deu-lhe um murro. O travesseiro soltou um grito agudo e tombou para trás. Então retornou à posição original e prosseguiu: "Blá, blá, blá, blá, blá, blá, blá, blá, blá, blá, blá". O menino continuou esmurrando o travesseiro até que este finalmente se calou. Antes, o garoto parecia abatido e derrotado. Agora, seus olhos brilhavam e o lábio mordido deu lugar a um sorriso largo e malandro.

O moralista ficará horrorizado com esse relato e me acusará de estimular as crianças a odiar os pais. Mas tudo que fiz foi estimular a expressão do que já existia ali. A liberação da raiva e a aceitação dos sentimentos da criança aliviam a tensão em vez de acumulá-la. Isso desanuvia. O relacionamento entre as crianças e seus pais melhora quando se dá vazão de maneira segura a tais sentimentos. Na visão do moralista, esses sentimentos são simplesmente "maus" e, portanto, a criança deve ser treinada para negá-los, caso contrário ela também se tornará "má". Mas a consciência da existência da couraça e da capacidade de autorregulação nas crianças nos leva a uma conclusão diferente. Sentir raiva não é nem bom nem ruim; esse sentimento simplesmente se manifesta ou não. Se ele aparece, é preferível poder expressá-lo num ambiente seguro a represá-lo – o que causará, cada vez mais, sofrimento à criança.

No retorno das férias, muitas vezes fico surpreso ao constatar como vários dos alunos são pequenos. A lembrança que guardo do trimestre anterior é de eles serem muito maiores. Mas essa impressão não é totalmente falsa, pois me recordo da personalidade das crianças – e, quando elas estão livres para se expressar, mostram-se grandes de fato. Quando as reencontro, no início de um novo trimestre, passamos um bom intervalo sem contato;

Summerhill

portanto, minha primeira impressão tem relação apenas com a estatura física. Mas elas logo readquirem sua grandeza emocional. A couraça nos impede de viver de modo pleno. Ela nos mantém pequenos. Evitamos a vida em vez de expandirmos em direção a ela. As crianças irradiam sua personalidade até que sejam forçadas a contraí-la e a enrijecer sua natureza. Muitos adultos nunca cresceram de fato; só diminuíram. O cultivo da culpa nas crianças as transforma em bonsais emocionais. As crianças buscam a vida, o amor e a felicidade, assim como a árvore nova busca o sol. É da natureza delas agir assim. Essa busca só se transforma em fuga quando existe uma situação da qual se deseja fugir.

9 O CONTINUUM SEXUAL

SEGUNDO O PROVÉRBIO bíblico[36], da boca das crianças e dos recém-nascidos emana grande sabedoria. Mas essa é uma meia-verdade. Também se poderia dizer que da boca das crianças e dos recém-nascidos emanam as mesmas bobagens que jorram da boca de seus pais. Antes de trabalhar em Summerhill, eu morava num apartamento no Sul de Londres. A janela do meu quarto dava para uma área elevada asfaltada e de concreto rachado, onde as crianças da vizinhança brincavam. Certa noite, voltando para casa, acenei com a cabeça para dois garotinhos que eu conhecia só de vista; andavam arrastando os pés, aparentemente entediados. "Meu irmãozinho acabou de tirar o pingolim para fora", disse-me o menino mais velho, com o olhar malicioso e traiçoeiro de alguém que gosta de contar vantagem. "Isso é feio, não é?" "Não", respondi, "pode ser que o pingolim esteja agora um pouco ventilado demais, mas não tem nada de feio nisso".

Tempos depois, refletindo sobre essa conversa, pensei como é triste o fato de estarmos diante de mais uma geração que é levada a crer que seus genitais são sujos e que há algo errado em ter prazer ou mostrar interesse pelo próprio corpo. O menino mais velho devia ter não mais que 6 anos de idade e, no entanto, já tinha assimilado essa preocupação em relação à sexualidade. Dói olhar para minha filha de 15 meses e saber que um dia ela vai deparar com essa insanidade no mundo. Por ora, ela tem a sorte de ignorar totalmente essas atitudes nada sadias. Seu corpo é flexível. O conceito de que alguma parte de seu corpo ou o prazer que ele lhe dá seja "sujo"

---

36. Salmos 8:2. "Pela boca das crianças e dos recém-nascidos instruíste os sábios e poderosos, silenciando os inimigos e maldosos, porque são adversários teus." [N. T.]

Matthew Appleton

Summerhill

ou indesejável ainda não invadiu sua consciência. Esse autodesprezo também não ocorreria de forma natural. Mas um dia ela vai deparar com tal desprezo, e será um choque para ela, por mais que Gunn e eu tentemos protegê-la disso.

A maior parte das crianças – se não todas elas – herda alguma preocupação de natureza sexual, seja dos pais e dos colegas, seja das atitudes deturpadas da sociedade de forma geral. Longe de ser aceita, a expressão sexual das crianças e de adolescentes é encarada com desconfiança, constrangimento, incompreensão, raiva, inveja e medo. Quando parece que a sociedade está prestes a demonstrar sua aprovação à criança, muitas vezes esta lhe é imposta de forma inadequada, como expectativa ideológica, sem que a sexualidade delas possa se desenvolver naturalmente a seu ritmo. Se deixados em paz, crianças e adolescentes mostram um natural interesse sexual mútuo. Talvez eu esteja aqui repetindo o óbvio, mas encontro muita gente que não vê o menor sentido em ter as palavras "infância" e "sexualidade" mencionadas na mesma sentença. Reagem como se eu lhes oferecesse, no mesmo prato, feijão e gelatina – com uma expressão de que "essas duas coisas não combinam".

Então, há o chamado "período de latência" postulado por Freud e ainda predominante na teoria psicanalítica e do desenvolvimento infantil. O "período de latência" estaria presente entre a infância e a puberdade: uma fase em que as crianças estão sexualmente desinteressadas e inativas. Talvez seja verdade, de modo geral, que existe um intervalo na sexualidade infantil, mas somente entre culturas em que há certa preocupação de natureza sexual. Em sociedades onde a sexualidade infantil é aceita pela comunidade, como acontece entre os múrias da Índia e os ilhéus de Trobriand[37], o período de latência não acontece e as crianças continuam a viver plena e alegremente sua vida sexual. Embora essas sociedades sejam a exceção à regra, no que diz respeito à "civilização" do século XX dispomos de farta documentação[38] a seu respeito, o que nos leva à seguinte pergunta: se o pe-

---

37. Pequeno conjunto de ilhas no Pacífico Sul, em Papua Nova Guiné. [N. T.]
38. Malinowski, Bronislaw. *A vida sexual dos selvagens*. Rio de Janeiro: Francisco Alves, 1983; Elwin, Verrier. *The Muria and their ghotul*. Bombaim: Oxford University Press.

ríodo de latência é inerente à natureza humana, por que ele não é um fenômeno universal? Minha experiência em Summerhill também reflete essas observações de antropólogos, no sentido de o período de latência ser menos aparente do que na sociedade de maneira geral.

Até mesmo a sexualidade infantil, a despeito das óbvias expressões sexuais das crianças pequenas, é negada com frequência. Um pai conhecido meu considerava chocante que seu filho pequeno pudesse ter sentimentos sexuais e achava inaceitável que o menino tivesse uma ereção. O fato de essa criança ter conseguido esconder ou negar esse aspecto de si mesma espelha a ansiedade que deve ter sentido na presença do pai. Embora a sexualidade do adolescente não seja negada em essência, sua expressão é, em grande medida, rejeitada. Os sentimentos são considerados naturais, mas em geral não se considera adequado agir com base neles. É como esperar que uma roseira germine num ano, mas floresça somente no ano seguinte. A natureza tem seu ritmo, que não podemos sujeitar às nossas crenças excêntricas achando que não isso não causará nenhum tipo de problema.

A sexualidade dos adolescentes não é mais um assunto-tabu como foi no passado. Portanto, embora não possamos dar toda a liberdade a nossos adolescentes – meninos e meninas com menos de 16 anos – de dormirem juntos em Summerhill, podemos reconhecer que, assim como os adolescentes em toda parte, eles mantêm, de fato, relacionamentos sexuais. Essa mudança nas atitudes da sociedade em relação à sexualidade do adolescente foi motivada em parte pelo número elevado de casos de gravidez de adolescentes registrados nas últimas décadas. Em muitas comunidades, isso resultou na aceitação relutante de um problema que não desaparecerá – não em esclarecimentos genuínos e na aceitação da sexualidade do adolescente. Convém observar que nestes 75 anos sob um regime de internato misto e um clima de aprovação ao sexo, Summerhill não tem registros de um único caso de gravidez indesejada entre seus alunos.

No sistema tradicional, o papel do educador é o de certificar-se de que as crianças não poderão fazer o que bem entendem, mas que permaneçam num estado permanente de distração. Deve-se mantê-las ocupadas, aprendendo sobre a vida nos livros, enquanto seus impulsos de vida são, em gran-

Summerhill

de medida, relegados a segundo plano. A maioria das escolas proíbe manifestações físicas de afeto ou carícias entre crianças do sexo oposto. Os uniformes escolares, que os adolescentes, sobretudo, são obrigados a usar, têm um design que está longe de apresentar qualquer traço de sensualidade. Numa fase da vida em que a maioria dos filhotes de animais se orgulha e caminha pomposamente, exibindo as cores vivas de sua juventude em processo de desabrochar, o jovem *homo sapiens* anglo-saxão é reduzido aos tons sombrios de um anonimato cinza. A imposição dessas regras só reforça o sentimento de que a sexualidade é suja, ruim ou constrangedora.

A preocupação de natureza sexual fica profundamente enraizada em algumas crianças. Um garoto de 11 anos relatou-me que, durante o banho, a água morna lhe provocou uma ereção. Ficou tentado a masturbar-se, mas, ao acariciar o pênis, sentiu "tontura" e parou. Essa ansiedade era refletida em sua personalidade como um todo. Evitava situações que o deixassem empolgado. Não conseguia se abrir para a vida. Pode-se dizer que tinha uma personalidade "fraca". Seus gestos eram afetados, tensos e cercados pelo medo. É comum que se trate a sexualidade como se ela fosse uma parte da existência separada do resto da vida. Tal isolamento é obscuro e infundado. A sexualidade é uma expressão do processo vital e, na medida em que ela sofre transtornos, o mesmo ocorre com todo o processo. A maneira como pensamos, sentimos e agimos no cotidiano sofre transtornos se nossa sexualidade é perturbada, e vice-versa. Tudo isso são funções de um processo vital unitário e não itens separados que agem de forma independente. A energia sexual e a energia vital são uma coisa só.

Não surpreende que, com o tempo, as crianças passem a encarar a sexualidade como algo obscuro e encoberto no universo transcendente das coisas não verbalizadas que fazem parte exclusivamente do "mundo adulto". Há pouco tempo, eu folheava uma edição popular para crianças do *Livro da selva*, de Rudyard Kipling. Nela, o menino Mogli aparece nu fazendo suas folias no meio da selva, mas em todas as ilustrações seus genitais são discretamente encobertos por um galho convenientemente colocado ou borrados por uma sombra nebulosa. O ilustrador não poderia ter encontrado melhor modo de chamar a atenção para os genitais e, ao fazê-lo, removê-los da intei-

Matthew Appleton

reza da pessoa, dotando-os com a qualidade de algo que não deve ser reconhecido, mas, no entanto, é misteriosamente sedutor.

As crianças ficam aprisionadas a esse dilema que lhes apresentamos. Sua natureza torna-se algo furtivo: na ausência dos adultos, elas soltam risinhos reprimidos. É irônico que, enquanto os adultos não falam de seus sentimentos sexuais na frente das crianças, por pensar que elas não saberão lidar com esses assuntos, elas geralmente se comportam da mesma maneira em relação aos adultos, pelos mesmos motivos. As crianças têm a sensação de inteireza e unidade interna até que comecem a perceber que certos sentimentos e expressões não são aceitos. Começam a se sentir mal consigo mesmas, e a ternura e sensualidade naturais tornam-se uma fonte de ansiedade. A sinceridade e a honestidade da criança são deformadas – literalmente, pois sua pele se contrai e seus músculos enrijecem com o objetivo de diminuir a excitação nos genitais. A espontaneidade sem malícia desaparece, dando lugar a uma atitude evasiva na presença de adultos. Anos mais tarde, tal atitude se tornará uma fuga dos sentimentos profundos e se expressará em todos os aspectos da vida. A vida é sexual. A sexualidade é a força-motriz ao redor da qual os seres vivos se organizam, do som melodioso da garganta de um melro ao movimento do salmão rio acima, do trabalho do zangão de carregar pólen às lutas entre veados. Para além de nossas aspirações culturais, toda arte e todo esforço produzido pelo homem não são muito diferentes disso tudo.

As influências exercidas sobre as crianças reforçam nelas uma atitude negativa em relação a sensações sexuais que proporcionam prazer e pouco a pouco minam sua naturalidade. Isso não causa surpresa, pois evasão é o nome do jogo do qual a criança participa quando veste a couraça contra seus sentimentos, apresentando ao mundo adulto a face que ele quer ver. Embora a criança de início sinta que isso é alheio à sua natureza, logo isso é incorporado à sua autopercepção; assim, quando nos tornamos adultos, não reconhecemos essa "deformação" nem em nós mesmos, nem nas crianças quando infligimos nelas tal deformação. Quando o bem-estar de uma pessoa se torna questão de aprovação externa, em vez de serenidade interior e satisfação, isso inevitavelmente é transmitido de uma geração a outra, já que, a cada geração, as pessoas se mostram incapazes de sentir empatia pela plena vida emocional de seus rebentos, por ora ainda intactos.

Assim como a sexualidade não existe de forma isolada, a aceitação da sexualidade não é um aspecto isolado da vida em Summerhill, mas surge naturalmente com a aceitação da criança como um todo. A liberdade de ser sexual é também a liberdade de não comparecer às aulas, de brincar o dia inteiro, de vestir e dizer o que bem entender, de ter voz ativa nas assembleias. A expressão sexual é mais um modo de as crianças mostrarem quem elas realmente são. Nada lhes é forçado ou imposto; vivemos num ambiente onde elas podem se desenvolver como desejarem, sem interferências.

As crianças pequenas que frequentam Summerhill percebem a atitude relaxada em relação à sexualidade. Aqui, tanto adultos quanto crianças abordam esse assunto abertamente, não de forma artificial ou intrusiva, mas como um aspecto normal da vida. Quando os adolescentes se juntam num relacionamento, diz-se que eles estão "emparceirados". A comunidade dá certo *status* a essa união e, independentemente do fato de o relacionamento durar somente um dia ou anos, ele é respeitado como um vínculo especial. Esses casais expressam seu carinho abertamente, andando pela escola de braços dados, beijando-se e abraçando-se sem nenhum constrangimento. Casais de adultos também expressam seu afeto de maneira aberta.

Durante o verão, a piscina externa da escola fica aberta, e tanto adultos quanto crianças nadam nus. Não sofrem nenhuma pressão para fazê-lo: trata-se de uma escolha, e uma escolha apreciada por muitos. Lembro-me particularmente da expressão de alegria de um garoto, no verão passado, depois de ter nadado nu pela primeira vez. "É mesmo fascinante", dizia, pulando de um pé a outro, "dá uma sensação de liberdade".

Para as crianças, que já foram bombardeadas pela mídia por imagens de nudez ou alusões a ela, muitas vezes trata-se da primeira experiência de estar nuas em meio a outras pessoas, e de estar entre pessoas conhecidas que também estejam nuas. Nesse contexto, a nudez é secundária em relação à personalidade; não constitui o foco das atenções. O corpo das pessoas é a expressão de quem elas são e não de desejos abstratos e impessoais. A sexualidade não existe isolada, mas é integrada ao quadro mais amplo da vida social.

Matthew Appleton

A SEXUALIDADE INFANTIL

As crianças mais novas, as do San, a maioria delas com 7 a 10 anos, moram em quartos mistos. Nessa fase, meninos e meninas geralmente se contentam em brincar juntos com pouca ou nenhuma discriminação, embora alguns demonstrem clara preferência pela companhia de crianças do mesmo sexo. Os banheiros têm trincos, a fim de que possam trocar de roupa ou tomar banho com privacidade, mas muitos alunos preferem fazer do momento do banho hora de brincadeira, pulando de banheira em banheira e espirrando água nos outros.

O namoro entre as crianças do San é demonstrado de maneira bastante aberta. Às vezes, elas brincam de estar "emparceiradas", imitando os adolescentes, e dão uma à outra presentes como sinal de amor, mas isso acontece sobretudo dentro dos limites de sua faixa etária, não sendo expressado na comunidade como um todo, como acontece com as mais velhas. Há certa timidez e vulnerabilidade por parte das crianças menores quanto a seus sentimentos, e basta uma pequena provocação vinda de um colega da Casa para que elas se calem, por timidez ou nervosismo. O interesse erótico entre essas crianças se manifesta na exploração das diferenças entre sexos, tanto verbalmente quanto em brincadeiras sexuais, que envolvem o olhar, o toque e a dramatização. Só sei desses detalhes porque, quando elas têm mais idade, é comum que me façam relatos sobre o que se passava na época em que estavam no San. Os adultos em Summerhill não xeretam nos assuntos das crianças nem se intrometem neles. A privacidade delas é respeitada.

Lembro que, quando tinha uns 9 anos, namorei uma garota da minha classe. Brincávamos juntos como eu faria com qualquer outro amigo meu, mas a relação evocava em mim forte sensualidade e ternura, que eu achava profundamente estimulantes. Não lembro quem foi o autor do desafio "Eu te mostro o meu se você me mostrar o teu", mas ele tinha sido feito, e me lembro de termos sumido em meio aos arbustos do parque para explorar a anatomia um do outro. Foram momentos preciosos, mas reservados.

Os garotos entre eles e as garotas entre elas também exploram a sexualidade numa admiração mútua de seus respectivos sexos. Hoje em dia, há

Summerhill

grande preocupação com as brincadeiras sexuais entre crianças do mesmo sexo. Pais temem que isso possa levar os filhos a ser homossexuais. Mas tais brincadeiras não levam à homossexualidade adulta. Se fosse assim, haveria mais homossexuais do que heterossexuais em nossa sociedade! A atitude homossexual só se torna fixada como tal se a criança tiver uma ansiedade excessiva em relação a sentimentos heterossexuais, o que faz que relacionamentos com pessoas do mesmo sexo sejam a aposta mais segura. Isso pode resultar de repressão sexual ou de uma imposição às crianças para que tenham relacionamentos heterossexuais antes de elas estarem prontas para isso. Mesmo assim, há outros fatores, como conflitos na fase da primeira infância e talvez predisposições anteriores ao nascimento. Mas a experiência sexual com alguém do mesmo sexo é apreciada por muitas crianças, e uma atitude com a qual muitas delas convivem de modo natural.

Na condição de *pai* delas, obviamente, tenho mais contato diário com as crianças da Casa do que com as do San. Várias delas são muito velhas para ficar no San quando chegam a Summerhill, portanto começam a vida aqui na Casa. Essas crianças têm aproximadamente entre 10 e 13 anos. Tendo entrado na escola em uma idade mais avançada do que as crianças do San, elas estiveram no sistema convencional por mais tempo e assimilaram uma parcela maior de suas atitudes negativas em relação à sexualidade. Embora tais atitudes tenham sido formadas em grande medida no lar, e numa idade mais tenra, a influência dos colegas e o ambiente insidiosamente antissexual da escola não devem ser subestimados. Na Casa, a distância e o desdém entre os sexos são mais aparentes do que no San. Não sei dizer em que medida isso se deve ao influxo de crianças novas nesse estágio, nem se isso aconteceria de qualquer maneira. Mas suponho que seja relevante.

Em conformidade com uma norma da escola, garotos e garotas nessa idade não dormem no mesmo quarto. Mas isso também é algo que eles mesmos querem. As crianças da Casa tendem a socializar e a brincar, em grande medida, com outras do mesmo sexo, e meninos e meninas muitas vezes se tratam com certa dose de aversão. Mas isso é, acima de tudo, o sinal de uma natureza irreverente e jocosa, e mascara um interesse mais profundo. Para elas, a sexualidade é uma questão muito mais central do que para as crianças mais novas. Há humor relacionado ao sexo. Já ouvi piadas que fariam corar um time de rúgbi. No entanto, o humor das crianças não é o mesmo que o dos adultos. Elas o utilizam para conhecer seus sentimentos, para investigar áreas que são tabu e provar do fruto proibido; no caso dos adultos, quando fazem piadas desse tipo, seu humor tende a refletir atitudes fixas e um desdém rigoroso e pornográfico pela sexualidade. Às vezes, crianças recém--chegadas à escola riem de uma piada só porque ela é "grosseira", sem entender de fato por que ela é supostamente engraçada. A "grosseria" é um conceito adulto que aos poucos desaparece em Summerhill, e a mesma criança dirá da mesma piada, tempos depois: "Que babaquice". Quando os adultos dizem a crianças que algo é grosseiro ou que elas não devem contar piadas desse tipo, isso só faz multiplicar o potencial de tais chistes para chocar as pessoas. Se forem deixadas em paz, essas coisas desaparecem sozinhas. As crianças mais velhas do Vagão têm um interesse muito menor em piadas de conotação sexual do que as da Casa.

As crianças da Casa também conversam muito sobre sexualidade entre elas. A masturbação é um assunto comum. Alguns alunos novos pensam que só eles faziam aquilo, sendo um alívio descobrir que outras pessoas também o fazem. Outros não experimentaram ainda, e seus amigos explicam a eles como fazê-lo. Eles também fazem perguntas aos adultos, muitas vezes perguntas pessoais e íntimas sobre suas experiências sexuais. O interesse deles pelo sexo não é somente mecânico, tal como apresentado na anatomia e em palestras de fisiologia na educação sexual formal. Estão mais interessados nas sensações e nas emoções envolvidas. Como adultos, podemos optar entre responder a essas perguntas e dizer às crianças que esses são aspectos de nossa vida que preferimos não revelar. Mas nunca se faz que elas sintam que há algo de errado em fazer essas perguntas.

Pode ser também que as crianças sejam reservadas em relação à própria sexualidade. Há quem acredite que a criança "saudável" é aquela totalmente aberta quanto à sua sexualidade, que não tem reservas em relação à nudez, fala de sentimentos sexuais como se estivesse falando do clima e mostra-se sexualmente ativa. Porém, considero bastante adequado que as pessoas demonstrem ter um pudor natural. Percebi isso em crianças que es-

Summerhill

tão bem à vontade consigo mesmas, assim como conheci crianças com uma sexualidade precoce, mas que apenas desempenham um papel. A sexualidade é o veículo de nossos estímulos mais intensos e de nossos sentimentos mais delicados. Quando nos entregamos às sensações sexuais, entregamo-nos às profundezas de nossa natureza. Expor isso no espaço público significa diminuir essa intensidade e tornar-se superficial. Mesmo nas sociedades em que há uma aceitação natural da sexualidade, existe um espaço reservado à privacidade e à intimidade. Em nossa cultura, em que há uma abundância de atitudes negativas, é ainda mais lógico ser instintivamente protetor, o que não deve ser confundido com ser reprimido.

Embora esteja em evidência na sociedade contemporânea, a sexualidade ainda está carregada de ansiedade. Seria tolice ter uma atitude totalmente aberta em relação a isso. Há pouco tempo, um dos garotos da Casa confidenciou a um amigo que estava a fim de uma das garotas. Esse "amigo", um garoto especialmente inclinado a espalhar fofocas maliciosas e a ridicularizar os colegas, correu pela Casa dizendo a todos o que ouvira. Teve um deleite particular em juntar-se a um grupo e contar à garota envolvida na história. Esta, para disfarçar o próprio constrangimento, ridicularizou seu admirador, o que o deixou arrasado.

A representação da parte final desse drama aconteceu em meu quarto, onde o garoto acabou se escondendo sob minha cama para fugir da gozação de seu "amigo" e das outras crianças que este havia atiçado com sua provocação venenosa. Nesse momento, interferi e perguntei ao "amigo" por que ele estava fazendo tamanho alarde com aquela história. Deu de ombros. Perguntei se achava que havia algo de errado em um garoto ter tais sentimentos por uma garota. Deu de ombros novamente e disse: "Não". A gozação cessou. Havia uma clara sensação de alívio no quarto, não somente por parte do garoto que se escondera sob a cama, mas também por parte das outras crianças. Elas se sentiam visivelmente incomodadas com o que estava acontecendo, mas temiam que se não participassem elas mesmas poderiam tornar-se alvos da gozação.

Apesar dessas dificuldades, as crianças expressam mutuamente seu interesse sexual. Talvez isso implique uma baderna considerável, com muitos

Matthew Appleton

empurrões, agarra-agarra e uma chacota com pitadas de desdém. Em outras vezes, talvez elas se mostrem gentis e afetuosas, aconchegando-se em um canto, cuidando do modo de vestir dos colegas e fazendo comentários sobre a boa aparência deles. As brincadeiras sexuais são um assunto que desperta maior interesse entre as crianças da Casa do que entre as maiores, para as quais os relacionamentos já são assuntos privados e sérios. À noite, após o apagar das luzes, talvez um grupo de garotas entre furtivamente no quarto dos garotos, ou vice-versa. Talvez o façam pela mera excitação de violar as regras quanto ao horário de dormir; talvez haja uma competição envolvendo beijos; ou talvez queiram aconchegar-se sob as cobertas junto de determinado parceiro para explorar o calor e a intimidade de um contato mais próximo. Essa "saída de fininho", como é chamada, não tem a conotação vergonhosa associada a essa expressão. Trata-se simplesmente de passar pelos inspetores das camas sem ser pego. Essa é, em si, uma fonte de excitação. As crianças falam com bastante desenvoltura de suas expedições noturnas, em especial as garotas, e é comum que, no final, surjam relatos sobre qual dos meninos beija melhor!

O fato de a curiosidade sexual permear as competições e as brincadeiras das crianças lhes permite explorar suas sensações sexuais sem se tornar vulneráveis demais. Brincadeiras em que um grupo de crianças se reveza para desafiar outras a fazer algo, ou "gire a garrafa" – na qual a pessoa para quem a garrafa apontar, depois do giro, deve fazer algo que o grupo determina –, tornam-se um caminho seguro para a expressão dos interesses sexuais. Nem todas essas tarefas têm conotação sexual, mas é inevitável que algumas acabem tendo. Elas podem implicar, por exemplo, beijar um(a) colega durante vinte segundos, tocar os seios ou os genitais de alguém ou despir-se de uma peça de roupa. Tais desafios tiram a responsabilidade das mãos do indivíduo e fazem disso uma responsabilidade compartilhada, que é sintetizada pelas regras do jogo.

À medida que as crianças entram na puberdade, seu interesse sexual se intensifica. Durante essa fase da vida, a excitação está mais centrada nos genitais. Até então, as crianças têm sentimentos de prazer genital, que vêm e vão sem um clímax duradouro. Essa excitação genital começa a aumen-

Summerhill

tar cada vez mais, até chegar a um estado de alta tensão sexual. Em vez de um suave fluxo e refluxo da excitação genital, estes culminam num clímax intenso, seguido de sentimentos profundos de alívio e de relaxamento. Entre os garotos, o clímax é acompanhado da ejaculação. Tenho a memória nítida de estar, na infância, maravilhado de prazer com essa intensidade recém-descoberta quando me masturbava. Experimentei isso como uma intensa agitação extremamente prazerosa, que colocou todo o meu ser em convulsão, deixando-me sem fôlego por alguns instantes. O orgasmo intenso marca a passagem da sexualidade infantil para a fase adolescente. Muito da confusão que cerca a sexualidade infantil deriva da noção de que, pelo fato de as crianças não terem orgasmos da mesma forma que os adultos, elas não têm sexualidade. No entanto, o fato de a sexualidade infantil não envolver um clímax tão intenso não significa que as crianças não apreciam sensações sexuais.

Nessa fase, elas se interessam mais pela aparência física e adquirem maior consciência de si mesmas como seres sexuais. As garotas dessa idade amadurecem mais rapidamente do que os garotos, e suas paixões passageiras pelas pessoas muitas vezes se concentram mais em garotos mais velhos do que nos de sua idade, que ainda continuam brincando com revólveres de brinquedo e pistolas de água. A relação delas com os adolescentes é mais distante e platônica, o que as faz suspirar por eles. Os garotos talvez tenham sentimentos semelhantes em relação às adolescentes e peçam às inspetoras das camas que lhes deem beijos e abraços. Por vezes, eles também se abraçam a uma das garotas do Vagão durante a assembleia ou no "banco do Vagão", sorrindo felizes. Da sua parte, as garotas do Vagão são mais rápidas em fazer as vontades dos garotos da Casa e comentar carinhosamente sobre como fulano ou sicrano é encantador do que os garotos do Vagão em reconhecer o que são as garotas da Casa. Embora incensados pela atenção que estão recebendo, eles fingem indiferença.

Essas observações sobre as crianças do San e da Casa me levaram a concluir que o "período de latência", acompanhado de sua sublimação sexual e do desdém pelo sexo oposto, é, em grande medida, uma manifestação de ansiedade sexual, provocada pela influência dos pais e ampliada por forças da sociedade. Isso fica evidente no relaxamento espontâneo de tal ansiedade no ambiente livre e aberto de Summerhill, e por sua gravidade em determinadas crianças – tais como o garoto na banheira –, que se mostram ansiosas e cuja expressividade emocional como um todo é reduzida de forma drástica. O período de latência também é mais perceptível em crianças originárias de culturas repressoras, como as japonesas (esse aspecto será discutido em detalhe no próximo capítulo). Que diferenças seriam visíveis em crianças que cresceram sem nenhuma ansiedade sexual, não sabemos. Podemos apenas nos referir a nossas fontes antropológicas para analisar isso, e elas indicam um grau ainda maior de brincadeiras sexuais entre crianças dessa faixa etária. Isso também é revelado pelo fato de que mesmo em nossa cultura, em que prevalece a ansiedade sexual, quando as crianças sentem que os outros confiam nelas e as aceitam pelo que elas são, o anseio pelo contato sexual emerge naturalmente como a expressão de uma vida emocional mais ativa.

A SEXUALIDADE ADOLESCENTE

Aos 13 anos, as crianças se mudam da Casa para o Barracão. Os garotos e as garotas do Barracão moram em prédios diferentes, a certa distância um do outro. Não foram planejados dessa forma, mas essa é uma questão de necessidade geográfica. O Barracão funciona como uma transição entre a Casa e os Vagões, e sob muitos aspectos as crianças do Barracão parecem-se mais com as crianças maiores da Casa. Como tal, elas continuam a socializar, em grande medida, nos grupos de pessoas do mesmo sexo. A essa altura, porém, as relações entre os dois sexos começam a assumir uma natureza mais pessoal. Mais casais se formam ali do que na Casa. Mas essa distinção fica mais clara nos Vagões.

Os adolescentes do Vagão, que têm entre 14 e 17 anos, são divididos entre o Vagão dos garotos e o Vagão das garotas, sendo um adjacente ao outro. Nos dias de calor, ocorre uma atividade social intensa ao redor do "banco do Vagão", situado entre os dois. Meninos e meninas socializam juntos com

Summerhill

pouca discriminação. Sentem autoconfiança e estão à vontade consigo mesmos. A camada de desdém que permeava seu modo de relacionamento na Casa desapareceu. Demonstrações espontâneas de afeto, entre crianças tanto do mesmo sexo quanto do sexo oposto, são lugar-comum. Tal como os adolescentes em toda parte, têm uma maior preocupação com as próprias roupas do que quando eram mais novas. A música também passa a ter mais significado social. Mas seus gostos em relação a essas coisas são extremamente individualistas, e embora modas e tendências possam exercer alguma influência, há certa despreocupação e uma coerência interna dentro da comunidade Summerhill que permanece intocada pelas influências externas.

Minha experiência com os adolescentes de Summerhill mostra que suas atitudes em relação à sexualidade são bem sensatas e responsáveis. Quando surgem dificuldades de relacionamento, eles costumam procurar alguém para falar a esse respeito, talvez um adulto ou um de seus amigos. O argumento mais comum para estimular a abstinência sexual nos adolescentes é o de que, embora estejam biologicamente preparados, eles não têm maturidade emocional suficiente para lidar com relacionamentos sexuais. Se for verdade, isso acontece porque eles foram impedidos de desenvolver uma atitude mais madura em relação à sexualidade, por meio do comportamento infantil de adultos em relação à vida sexual deles próprios. A maturidade é algo que se desenvolve: ela não bate à porta de nossa casa com os braços abertos e uma mala cheia de sabedoria. Nas conversas que tive com adolescentes de Summerhill, percebi que eles são muito sensíveis e afetuosos em seus relacionamentos. Existem conflitos, tensões e problemas, como ocorre com qualquer pessoa, mas estes são verbalizados e resolvidos, havendo um grande número de pessoas à disposição na comunidade com quem se pode conversar a respeito. A experiência deles é totalmente diversa daquela de muitos adolescentes, para quem a introdução à vida sexual ocorre com apalpadelas rápidas num beco escuro, ou enquanto mamãe e papai saíram por umas poucas horas. Como a maturidade pode ser desenvolvida nessas circunstâncias? Como alguém pode desenvolver a capacidade de sentir e de corresponder aos sentimentos de outra pessoa sob um estado constante de ansiedade e sempre de olho no relógio?

Matthew Appleton

É comum que as pessoas ridicularizem o modo como os adolescentes variam seus sentimentos de semana para semana, vendo nessa atitude um sinal de imaturidade emocional. Um adulto que mostra uma atitude imatura ou ao estilo Don Juan muitas vezes é descrito como "adolescente". Mas essa descrição é errada e injusta para com os jovens. O amor adolescente tem toda a intensidade e a integridade das emoções adultas – e muitas vezes mais do que as deles –, ao passo que Don Juan é raso, volúvel e impelido por uma necessidade compulsiva de provar a si mesmo sexualmente. O fato de o objeto de desejo de um adolescente se alterar com rapidez não significa que ele não seja vivido com profundidade. Isso faz parte do crescimento, da maturidade, da descoberta de quem somos e do que queremos da vida. É algo vivo e verdadeiro. Tais sentimentos não deviam ser descartados como volúveis.

É muito melhor conhecer esses sentimentos e descobrir o que queremos da vida quando se tem essa idade do que mais tarde, quando fatores como filhos e família estão envolvidos. A chamada crise da meia-idade tem muito que ver com isso. Surgem um pânico repentino e a sensação de não ter explorado plenamente o potencial da vida. A experiência que nos permite tomar decisões racionais no decorrer da vida adulta acontecerá de forma mais segura se pudemos viver a infância e a adolescência de modo pleno. Porém, em geral somos atirados em direção à vida adulta com uma vaga ideia de quem somos ou do que nos importa. Para muitos, isso ainda acontece na meia-idade. Dar-se conta disso é um baque para muitas pessoas. Para alguns, torna-se o sinal para uma última tentativa desesperada; para outros, só mais um capítulo de uma vida de insatisfação e de resignação.

Os relacionamentos entre adolescentes são incentivados quando um pergunta ao outro se ele quer ser seu "parceiro". Estar "emparceirado" implica ser reconhecido na comunidade como parte de um casal. Tem um *status* quase oficial, como um casamento temporário. Enquanto durar o relacionamento, ele será encarado com seriedade por toda a comunidade. Há uma espécie de proibição de prejudicar ou minar esse vínculo, embora ele possa espontaneamente se dissolver e dar lugar a um novo. Tais vínculos podem durar semanas, meses e até anos, ou apenas um dia ou dois. Mas, independentemente de sua duração, são tratados com respeito.

Summerhill

Essa atitude para com os relacionamentos não foi imposta pelos adultos, mas partiu das próprias crianças, e parece ter passado de uma geração a outra como uma maneira normal e natural de conduzir a vida amorosa. Não se tenta, por exemplo, impor contratos de união monogâmica ou estabelecer relacionamentos poligâmicos. Os adolescentes tampouco se entregam a uma promiscuidade desenfreada – atitude que muitos adultos parecem esperar de jovens que não são limitados por códigos morais estanques ou presságios sombrios. As crianças regulam seus relacionamentos com cautela e responsabilidade.

Nas circunstâncias atuais, a lei não permite que seus alunos e alunas adolescentes durmam juntos, e as crianças estão cientes disso. Se um garoto e uma garota acabam no quarto um do outro após a hora de dormir, tal atitude se enquadrará nas leis relacionadas ao tema e estabelecidas na assembleia. Se forem pegos, podem ser multados pelos inspetores das camas. O papel destes é certificar-se de que todos estejam no quarto na hora de dormir e que o sono das pessoas não seja perturbado. Eles não xeretam o interior dos quartos após o apagar das luzes, embora alguém lhes possa pedir que entrem caso haja excesso de barulho. A pessoa que for pega saindo escondida pode perder a sobremesa no dia seguinte ou levar uma multa equivalente a meia hora de trabalho. A gravidade da multa depende da intensidade dos ruídos provocados pela pessoa ou de ela já ter sido ou não pega antes. Mas nunca há nenhum julgamento moral ou vergonha nisso. Trata-se de medidas práticas, por meio das quais as regras locais são mantidas e devido às quais ninguém é impedido de dormir à noite.

Uma vez, durante uma palestra em Madri, fizeram-me muitas perguntas sobre como as crianças lidam com os relacionamentos sexuais, e descrevi muito do que escrevi aqui. Ao final, um homem da plateia aproximou-se e disse estar desapontado com o fato de nossas crianças não serem sexualmente "livres". De acordo com sua concepção de liberdade sexual, em nossa escola todos deveriam ir para a cama uns com os outros. Argumentei que isso era sexo compulsivo e sem contato, que implicava o sexo desprovido do componente emocional – e que isso não significava se libertar da repressão, mas reagir a ela. Os adolescentes de Summerhill não se comportam dessa maneira, tampouco o sexo é o objetivo final de cada relação. O estímulo da ginástica sexual como sinônimo de liberdade não os atrai. O homem da plateia não se convenceu. Balançou a cabeça e foi embora, frustrado.

Outro argumento que surge de tempos em tempos é o de que, se as crianças fossem mesmo livres sexualmente, haveria maior predomínio da homossexualidade entre os adolescentes. Discordo. Há uma tolerância claramente expressa em relação à homossexualidade e grande dose de afeto entre amigos do mesmo sexo. Porém, a homossexualidade não parece estar presente entre os jovens. Suponho simplesmente que ela não se manifeste, não que esteja sendo reprimida. Já tivemos professores declaradamente homo ou bissexuais, mas as crianças não pareceram chocadas, tampouco interessadas no assunto. Um garoto japonês passou por uma fase em que chegava a festas maquiado e de vestido longo. Ninguém deu a mínima. Ele não era homossexual – conclusão a que adolescentes de diversas culturas poderiam chegar –, mas, se fosse, não acho que alguém teria dado grande importância a esse fato. Conheço ao menos dois ex-summerhillianos que são homossexuais e talvez haja outros, mas a ideia de que um número maior de adolescentes tentaria a experiência se isso não fosse um tabu tão grande não se sustenta. Isso não significa que tais experiências nunca ocorrem em Summerhill, ou que não devam ocorrer; o fato é que elas não despertam grande interesse entre os adolescentes. Ao contrário, é nos ambientes em que a sexualidade – tanto a hétero quanto a homo – ainda é um grande tabu que a homossexualidade prevalece, tais como em escolas com sistema de internato, nas quais os sexos são separados, onde o impulso sexual não tem válvulas de escape.

O ADULTO DIANTE DA SEXUALIDADE DA CRIANÇA E DO ADOLESCENTE

Cada vez mais, as autoridades estão tendo de reconhecer que os adolescentes praticam sexo, independentemente do que diz a lei. É fato que o número crescente de casos de gravidez entre jovens está forçando-as a aceitar isso. Há dois anos, o ministro da Saúde manifestou apoio à decisão de um

Summerhill

servidor público de fornecer camisinhas a adolescentes de 13 anos de idade, numa área com alta incidência de casos de gravidez precoce. Falou-se também em diminuir a idade para o sexo consentido para 13 anos. Isso representa uma grande evolução em relação à tentativa de evitar encarar a realidade – atitude que nos acompanha há tempos. Mas, sem que isso seja acompanhado pela aceitação genuína, corre-se o risco de se legalizar a consciência pesada em vez de se liberar a saúde sexual e a felicidade.

A condenação e a criminalização do sexo praticado entre adolescentes dificultaram para eles a obtenção do aconselhamento necessário, bem como dos métodos contraceptivos. Mesmo quando se tem acesso a métodos contraceptivos, há muito maior probabilidade de ocorrer acidentes que resultem em gravidez quando a relação sexual é apressada e cercada de ansiedade do que quando ela é relaxada, com o tempo necessário para fazer tudo como se deve. Na realidade, no momento em que as coisas dão errado, os adolescentes talvez não saibam a quem recorrer para obter ajuda, numa época em que eles precisam discutir, quanto antes, as escolhas que se lhes apresentam. Quantas garotas já tiveram de passar por um período infernal que durava semanas, sentindo que não havia ninguém com quem pudessem conversar? Quantas teriam evitado isso com um simples teste de gravidez, que poderia ter dissipado seus medos? Quantas chegaram a se ferir, às vezes gravemente, ou mesmo morreram tentando abortos por conta própria? Com os perigos hoje associados à aids, uma abordagem aberta e responsável em relação à sexualidade do adolescente torna-se ainda mais necessária.

A maturidade e a confiança emocionais com que os adolescentes de Summerhill lidam com a sexualidade é, a meu ver, resultado direto de terem se sentido acolhidos durante o erroneamente chamado "período de latência" e a puberdade. Para muitos jovens, o grande aumento da excitação sexual durante a puberdade desperta velhos conflitos infantis, que poderiam ter sido, em grande parte, resolvidos se durante os anos de "latência" elas tivessem se sentido à vontade para expressar sua sexualidade. Esses conflitos se manifestam por meio de atitudes ríspidas e pornográficas, da timidez excessiva com o sexo oposto, de modos desajeitados, do constrangi-

mento, da culpa, da ansiedade e do afastamento do grupo social. Essas dificuldades são, além disso, reforçadas pela desconfiança geral que a sociedade deposita nos adolescentes e em sua sexualidade, e pelo problema específico de não haver um espaço privado no qual eles possam ter relações sexuais sem temer a intromissão de alguém.

O comportamento sexual desenvolvido nos primeiros anos de vida e ao longo da infância torna-se um padrão mais rigidamente fixo de percepção e de interação durante a adolescência, seja inibindo, seja aumentando a felicidade sexual e o bem-estar emocional na idade adulta. A expansão da sexualidade como um *continuum* sereno ao longo da infância, da puberdade e da adolescência tem papel fundamental nisso. Mas vai além: não representa somente uma promessa para o futuro, mas o direito das crianças de viver sua vida, agora, tão plena e felizmente quanto possível.

O desenvolvimento de uma sexualidade equilibrada pode também sofrer perturbações por parte de adultos, que forçam as crianças a se expressar sexualmente antes de tal necessidade surgir para elas de forma natural. Uso o termo "natural" aqui com o significado daquilo que surge espontaneamente para a criança, com suas próprias experiências de vida e contatos e não nos termos mais amplos do desenvolvimento psicossexual. Essa é somente mais uma forma de demonstrar às crianças que perdemos a confiança nelas. Elas são cercadas de imagens de sexualidade que se preocupam mais em corresponder a expectativas externas do que a necessidades íntimas. Pais ansiosos intensificam esse dilema quando se intrometem no desenvolvimento natural de seus filhos. Estimular a expressão sexual prematura ou excessiva e aceitar a sexualidade natural da criança são coisas distintas. A mãe de uma garota de 11 anos mandou para a filha revistas pornográficas e um vibrador. A menina era extremamente infeliz e não conseguia interagir com ninguém. Para ela, a sexualidade era fonte de grande ansiedade; fora forçada e não lhe proporcionara nenhum prazer, o que, por sua vez, fez brotar nela uma terrível sensação de fracasso. Uma adolescente, cujos pais tinham um ponto de vista bastante liberal quanto à sexualidade, me disse: "Eu me dou muito bem com eles, mas só quero seguir com minha vida sem que eles estejam por perto o tempo todo". Há uma enorme diferença entre aceitação e intromissão, entre aceitação e controle. Aquelas são expressões de confiança na natureza da criança; estas são expressões de desconfiança, e as crianças sentem essa distinção de modo muito intenso.

A atitude de alguns pais, de dar anticoncepcionais a garotas quando elas completam 13 anos, também é uma intromissão em seu desenvolvimento natural. Embora a mensagem subliminar deles seja a de apoiar a independência da garota e reconhecer sua sexualidade florescente, acabam por pressioná-la a assumir esse papel de mulher sexualizada e recentemente liberada. Tal atitude não dá à garota a oportunidade de entrar em contato com seus sentimentos a seu tempo. O adolescente cuja independência e sexualidade são de fato respeitadas por seus pais se sentirá à vontade para pedir anticoncepcionais quando sentir que é o momento. A questão é: de quem são as necessidades que estão sendo atendidas nessas situações? Trata-se da necessidade da adolescente? Caso seja, por que ela mesma não a manifestou? Ou trata-se da necessidade dos pais de se sentir – e aparentar ser – liberais e modernos?

A mesma questão – as necessidades de quem estão sendo correspondidas? – aplica-se à maneira como se lida com o problema do abuso sexual in-

Matthew Appleton

fantil. No cerne desse problema há um sofrimento humano real e crianças que necessitam de proteção. Mas em nossos esforços em compreender isso, como sociedade, corremos o risco de criar um sofrimento ainda maior ao tornar a sexualidade infantil um tabu e ao retornar à era das trevas, época em que qualquer expressão de excitação e de experimentação sexual por crianças era tida como aberração. As crianças são seres sexualizados e sempre explorarão sua sexualidade com seus pares. Às vezes tentarão algo que não lhes dará prazer. Em outras, talvez se sintam ansiosas por estar gostando de algo que lhes disseram ser "errado" ou "feio". Em outras, ainda, ficarão alegremente absortas no próprio prazer. Mas se tornarmos a sexualidade um assunto proibido, elas nunca serão capazes de descobrir do que gostam, tampouco serão capazes de distinguir isso daquilo de que não gostam. Essa atitude não protege as crianças do abuso, mas as deixa expostas a ele.

Outro perigo é que, se as crianças não conseguem encontrar meios para dar vazão ao interesse sexual que têm pelas demais, haverá maior probabilidade de serem atraídas a relacionamentos impróprios ou que envolvam exploração por pessoas mais velhas e mais poderosas. As necessidades sexuais das crianças e as dos adultos são diferentes, mas, quando as duas partes estão sofrendo de uma frustração sexual crônica, ambas podem se confundir. Assim como os adultos precisam ter clareza a respeito disso, as crianças que têm clareza quanto às suas necessidades definirão elas mesmas fronteiras mais claras e terão maior segurança ao defendê-las. Proteger as crianças do assédio sexual demanda que elas possam proteger a própria integridade sexual. Numa busca recente em várias livrarias, encontrei muitas obras que ensinam a identificar o abuso sexual de crianças e a lidar com ele, mas não encontrei nenhuma que abordasse a identificação e as formas de lidar com as necessidades sexuais naturais infantis. A esse respeito havia, como diz a expressão, um silêncio ensurdecedor.

Criar entre os adolescentes um clima de ansiedade sobre assuntos relacionados à sexualidade tampouco os protege do abuso; apenas torna mais difícil para eles se abrir a esse respeito quando ocorre o fato. Quando a sexualidade como um todo é envolta pelo silêncio, os adolescentes se tornam ainda mais relutantes em falar com alguém sobre algo de ruim que lhes possa ter acontecido. Até mesmo a linguagem usada por crianças e adolescentes para falar sobre sexo em seu meio é diferente da que eles usam com os adultos. Talvez eles não saibam os termos adequados para "pinto" ou "punheta", e de modo geral tais palavras os fazem dar risadinhas de escárnio longe dos ouvidos dos adultos; não fazem parte da linguagem usada quando conversam com estes. Portanto, nem sequer dominam a linguagem para expressar suas preocupações e seus medos. Esse silêncio em relação ao sexo não está preservando a "inocência da infância", e sim retirando das crianças seu poder e sua capacidade. Aqueles que não têm voz se tornam as vítimas mais indefesas.

As crianças sentem intensamente a vibração da vida. O ato de estragar essa vibração já é, em si, uma forma de abuso. A questão do abuso sexual de crianças transformou-se, para a ansiedade sexual do adulto, num ancoradouro que nada tem que ver com a proteção da infância. O moralismo carrancudo e a intolerância em relação à natureza vigorosa da criança estão se reafirmando sob um novo aspecto. Eles entraram pela porta dos fundos, por assim dizer, daquilo que poderia ser uma preocupação bastante racional e séria. Seguem emergindo velhos temas que retratam a infância como inocente e passível de corrupção por forças internas e obscuras. As crianças são seres muito mais dinâmicos e complexos do que imaginamos. O desejo de retratá-las como angelicais ou demoníacas, e de controlá-las, sempre foi um reflexo do desejo de controlar nossos anjos e demônios – que, por sua vez, surgiram do fluxo dinâmico de nossas experiências infantis.

Corremos o risco de criar toda uma geração de crianças que não conhecerá as alegrias do toque prazeroso ou a experimentação sexual. Os impulsos vitais não desaparecem quando se lhes nega expressão, eles se transformam em outra coisa: ansiedade insuportável, inquietação, rancor, pesadelos e o ato de urinar na cama – que, por sua vez, dão origem a conflitos e tensões. Esse é um mundo doente e cínico que não reconhece as alegrias simples da vida, tampouco valoriza suas expressões nas crianças. Não haverá também o risco de que estas, por não terem aquilo a que têm direito (já que lhe negamos), procurarão isso em seus filhos de maneira abusiva? Em suma, ao negar a sexualidade da infância hoje podemos muito bem estar colaborando para criar os molestadores de crianças de amanhã.

As crianças não precisam ser protegidas da vida. A tarefa diante de nós consiste em reconhecer aquilo que pertence à vida e o que pertence às distorções que aparecem quando a vida tem de se "encouraçar" de si mesma. Todos os reformadores bem-intencionados do mundo só criarão uma confusão ainda maior, a menos que consigam abandonar seus preconceitos e ansiedades e passem a ver as crianças como elas realmente são. As respostas a esse dilema não serão dadas pela miríade de especialistas em educação e psicologia infantil e suas várias teorias, mas pelas próprias crianças. Teremos as respostas aprendendo a ouvi-las, a decifrar suas expressões e a sentir as emoções que estão por trás delas. Enquanto forçarmos as crianças a se esconder de nós, a se contrair em nossa presença, nunca as entenderemos, pois nunca as conheceremos do jeito que elas são de verdade. Fazemos isso de mil maneiras distintas: no nosso tom de voz, na forma como nos contemos, no contato visual que estabelecemos e no uso das palavras – tudo isso transmite algo a respeito do que somos e de nossas atitudes. As crianças assimilam essas coisas e têm consciência delas mesmo quando nós não temos. Elas sabem, instintivamente, quando estão sendo tratadas como pessoas com características e qualidades próprias, e quando se trata de mais um caso de adulto que deseja moldá-las de acordo com sua imagem daquilo que as crianças devem ser.

10 A LINGUAGEM DA CULTURA, A LINGUAGEM DA VIDA

IRONICAMENTE, SUMMERHILL é mais conhecida em muitos outros países do que na Grã-Bretanha. O livro de Neill, *Liberdade sem medo*[39], é um clássico entre estagiários e estudantes de psicologia e pedagogia em muitas faculdades e universidades do exterior, ao passo que no Reino Unido ele foi descartado do currículo da maioria das faculdades que oferecem treinamento aos docentes. Os inspetores de ensino nos dizem que não têm interesse em nossa filosofia. No Japão podem ser encontradas traduções da maioria dos 20 livros de Neill, enquanto aqui, neste momento, todos eles estão fora de catálogo. Ao dar palestras recentemente em universidades e instituições públicas na Espanha e na Alemanha, vi-me falando para auditórios lotados. Por aqui, Summerhill não desfruta de boa fama depois que artigos de jornal ou documentários atiçaram o interesse do público usando a excitação sexual; porém, como fonte de discussão séria sobre a natureza da criança e os processos educacionais, Summerhill, em grande medida, é ignorada. Há algo de particularmente britânico na prática de tolerar uma ideia ou um estilo de vida e ao mesmo tempo castrá-lo com condescendência e escárnio.

Tendo esse interesse de outros países como pano de fundo, a vida de Summerhill tem um ambiente bastante internacional. Isso se reflete na grande diversidade de nacionalidades que compõem a comunidade da escola e no fluxo quase constante de visitantes, jornalistas e equipes de filmagem que vêm de outros países descobrir Summerhill por conta própria. Como membro da comunidade, você logo se acostuma a ouvir idiomas diferentes ao redor. Certa vez, em meu quarto, de repente me dei conta de que de um lado

39. Veja a Nota 3. [N. E.]

Matthew Appleton

acontecia uma conversa em japonês e, no lado oposto, outra em alemão. Às vezes, quase dá para esquecer que, na verdade, estamos na Inglaterra.

Embora grupos de crianças continuem falando a própria língua entre si, elas também aprendem o inglês rapidamente, e isso se dá com pouca ou nenhuma instrução formal. Semanas atrás, eu mostrava a escola a uma jornalista alemã, que ficou surpresa ao encontrar um grupo de crianças alemãs que falavam com ela em inglês fluente, e que não falavam nada nesse idioma ao chegar aqui, dois trimestres antes. Claro que, durante esse processo, sempre há os desentendimentos ocasionais – como o do garoto espanhol que me perguntou, quando eu administrava a lanchonete Casca de Laranja: *Do you have penis?* Foi somente diante da reação de espanto e do divertimento de todos que ele completou: *You know... salted penis. Ah, peanuts!*[40], todos disseram, em coro. Ou o do *pai* grego que, ao gabar-se das virtudes da hospitalidade de seu país, declarou: "Se um dia vocês forem à Grécia, eu hospitalizo vocês".

Sempre me impressionou a rapidez com que as crianças recém--chegadas se integram ao ambiente e se envolvem nas brincadeiras com os colegas muito antes de conseguirem se comunicar verbalmente. Uma garota inglesa e uma alemã, que vieram para o San no início desse trimestre, logo inventaram uma língua de sinais própria, e a inglesa consegue hoje interpretar facilmente para a amiga o que está sendo dito pelas outras pessoas. Elas estão sempre juntas e brincam muito à vontade. As crianças têm uma consciência muito maior da linguagem dos gestos e das expressões, da qualidade de um toque e do tom de voz do que os adultos. Detectam nuanças e sutilezas que muitas vezes deixamos passar. Nosso constrangimento é muito maior do que o delas quando somos incapazes de usar as palavras; sentindo-nos à deriva em mares nunca dantes navegados. Permitimos que a palavra substituísse em grande parte essas formas de comunicação mais fluidas e cheias de expressão em vez de complementá-las e expandi-las. Aprendemos a nos comunicar a distância e a manter uma distância que as

---

40. O efeito cômico se deveu à semelhança fonética entre estas duas palavras no inglês. A tradução literal deste trecho: "Você tem pênis?" [...] "Você sabe o que é... pênis salgado." [...] "Ah, amendoim!" [N. T.]

crianças eliminam de modo espontâneo – e com uma segurança que não temos. Elas não temem a intimidade da comunicação dinâmica que surge com o contato visual, com a segurança do toque físico, com as expressões versáteis e a expansividade. Pelo menos não até que as ensinemos a temê-la.

A brincadeira infantil contém uma linguagem universal própria. Suas regras podem variar conforme o lugar, mas ela é sempre orientada pelos prazeres embutidos no jogo, dos quais elas têm uma compreensão intuitiva, já que são seres em busca do prazer. Não têm grande preocupação com o "modo correto" de fazer as coisas, e sim com o modo divertido. Há uma compreensão mútua que ultrapassa as limitações impostas pelas diferentes línguas. O mito da torre de Babel é uma metáfora poderosa que simboliza a insanidade humana de buscar a semelhança com Deus, tentando corresponder a uma imagem idealizada, em vez de regular a vida pelas profundezas da própria natureza. Ao tentar nos elevar acima de nossa natureza, não nos tornamos mais semelhantes a Deus; ao contrário, perdemos contato com as sensações da vida que a tornam uma experiência tão intensa e tão completa. Como a palavra se tornou a linguagem do distanciamento de nossa profundeza instintiva, tornamo-nos cada vez mais incoerentes e fragmentados, tanto interiormente como na relação com o próximo. Esse é um erro repetido inúmeras vezes na vida de todas as crianças, na medida em que elas são moldadas por um sistema educacional que utiliza uma linguagem que é escrita e falada sem ser sentida.

Summerhill tem um ambiente multicultural, de modo que, quando uma criança nova chega do exterior, geralmente há uma criança mais velha ou já adaptada, um funcionário ou professor que se comunicará com ela em sua língua. Essa pessoa ajudará a criança a se estabelecer e lhe traduzirá as falas das assembleias, de modo que ela não seja excluída dos aspectos mais estruturais da vida comunitária. A maioria das crianças mais velhas sente prazer em colaborar nesse aspecto, e as assembleias são interrompidas por pequenas pausas, nas quais o grupo espera pacientemente enquanto alguém faz a tradução para uma criança que está envolvida naquele assunto particular. Essa tolerância de idiomas diferentes como um elemento sempre presente na vida diária reflete uma tolerância mais profunda das

Matthew Appleton

diferenças que as crianças crescem aceitando como normais. Assim como a língua não traz nenhum problema maior, o mesmo ocorre com a nacionalidade ou a cor de pele. Trata-se de preconceitos que as crianças aprendem com os adultos, não são algo inato às crianças.

Em Summerhill, as crianças não se enxergam essencialmente como japonesas ou inglesas, alemãs ou americanas, mas como parceiras nas brincadeiras e nas personalidades, irmãos e irmãs na família ampliada da comunidade. As diferenças são reconhecidas e se integram à estrutura da vida cotidiana, mas ninguém é considerado inferior por sua raça. Além disso, esse é um assunto sobre o qual os adultos não precisam fazer sermões. Só quem se sente inferior tem necessidade de fazer o outro se sentir inferior. Isso lhe dá uma sensação falsa de superioridade de que o indivíduo que verdadeiramente respeita a si próprio não tem necessidade. Não por acaso o ódio racial sempre contém fortes insinuações de conduta sexual e moral imprópria. A propaganda nazista retratava o judeu como um maníaco sexual que se infiltrava e maculava a pureza ariana. O combustível para o linchamento de negros no Sul dos Estados Unidos foram as histórias de estupro de mulheres e crianças brancas, e os genitais da vítima linchada muitas vezes eram mutilados ou cortados em pedaços. Durante a revolução popular do Irã, jovens fundamentalistas islâmicos se autoflagelavam nas ruas para se purificar do pecado e bradavam pela morte dos degenerados do Ocidente.

Quando conseguimos tolerar tudo que somos, somos capazes de tolerar tudo que os outros são. Não há nenhum motivo secreto para vestir os outros com nossa roupa suja. Vemos as pessoas como elas são e não como projeções de uma fantasia reprimida. Isso não é o mesmo que a moralidade rígida em torno da qual grande parte do "politicamente correto" é tecida, mas a autoaceitação genuína, que se expande de forma natural em direção aos outros. No extremo, o "politicamente correto" é ridículo e paternalista. Há muitos anos, quando eu estava na faculdade, um colega mencionou que tinha conhecido Carol, uma amiga minha. Como eu conhecia duas Carol, uma negra e a outra branca, perguntei-lhe qual delas, já que a cor de pele era o traço mais óbvio a distinguir uma da outra. "Oh", respondeu,

Summerhill

coçando o queixo com um olhar contemplativo, "não reparei direito". Fiquei boquiaberto, sem saber o que dizer.

Em Summerhill, somos mais "pé no chão". A cada início de trimestre, perguntamos: "Quando os japoneses vão chegar?" Quando um pequeno grupo de garotos alemães começou a se comportar de modo inconveniente com os demais na Casa, uma das garotas reclamou, ressentida, dos "malditos alemães". Nosso único garoto originário da Espanha foi apelidado carinhosamente de "espanhol" por seus amigos mais próximos e não tomou isso como ofensa, pois isso não era dito de forma ofensiva. A raça não é um aspecto a ser evitado ou um assunto a ser abordado com excessiva cautela, ela é parte do que somos. As crianças se aceitam pelo que são e se sentem aceitas. Uma sensação de bem-estar pessoal é o solo mais fértil para uma sensação de bem-estar em relação aos outros. O ódio racial se enraíza no solo estéril do medo e do ódio a si mesmo, e nenhuma saliva gasta nas conversas sobre o politicamente correto é capaz de erradicar o ódio: ela só o canaliza para debaixo da superfície até que ele reapareça de forma diferente.

Nos últimos anos, o maior número de alunos não britânicos em Summerhill tem sido de alemães ou japoneses. É comovente lembrar que, há um pouco mais de meio século, essas crianças que hoje dormem no mesmo quarto, brincam juntas e se abraçam como irmãs teriam sido criadas como inimigos implacáveis, e, mais tarde, adestradas e manipuladas para bombardear uns aos outros. É o que acontecia com as crianças de Blitz, de Dresden e de Hiroshima. Tudo porque nasceram em determinados países e em determinado momento histórico, numa época em que a insanidade do mundo atingiu um clímax particular, jogando inúmeras vidas em seu caldeirão sangrento de ódio borbulhante e de brutalidade desvairada. Este mundo que vemos hoje é regulado por políticos coniventes – não pela abertura e pela receptividade com que viemos ao mundo.

Senti estar diante de um absurdo semelhante quando visitei Berlim, um ano após a queda do Muro. Ao cruzar a fronteira entre Leste e Oeste, que agora não passa de uma feia cicatriz de terra devastada cortando a cidade, debatia-me com o fato de que, apenas um ano antes, atirava-se em pessoas que tentavam cruzar esses mesmos poucos metros. Um dia, alguém decide que, se você tentar atravessar de A a B, será morto. No dia seguinte, outra pessoa decide que é totalmente admissível fazer essa mesma travessia. Esse é o padrão tecido pela história. No entanto, levamos essas pessoas a sério! Damos poder a elas! Se crianças pequenas conseguem alcançar espontaneamente e sem esforço aquilo que burocratas irritadiços, com sua dignidade obstinada e seus discursos enfadonhos, têm tamanha dificuldade de atingir, temos de começar a perguntar por que temos tamanha fé neles – e por que descremos tanto da humanidade natural das crianças.

Considerada um sentimento abstrato ou um paradoxo filosófico, tal fé transformou-se num clichê antiquado. Ela foi antecipada por Jesus Cristo, quando disse "Sejam como as criancinhas", frase repetida por mil profetas e gurus desde então. Mas como solução prática a ser encontrada na matéria--prima da natureza da criança, ela em grande parte não foi experimentada, ao menos no último milênio.

A EDUCAÇÃO NO JAPÃO

Cada nacionalidade traz para a comunidade Summerhill características próprias. No entanto, cada uma delas tende a se encaminhar na direção de algo mais essencial e universal. A cultura nasce da vida e não o contrário. A vida é o processo mais profundo e mais amplo. Tentamos fazer o mínimo de imposições em Summerhill; buscamos a confiança nesse processo mais amplo, na maneira como ele surge e se manifesta na vida de cada criança. Temos nossas estruturas sociais e tradições como qualquer sociedade, mas elas são moldadas igualmente pelas necessidades dos adultos e das crianças. Estas não têm de sublimar suas necessidades e as expressões de sua cultura, mas são ativas em seu desenvolvimento diário. Esse é um estilo de vida ao qual a maior parte das crianças não está acostumada, e leva algum tempo para que elas se adaptem, para que abandonem velhas ansiedades e ressentimentos e comecem a sentir a vida em vez de vivê-la de modo compulsório.

Em diversos momentos de sua história, a escola acolheu grupos particularmente grandes de crianças de diferentes culturas: escandinavos, alemães, americanos e, mais recentemente, um afluxo de crianças japonesas. Nada poderia ser mais diferente do sistema educacional japonês do que a abordagem de Summerhill. O sistema deles é bastante rígido e enfatiza o desempenho acadêmico, ao mesmo tempo que negligencia por completo a vida emocional da criança. Na escola, leciona-se com métodos de ensino padronizados e exercícios de repetição. Entre 6 e 12 anos de idade, as crianças frequentam o ensino fundamental. Além do trabalho acadêmico, os alunos também recebem capacitação social: aprendem, por exemplo, a servir o almoço a colegas da sala (tarefa organizada por escalas); e instrução moral, que enfatiza a importância das boas maneiras, da ordem, da resistência e do trabalho árduo.

Ao completar 12 anos, as crianças passam para a escola secundária "júnior", em que a formalidade é ainda maior. O uso de uniformes é obrigatório e seu design é inspirado nos uniformes escolares alemães de cem anos atrás, quando pedagogos japoneses, impressionados com o crescimento industrial da Alemanha, pesquisaram sobre as escolas alemãs. A força-motriz por trás dessa abordagem era a de moldar o caráter nacional. A pontualidade e o vestuário são rigidamente controlados. Enfatizam-se a conformidade e a uniformidade. Deve-se fechar os botões adequadamente e o cabelo dos alunos precisa ter o comprimento correto. Tudo isso é inspecionado pelos professores e por uma "comissão de estilo de vida", composta de adolescentes. Qualquer desvio dessa rígida linha de conduta é registrado numa caderneta de regras que toda criança deve carregar consigo. Se ela tiver muitas anotações, receberá uma advertência.

As salas de aula são amplas, e nelas crianças de habilidades acadêmicas distintas estudam juntas. O ensino é formal, com repetições e provas constantes. Todas as turmas de mesma faixa etária devem atingir o mesmo estágio do currículo ao mesmo tempo. Exames nacionais e internos são aplicados de tempos em tempos. Há um intervalo de dez minutos pela manhã e outro de 45 minutos para o almoço. As aulas terminam às 15h30, mas o dia escolar não acaba aí. Findas as aulas, os alunos devem limpar a escola. Em seguida vêm outras atividades, como esportes e música, que são supostamente voluntárias – embora exista forte pressão para que os alunos participem delas.

Matthew Appleton

O sistema é deveras competitivo, com grande ênfase no sucesso acadêmico. As vagas na escola secundária "sênior", que posteriormente darão acesso a uma boa universidade, são muito disputadas, sob um clima de ansiedade. A educação compulsória termina aos 15 anos de idade, mas poucos optam por parar nesse estágio, preocupados com a possibilidade de não encontrar trabalho no futuro. Em razão da competição por vagas na escola secundária "sênior", muitos frequentam as aulas noturnas do *Juku* – escola particular cujo objetivo é preparar os adolescentes para obter boas notas nas provas[41]. Essas aulas não terminam antes das 21h30 ou 22h, quando as crianças voltam para casa para começar a lição. É comum que se refiram a esse período de estudo intensivo como o "inferno das provas". Trata-se de uma época de grande estresse e de extrema infelicidade.

Os alunos têm aula seis dias por semana e um número menor de feriados do que na Europa ou nos Estados Unidos. O nível acadêmico é alto, e alto também é o índice de suicídio entre adolescentes em comparação com os jovens europeus e americanos. Responder corretamente às perguntas é o objetivo absoluto. Nesse contexto, não há espaço para a opinião individual. Do ponto de vista de cidadãos que produzem para uma sociedade eficientemente administrada, bastante industrializada e que se assemelha a um formigueiro, esse sistema não pode ter falhas. De fato, o Japão tem uma das maiores economias do planeta, tendo alcançado essa posição após ser derrotado na Segunda Guerra Mundial, o que deixou o país arrasado e endividado. Porém, da perspectiva do bem--estar emocional das crianças, o quadro é um tanto desanimador.

Paradoxalmente, os bebês e as crianças pequenas japonesas são bastante mimados. Tendem a ser abraçados e amamentados muito mais do que as crianças ocidentais. Tradicionalmente, a mãe é bastante atenciosa e até submissa – sobretudo em relação aos meninos, permitindo que o filho lhe puxe os cabelos e lhe dê tapas na cara sem reclamar. Mas a liberdade e a permissividade dos primeiros anos de vida duram pouco: por volta dos 4 ou 5

---

41. Nessa escola, o aluno entra em contato com uma grande quantidade de informações num curto espaço de tempo e com um objetivo específico: passar nas provas. No Brasil, temos um sistema muito semelhante: os cursinhos vestibulares. [N. T.]

Summerhill

anos de idade, um novo regime de disciplina rígida e de autoconfiança é subitamente introduzido. De repente, a criança depara com fortes sentimentos de ansiedade e de raiva, que ela deverá reprimir se não quiser ser punida. A partir de agora, a criança deve levar a vida a sério. O objetivo por trás dessa repentina mudança é treinar a criança para a autodisciplina e para suportar a frustração. Agora, não somente ela tem de aprender a obedecer à autoridade como essa autoridade é imbuída de todas as lembranças de (e de uma aspiração a) uma era de ouro perdida. Esse conflito mina qualquer sentimento de rebelião e submete a criança a um estilo de vida autoritário.

As válvulas de escape para a frustração que se encontram sob a superfície do semblante impassível da cultura japonesa são bem estruturadas e ritualizadas. Elas se expressam por meio do sofrimento e da paixão pelos jogos de resistência, pelas imagens sadomasoquistas dos filmes e da literatura, pela violência desenfreada das histórias em quadrinhos – que é muito mais imoderada e explícita do que a de seus equivalentes europeus e americanos – e pelos golpes e defesas das artes marciais. Em tempos de guerra, essa raiva interna eclodiu, por trás de uma fachada controlada, em cenas de intensa crueldade.

Por outro lado, o Japão não enfrenta graves problemas relacionados ao crime e à delinquência, como ocorre em muitos países ocidentais. Toda cultura dita civilizada tem suas camadas internas de compulsão e de reações caóticas e destrutivas. Cada uma delas tem seus contornos particulares. Toda nação industrializada traz consigo um histórico de atrocidades em tempos de guerra e de conflitos. O império britânico nasceu das humilhações da infância e da dor das surras que a aristocracia inglesa reprimia sob a rigidez de um semblante aparentemente sereno[42], e na companhia de seus iguais, mas que descontavam furiosamente nas pessoas consideradas inferiores. Os primeiros colonizadores dos Estados Unidos promoveram uma campanha genocida contra os povos autóctones daquelas terras, massacrando os nativos pagãos, para quem a nudez e a natureza não carrega-

---

42. No original: *behind stiff upper lips*. Aos membros da aristocracia inglesa ensinava-se, desde cedo, a técnica de manter imóvel o lábio superior, o que lhes permitia jamais ter de demonstrar seus sentimentos. [N.T.]

vam a mácula da vergonha que havia sido queimada em sua pele devota durante a infância. Trata-se de um holocausto que ainda não encontrou seu devido lugar nas páginas da História.

Em meio a esse quadro, o caráter nacional é apenas uma caricatura, uma imagem unidimensional que, quando preenchida pela carne e pelo sangue, pelo pensamento e pelo sentimento, torna-se algo muito mais complexo e vital. Mas nos fornece indicações das estruturas fundamentais que moldam a vida da criança e apontam o caminho rumo a determinado tipo de infância.

AS CRIANÇAS JAPONESAS EM SUMMERHILL

No início de cada trimestre, dois professores recepcionam as crianças japonesas no aeroporto de Heathrow e as trazem para Summerhill de ônibus. Elas chegam por volta de meia-noite, trazendo consigo suas malas, exaustas da viagem pela qual percorreram metade do planeta, mas muito entusiasmadas. Está escuro lá fora e os jardins da escola são tomados pelas sombras. As crianças se espalham pelo saguão de pé-direito alto e paredes de madeira, lascadas e gastas por décadas de brincadeiras e festas. O vazio é preenchido com uma conversa animada e o guincho de castores, enquanto elas depositam sua bagagem no assoalho de madeira. A essa hora, a maior parte das outras crianças já terá chegado. Algumas já estarão dormindo, mas outras ficaram acordadas para recepcionar seus amigos. *Pais* aparecem para encontrar as crianças que estarão sob seus cuidados. Aquelas que já fizeram essa viagem antes dão gritos de boas-vindas, abraçando adultos e colegas, felizes por estarem de volta. Os novos recuam um pouco, olhando ao redor. Só imagino o que eles devem sentir.

Como Summerhill raramente aceita alunos com mais de 12 anos, a maior parte dessas crianças terá frequentado somente o ensino fundamental. Mas a experiência delas ainda assim terá sido rígida, envolvendo respostas corretas e comportamento adequado. A maioria dos professores no Japão é reservada e distante, e trata as crianças com um estilo aristocrático e formal. Pergunto-me qual será a impressão dessas crianças recém-chegadas ao ver pela primeira vez a liberdade e a intimidade existentes entre os alunos já adaptados e os adultos... adultos que se vestem de um jeito informal, que sorriem, riem e bancam os tolos.

Um garotinho, assim que chegou à escola, permaneceu em pé, com o corpo tensionado, segurando numa mão uma mala quase de seu tamanho e uma caixa de violino na outra. Parecia perdido e aterrorizado. Outro garoto, que estava em Summerhill havia seis meses, deu-lhe um tapinha no ombro e disse algo em japonês. Ele pareceu ainda mais amedrontado quando o garoto se aproximou de mim e, brincando, me deu vários socos na coxa. Arregalou os olhos e ficou boquiaberto quando o garoto gesticulou, feliz, em minha direção e gorjeou numa tonalidade próxima do canto. Presumo que ele estivesse dizendo a seu novo amigo que até aquilo ele poderia fazer aqui, não havendo nada a temer. Em outra ocasião, uma garota japonesa nova chegou um dia antes do previsto. Não havia nenhuma criança ao redor e ela se sentia tensa e inibida diante dos adultos que conheceu. Quando deixei escapar um palavrão em japonês em minha conversa com um funcionário, os olhos dela quase saltaram para fora. Na mesma hora, ela abandonou parte de sua formalidade e deu uma rápida gargalhada.

O choque cultural deve ser tremendo, mas a contradição entre esses dois estilos de vida encontra um equilíbrio próprio. Certo dia, quatro ou cinco garotos japoneses brincavam de luta em minha cama, num amontoado contorcido de membros entrelaçados. Riam, ofegantes. Do outro lado do quarto, estavam vários pares de sapatos, enfileirados de maneira perfeita, alinhada. Duas imagens que se parabenizavam e zombavam uma da outra ao mesmo tempo.

Algumas crianças japonesas logo mostram sua expressividade e seu lado brincalhão, mas a maioria é reservada e apresenta uma atitude de desconfiança reflexiva própria dos adultos. Elas se mantêm tensas, evitam o contato visual e revelam pouco de si por meio da expressão facial. Em tempo, porém, assim como ocorre com as crianças europeias e americanas, a fachada cai. É como se um bloco invisível de gelo descongelasse e o calor humano reacendesse o movimento da vida. O mesmo desejo de prazeres infantis e de alegria espontânea, demonstrado por crianças mundo afora, vem à tona.

Esse degelo pode demorar algum tempo, em geral mais tempo do que com as crianças da Europa ou dos Estados Unidos. O autogoverno também envolve, em alguma medida, um choque cultural. As crianças japonesas mostram-se muito mais reticentes a participar das assembleias, embora algumas delas acabem tendo voz bastante ativa. A ideia de falar em público, e em inglês, idioma em que elas talvez não se sintam confiantes, pode causar alguns problemas. Mas, mesmo quando um adolescente ou o *ombudsman* se oferece a falar em seu nome, há forte resistência para lidar com problemas na esfera social mais ampla, que não se manifesta tão claramente entre as crianças de outros países. Creio que isso se deva, em parte, a uma inibição em expressar uma opinião firme na frente dos outros, particularmente adultos. Muitas das crianças japonesas também se sentem menosprezadas quando alguém emite uma opinião contrária à sua, sobretudo se a assembleia vota em favor da outra pessoa. Parece haver uma sensação de humilhação por não ter conseguido "vencer" o debate, um eco da competitividade das escolas japonesas, com sua ênfase em chegar à "resposta correta" em vez de expressar um ponto de vista.

A demonstração de mágoa ou fraqueza também é um grande tabu. É comum a cena em que uma criança, tendo esfolado o joelho ou machucado o queixo, aperta os lábios e reprime o choro. Essa incapacidade de demonstrar sentimentos é uma consequência bastante lógica do "encouraçamento" contra a angústia e a raiva que a criança deve adotar ao atingir a idade de 4 ou 5 anos, quando a disciplina é imposta de repente e as emoções são duramente reprimidas. Tal repressão se estende à atitude de levar um problema à assembleia ou acionar o *ombudsman*, gesto considerado sinal de fraqueza. Em vez de lidar abertamente com os ressentimentos pessoais, desforra-se deles com atos de vingança mesquinhos. Na época em que havia um grupo grande de crianças japonesas na Casa, há alguns anos, várias vezes tive de trocar os lençóis depois de alguém ter espremido pasta de dentes ou esfregado macarrão na cama de outra pessoa.

Summerhill

É muito mais complicado resolver tais problemas quando há um grupo grande de crianças japonesas novas. Por causa disso, vigora hoje na escola a política de não aceitarmos mais de uma ou duas crianças novas do Japão ao mesmo tempo. Isso as ajuda a se misturar com crianças de outras culturas e a se integrar à comunidade como um todo, em vez de se solidificar em grupos homogêneos e que se isolam dos demais. Quando tivemos esse problema, há certo tempo, o protesto mais veemente veio das crianças japonesas mais velhas, que se estabeleceram aos poucos na comunidade. Elas reclamavam que a aceitação simultânea de tantas crianças japonesas estava arruinando a comunidade. Seu argumento era o de que tinham justamente deixado para trás os costumes japoneses, não estando dispostas a ter de lidar com aquilo em Summerhill.

O problema de integrar esse grupo particular também tem que ver com a atitude de alguns pais japoneses. Um dos adolescentes irritou-se ao ouvir, por acaso, o alerta dado por alguns pais no aeroporto de Narita a um grupo de crianças menores: "Não esqueçam, nós, japoneses, devemos nos manter juntos e cuidar de nossos compatriotas". Tal conselho só poderia servir para desestimular as crianças de assumir papel ativo no autogoverno da comunidade.

Mais um exemplo desse problema: certa vez deparei com um grupo de crianças japonesas na Casa, todas com a testa franzida e dando longos suspiros, debatendo-se com complexos problemas matemáticos de um livro. Fiquei intrigado, pois tinha certeza de que nenhuma delas estava assistindo às aulas naqueles dias. Quando lhes perguntei de onde vinha o livro que tinham nas mãos, fingiram não ter compreendido o que eu dissera – um blefe a que recorriam quando queriam se esquivar de perguntas. Não pareceu incomodá-las que, logo na sequência daquele breve momento de constrangimento, elas, num deslize, tivessem voltado a falar inglês sem dificuldade. Mais tarde, uma delas me explicou que, durante as férias, elas tiveram aulas com professores particulares, que lhes haviam passado tarefas a ser feitas durante o ano letivo. A razão pela qual não queriam que essa informação viesse a público em Summerhill era seu receio de que pudesse haver um confronto entre a escola e seus pais, e que, em consequência, elas

Matthew Appleton

pudessem ser retiradas da escola. Mas essa falta de confiança na capacidade delas de aprender a seu tempo somente minaria a confiança das crianças em Summerhill, que se baseia justamente na crença de que elas são capazes. Além disso, destruiu a capacidade delas de brincar livremente, sem ansiedade. Esse problema afetou não apenas aqueles alunos em particular, mas a comunidade como um todo, à medida que reforçou a separação entre eles e a escola. Abordamos o assunto com a maior diplomacia possível numa carta endereçada a todos os pais, em que enfatizamos o princípio de autorregulação de Summerhill, ressaltando que a tentativa de pressionar as crianças com o trabalho acadêmico antes que elas estivessem prontas só retardaria esse processo. A iniciativa pareceu surtir efeito: as tarefas extras foram abandonadas, bem como os professores particulares.

RUMO À AUTORREGULAÇÃO

A substituição de uma cultura autoritária por uma sociedade que se autorregula é um passo enorme. E, nesse processo, é inevitável que haja ansiedade e desentendimentos. Quando essas transformações passam a ocorrer na sociedade, medo e conceitos equivocados estão sempre presentes. Tudo faz parte do fluxo e tudo é incerto. Vimos isso nas tentativas de alguns professores e pais de tornar as escolas britânicas mais liberais. O medo da disciplina severa e do castigo físico que subjugou a vida das crianças por tanto tempo foi, em grande parte, removido. Em consequência, muitas crianças se sentem mais livres para expressar seu descontentamento quando optam por não participar de algo ou quando criam diversões para amenizar a sensação de tédio. Um sistema que luta contra a vida precisa do medo para se manter. Remover o medo sem mudar o sistema é uma medida incompleta, fadada ao fracasso.

Porém, mesmo com a extinção das barbaridades físicas mais explícitas, em essência o medo continua sendo uma força motriz nas escolas britânicas. Trata-se, no entanto, de algo mais sutil e insidioso, do medo da humilhação, do fracasso, do futuro. O sucesso acadêmico *a priori* e a competiti-

Summerhill

vidade crescente, enfatizados pelas expectativas dos pais, assumem o lugar que antes cabia às chibatadas e às chineladas. Em alguns aspectos, é mais difícil ainda rebelar-se contra eles. A origem dos sentimentos de culpa e ansiedade não é tão facilmente detectada, embora seus efeitos ainda sejam claramente sentidos. Quando a raiva por fim irrompe em atitudes agressivas e destrutivas, a velha vanguarda autoritária passa a reivindicar a restauração das velhas formas de disciplina, enquanto os liberais difamam um sistema que eles próprios não estão preparados para abandonar, em sua negação da capacidade da criança de se autorregular. Esse é um círculo vicioso de meias-verdades, uma utópica terra de ninguém.

As crianças japonesas que vêm a Summerhill – carregando consigo as expectativas de seus pais, que encurtam a distância entre eles e seus filhos – veem-se, ao cabo de uma longa viagem, diante de uma realidade com a qual o sistema educacional britânico ainda não se reconciliou, passadas várias décadas. As lutas e as dificuldades que elas enfrentaram, embora sejam incomparáveis, também refletem algo das mudanças drásticas que os pais britânicos vêm enfrentando há muito mais tempo e ainda não conseguiram compreender.

O fato de termos um grupo grande de crianças japonesas na Casa revelou outra característica marcante dessa cultura: o "período de latência" de seu desinteresse sexual manifestou-se de modo muito mais claro. O contato entre garotos e garotas era escasso. Os meninos mostravam desprezo pelas meninas, que por sua vez se mantinham submissas e distantes. A sexualidade não era discutida abertamente e as piadas de conotação sexual lhes provocavam certo ressentimento. As brincadeiras sexuais entre os sexos não eram comuns e havia uma intimidade controlada entre os garotos, com muitas travessuras – incluindo o gesto de agarrar o pênis alheio –, com nuanças eróticas e também sádicas. Havia ainda uma ansiedade exagerada em relação à homossexualidade, que se manifestava por meio de risos de escárnio e gritos de "homo, homo", sobretudo quando dois garotos expressavam afeição um pelo outro, abraçando-se ou caminhando de braços dados.

Todos esses elementos estão presentes, em alguma medida, nas crianças europeias dessa faixa etária, mas de modo menos consistente e menos

Matthew Appleton

acentuado do que nesse grande grupo de japoneses. O autoritarismo é sempre hostil à sexualidade, assim como a autorregulação só pode resultar de uma vida emocional que esteja em completa sintonia com sua natureza sexual. A maior parte dessas crianças também ignorava ou estava mal informada a respeito do funcionamento sexual básico. A mãe de uma das garotas a advertiu para que não beijasse garotos até que ela se tornasse adulta, caso contrário ela poderia contrair uma doença. Ela tem hoje 13 anos e seus pais nunca conversaram com ela sobre assuntos relacionados a sexo ou menstruação. Quando ela começou a aprender a respeito dessas coisas em Summerhill, pensou que as pessoas estavam brincando.

Em que medida as crianças conseguem abandonar, aos poucos, velhas atitudes e ansiedades? Essa é uma questão bastante individual. Se preparássemos duas fogueiras, uma ao lado da outra, do mesmo tamanho e exatamente com o mesmo material, as chamas da primeira ainda assim dançariam de maneira diferente em relação às da segunda. Ao observar as chamas poderíamos tentar analisar os vários elementos que as fazem saltar assim ou assado, ter um brilho azul num momento e amarelo no seguinte. Seria possível falar de elementos químicos e atmosféricos e chegar a alguma compreensão do processo, mas jamais prever o formato que as chamas terão ou de que maneira elas se moverão. Tampouco seria possível recriar uma fogueira que se comportasse exatamente da mesma maneira que a anterior. Da mesma forma, é impossível interpretar mecanicamente a vida das crianças, embora se possa chegar a alguma compreensão dos processos pelos quais elas agem. Mas eles não podem ser entendidos somente pelo intelecto, assim como uma fogueira não pode ser congelada e dissecada. É preciso sentir o brilho quente da vida e seguir suas oscilações vívidas com todos os nossos sentidos. A vida tem sua dança individual no interior de cada criança e exibe seus contornos de um momento para outro. O brilho e o calor podem ser sufocados, as formas podem se tornar rígidas, mas onde existe vida sempre há a possibilidade de que ela vá, de uma hora para outra, resplandecer em formas inesperadas e imprevisíveis.

Nas escolas japonesas tradicionais, as crianças passariam por seus anos de latência no vácuo emocional de um sistema educacional autoritário, car-

Summerhill

regado de pressões acadêmicas. Ele não as prepararia para a intensidade da puberdade. Sua ansiedade se aprofundaria e suas atitudes ficariam mais rígidas. Quando elas têm a permissão de viver esse período conforme os próprios impulsos, mesmo quando estão cercadas de manifestações de menosprezo e sadismo, sua ansiedade diminui e suas atitudes se enternecem. A vida recomeça a reluzir.

As crianças japonesas gostam da liberdade de Summerhill. Se conseguem desfrutar dela tão plenamente quanto crianças de culturas menos autoritárias, é difícil dizer. Mas algo sintomático em relação à profundeza da experiência que elas têm aqui é o fato de poucas delas retornarem ao Japão depois que deixam Summerhill, dando continuidade aos estudos na Europa ou nos Estados Unidos. Um rapaz de 18 anos que retornara ao Japão no ano anterior me relatou sua dificuldade de encontrar amigos com os quais pudesse compartilhar pensamentos e sentimentos. As experiências de ambos eram diferentes demais. Perguntei-lhe se ele se arrependia de ter vindo a Summerhill. Sem a menor hesitação, respondeu: "Não. Gosto muito mais de mim mesmo agora do que antes. Hoje tenho uma autoconfiança muito maior". A última vez que tive notícias dele foi quando soube que viajava pelo Japão, conhecendo a cultura local, e também os próprios sentimentos em relação a quem ele era agora.

Já me perguntei várias vezes se, no final das contas, Summerhill é o lugar certo para crianças japonesas. Seria uma estupidez ignorar o conflito inevitável que deve surgir entre um estilo de vida tão rígido e emocionalmente restrito e outro no qual a vida se move livremente. Mas ainda estou para encontrar uma criança japonesa que não tenha se tornado mais feliz e autoconfiante em Summerhill, ou um ex-summerhilliano japonês que se sinta arrependido por ter sido criado com mais liberdade. Sinto que elas ganharam algo especial e, se isso as distanciou ligeiramente de sua cultura, também lhes deu maior solidez e segurança.

É difícil entender por que Summerhill se tornou tão popular no Japão. Muitos pais têm consciência do grande estrago que tem sido causado a seus filhos pelo sistema escolar de seu país e querem algo diferente para eles. Os pedagogos japoneses também estão percebendo, aos poucos, que negligen-

Matthew Appleton

ciaram em demasia o lado emocional, e muitos visitam Summerhill para tentar descobrir seu segredo. Não há segredo. É mera questão de confiar na capacidade das crianças de regular a própria vida, de brincar, trabalhar, amar e viver de acordo com suas necessidades e não as nossas. Mas isso não pode ser aprendido de forma mecânica: tem de ser sentido. O professor Shinichiro Hori, admirador de Neill de longa data e assíduo visitante em nossa escola, fundou uma escola no Japão, vagamente baseada nos princípios de Summerhill. Chamada de *O Vilarejo das Crianças de Kinokuni*, ela atende apenas crianças entre 5 e 11 anos e não tem exatamente o nível de liberdade que temos em Summerhill. Mas já teve de enfrentar problemas com professores que se sentiam merecedores de um maior respeito da parte das crianças. Crianças que vivem frustrações contínuas se tornam adultos frustrados, para quem tais valores insignificantes têm importância. No entanto, apesar desses pequenos problemas iniciais, Kinokuni parece estar tendo sucesso.

No ano passado, Summerhill acolheu seu primeiro aluno vindo de Taiwan. Tem havido também interesse da mídia e dos pedagogos coreanos. Com a unificação da Alemanha, também começamos a receber visitantes da antiga parte oriental de Berlim. Uma escola para crianças de rua foi recentemente fundada na Tailândia, em parte influenciada por Summerhill. Também ouvi falar de um lama do Tibete que está desenvolvendo uma escola em moldes parecidos no Norte da Índia, na qual não haverá nenhuma religião e onde as crianças poderão crescer e se desenvolver naturalmente. Esta é possivelmente a crença a que se pode aderir de maneira mais enérgica: não precisamos impor coisa nenhuma às crianças para que elas se tornem "boas". Sempre houve e sempre haverá pessoas dispostas a apoiar aquilo que tem mais vida dentro delas em vez daquilo que foi deformado. A maior parte dessas pessoas tem uma vida tranquila, vive de maneira humilde e modesta, criando seus filhos de modo que eles assimilem seus pensamentos e sentimentos. Elas pertencem a muitas culturas, mas acima de tudo pertencem a elas próprias e à vida. E também há aqueles que andam pela vida como soldados em marcha, vangloriando-se de seu comportamento. O que eles exigem das crianças é respeito; não estão preocupados com a felicidade delas. A cultura deles é algo a que se deve conformar, não

Summerhill

algo que proporcione completude. Para eles, tais coisas têm importância, e eles fazem um grande alarde a esse respeito. Os ritmos mais profundos da vida, porém, estão sempre presentes, prosseguindo serenamente, e continuarão a fazê-lo ainda por muito tempo após o fracasso das diferentes formas de moldar a vida infantil.

BIBLIOGRAFIA SELECIONADA E COMENTADA

EMBORA ESTE LIVRO seja baseado, em grande medida, em minha experiência pessoal, uma boa dose de leitura prévia colaborou para que eu consolidasse algumas ideias a respeito das crianças e de Summerhill. A seguir, apresento algumas das obras que foram importantes no sentido de moldar minha compreensão durante o período em que este livro foi escrito. Várias delas estão fora de catálogo, mas podem ser encontradas em bibliotecas e em sebos. Alguns dos detalhes referem-se à edição britânica e podem conter ligeiras diferenças em relação à edição americana.[43]

ADAMS, Paul *et al. Children's rights – Towards the liberation of the child.* Londres: Elek Books, 1971.

> Coleção de ensaios que apresentam um contexto social e histórico das necessidades das crianças e dos adolescentes. Repleto de detalhes interessantes e por vezes surpreendentes, que colocam em perspectiva a visão estreita e baseada no senso comum que se tem da infância.

BAZELEY, E. T. *Homer Lane and the little Commonwealth.* Londres: New Education Book Club, 1948.

> Neill foi muito influenciado por Homer Lane, cuja "Pequena Comunidade de Cidadãos" foi uma instituição para delinquentes autogovernada. Esse relato, feito por um *pai* dessa comunidade, revela a

---

43. Embora boa parte desta bibliografia esteja disponível somente em inglês, consideramos fundamental chamar a atenção do leitor brasileiro para obras de grande importância citadas pelo autor. Apresentaremos a referência do livro em português, com o nome da editora e a data de publicação, sempre que uma tradução para o nosso idioma estiver disponível. [N. T.]

Matthew Appleton

sabedoria e a compaixão de Lane, demonstrando como o amor e a aceitação podem prosperar em contextos nos quais a disciplina e o castigo fracassam.

BERG, Leila. *Risinghill: death of a comprehensive school*. Londres: Penguin, 1968.
Uma crítica que se faz a Summerhill é que tal abordagem não funcionaria no ensino público. Essa é a história de uma escola em Londres na qual se tentou aplicar o estilo de Summerhill, e com sucesso, até que fosse fechada por motivos políticos.

BOADELLA, David (org.). *Nos caminhos de Reich*. São Paulo: Summus, 1985.
Vários ensaios escritos por terapeutas e educadores sobre alguns dos desdobramentos da obra de Reich, entre os quais desenvolvimentos terapêuticos, abordagens do nascimento da criança e as necessidades emocionais de bebês e crianças.

CROALL, Jonathan. *Neill of Summerhill – The permanent label*. Nova York: Routledge & Kegan Paul, 1983.
Biografia de Neill e da vida em Summerhill desenvolvida ao longo de sua vida. Croall descreve expectativas, conflitos, frustrações e complexidades que se encontram atrás de um ideal.

CROALL, Jonathan (org.). *All the best, Neill – Letters from Summerhill*. Londres: Andre Deutsch, 1983.
Essa coleção de cartas compiladas por Neill foi o primeiro de seus escritos com que tive contato. O tom das cartas oscila: bem-humorado, irado, frustrado ou pessimista; mas ele nunca perde de vista a crença na "bondade" inerente à criança.

DEMEO, James. *Saharasia: the 4000 BCE origins of child abuse, sex-repression, warfare and social violence in the deserts of the Old World*. Oregon: OBRL, 1998.
Resultado de intensa pesquisa e fartamente documentado. O livro de DeMeo investiga as origens do comportamento bélico e destrutivo dos

seres humanos em relação às repentinas mudanças climáticas por volta de 4.000 a.C. Reunindo informações de uma ampla gama de disciplinas, a obra mostra como os humanos são inerentemente sociáveis e pacíficos. Exemplos de culturas em que as necessidades emocionais e sexuais são satisfeitas são comparados a outros em que elas são negadas. A pesquisa revela que essas duas abordagens distintas fazem surgir dois modos diferentes de comportamento adulto.

ELWIN, Verrier. *The Muria and their Ghotul*. Londres: Oxford University Press, 1947.

Relato antropológico de um povo não hindu na Índia. Descreve as casas democráticas das crianças, nas quais a sexualidade infantil e do adolescente é aceita.

HART, Harold (org.). *Summerhill: for and against*. Nova York: Hart, 1970.

Ensaios escritos por pedagogos, psicólogos e outros, a favor de Summerhill ou contrários à escola. A maioria deles fracassa completamente em seu objetivo, preocupando-se mais com seu próprio viés teórico do que com a realidade summerhilliana.

KELEMAN, Stanley. *The human ground: sexuality, self and survival*. Londres: Center Press, 1975.

Descreve como modelamos a nós mesmos emocional, mental e fisicamente acerca de nossa experiência à medida que crescemos.

LEBOYER, Frédérick. *Nascer sorrindo*. São Paulo: Brasiliense, 1974.

Um dos livros seminais sobre o parto natural de uma criança. O texto poético de Leboyer é entremeado por belas fotografias que retratam claramente a diferença entre um parto violento e um tranquilo.

LIEDLOFF, Jean. *The continuum concept*. Reino Unido: Arkana, 1986.

Abordagem sobre a satisfação das necessidades de bebês e de crianças baseada na convivência com os yequana, tribo de índios sul-americanos.

Matthew Appleton

O autor ficou intrigado com a ligação entre as práticas adotadas na criação das crianças dessa comunidade, centradas nelas próprias, e a habilidade de viver contentemente sua vida no futuro, livres da frustração e da neurose, que acometem a nós, os povos "civilizados".

LIFTON, Betty Jean. *The king of children: the life and death of Janusz Korczak*. Londres: Pan MacMillan, 1988.

Relato emocionante da vida de Janusz Korczak, médico judeu e polonês que mantinha orfanatos com uma conduta democrática e foi um grande defensor dos direitos das crianças. Korczak acabou morrendo junto com as crianças de quem cuidava, nas câmaras de gás de Treblinka, em vez de abandoná-las. As citações dos próprios escritos de Korczak são repletas de humanidade e de compreensão intuitiva do mundo das crianças[44].

MALINOWSKI, Bronislaw. *A vida sexual dos selvagens*. Rio de Janeiro: Francisco Alves, 1983.

Estudo antropológico de um povo da Melanésia. Entre seus métodos estão a prática da democracia entre as crianças dentro da comunidade maior e uma atitude positiva em relação à sexualidade da criança e do adolescente. Como pessoas, são pacíficas, sociáveis e emocional e psicologicamente equilibradas.

MILGRAM, Stanley. *Obediência à autoridade*. Rio de Janeiro: Francisco Alves, 1983.

Pesquisa que mostra como estamos condicionados pela autoridade a cometer atrocidades. Traz importantes desdobramentos quanto às diversas formas como transferimos nossas responsabilidades para uma autoridade externa.

---

44. No Capítulo 4, o autor cita uma frase de um belíssimo livro de Korczak, *Quando eu voltar a ser criança,* sem, no entanto, mencioná-lo em sua bibliografia. A edição brasileira da obra, de 1981, é da Summus. [N. T.]

Summerhill

NEILL, A. S. *Liberdade sem medo (Summerhill) – Radical transformação na teoria e na prática da educação*. São Paulo: Ibrasa, 1960.

Compilação de quatro de seus livros anteriores, *Liberdade sem medo* tornou-se um best-seller nas décadas de 1960 e 1970. Foi fascinante reler essa obra enquanto trabalhava na escola. Embora o contexto em que foi escrita pareça datado em certas passagens, numerosas descrições da vida de Summerhill e da compreensão intuitiva da natureza infantil poderiam ter sido escritas nos dias de hoje. Percebi também que, depois de viver em Summerhill, adquiri mais consciência da ênfase de Neill na necessidade de funcionários e professores serem pacientes enquanto as crianças passavam por sua fase antissocial.

NEILL, A. S. *Liberdade sem licença*. Série Summerhill. São Paulo: Theor, 1972.

No formato de perguntas e respostas, foi escrito para o leitor americano após o sucesso de Summerhill nos Estados Unidos. Neill nunca se satisfez com o livro, sentindo-se pressionado, mais do que inspirado, a escrevê-lo. Mas é bom para dar uma olhada.

NEILL, A. S. *Neill! Neill! Orange Peel! – An autobiography by A. S. Neill, the world-famous headmaster of Summerhill School*. Nova York: Hart, 1972.

A autobiografia de Neill o revela, simultaneamente, como um homem de seu tempo e um visionário.

ODENT, Michel. *Entering the world: the de-medicalization of childbirth*. Londres: Penguin, 1984.

Trabalho pioneiro na famosa clínica Pithiviers, na França. Abordagem do nascimento da criança centrada na mulher e no bebê.

PLACZECK, Beverly R. (ed.) *Record of a friendship – The correspondence between Wilhelm Reich and A. S. Neill, 1936-1957*. Londres: Gollancz, 1982.

Duas personalidades muito distintas, mas com respeito mútuo pela obra um do outro e uma angústia partilhada com a maneira como o mundo lidava com fatos como a ascensão do fascismo, a utilização da bomba atômica e a Guerra Fria. É fascinante olhar para acontecimentos mundiais através dos olhos desses dois homens e sentir seu profundo amor pela humanidade servindo de inspiração às páginas do livro.

PRESCOTT, James. "Body pleasure and the origins of violence". *Pulse of the planet*. Oregon: OBRL, 1991.

Excelente artigo que pesquisa a ligação entre o comportamento violento e a negação do corpo como fonte de prazer na infância e na adolescência.

RAKNES, Ola. *Wilhelm Reich e a orgonomia*. São Paulo: Summus, 1988.

Relato claro e conciso do alcance da obra de Reich feito por um de seus colegas, contendo uma breve biografia e reminiscências pessoais. Uma boa introdução à obra de Reich.

REICH, Wilhelm. *A função do orgasmo*. São Paulo: Brasiliense, 1942.

Apresenta o desenvolvimento da obra de Reich a partir de suas raízes psicanalíticas, por meio de sua compreensão da sexualidade e do orgasmo como expressões de saúde, até sua descoberta de uma energia biológica particular que subjaz tanto à psique quanto ao soma. Provavelmente a melhor introdução aos escritos de Reich, uma vez que deixa nítido o "fio condutor vermelho" que liga sua evolução de uma área de pesquisa para a outra. Obra cuja leitura retomei diversas vezes.

REICH, Wilhelm. *Crianças do futuro*. Curitiba: Centro Reichiano de Psicoterapia Corporal, 2002.

Coleção de artigos sobre os problemas específicos de criar crianças saudáveis em uma sociedade doente. Esse livro mostrou-se bastante útil ao ajudar a esclarecer processos que permaneciam obscuros para mim. Provavelmente a melhor leitura para alguém que já teve um contato prévio com a obra de Reich.

Summerhill

SHARAF, Myron. *Fury on Earth*. Reino Unido: Hutchinson & Co., 1983.
A biografia mais extensa de Wilhelm Reich. Por vezes, sofre um pouco de uma tendência ao reducionismo psicanalítico; no entanto, é um relato emocionante de uma complexa história de vida.

WALMSLEY, John. *Neill and Summerhill: a man and his work*. Londres: Penguin, 1969.
Maravilhoso livro de fotografias tiradas em Summerhill na década de 1960, entremeadas por citações de Neill, diversos professores, funcionários e outros. Fornece uma amostra real da essência de Summerhill.

POSFÁCIO

A VITÓRIA JUDICIAL DE SUMMERHILL

Pouco antes da publicação deste livro, o Ofsted retirou sua ameaça de fechamento da escola. Isso ocorreu depois de a escola ter entrado com um recurso na Justiça, que foi apresentado em um Tribunal das Escolas Independentes na Alta Corte. Tal fato foi descrito na primeira página do jornal *Daily Telegraph* (de 24 de março de 2000) como "uma vitória histórica após David Blunkett, o secretário da Educação, ter retirado suas exigências para que ela [Summerhill] melhorasse seus níveis de educação". Uma sessão extraordinária da assembleia foi convocada na Corte para decidir sobre a aceitação da "declaração de intenções" oferecida pelo governo, documento composto de nove itens. Num artigo intitulado "Acordo na Corte salva 'escola da liberdade' de fechar", o jornal *The Times* descreve de que forma, "em cenas extraordinárias na Corte Real de Justiça, permitiu-se à escola que levasse à Corte 40 pessoas para realizar uma assembleia com os alunos e debater as novas propostas do senhor Blunkett". Há algo de realmente extraordinário nesse caso, no qual os procedimentos da Alta Corte são interrompidos e os membros do governo são obrigados a esperar enquanto uma reunião de crianças decide aceitar ou não suas propostas. Além disso, a Justiça determinou que o Ministério da Educação e do Emprego contribuísse com os honorários gastos pela escola, o que representava uma quantia de 150.000 libras esterlinas.

Declaração dada à imprensa pela escola Summerhill, em 23 de março de 2000:

Matthew Appleton

> A comunidade da escola Summerhill aclamou o acordo alcançado com o secretário da Educação após o colapso de sua causa judicial contra a escola no dia de hoje. Carmen Cordwell, a presidente da assembleia das crianças, afirmou: "Esse é nosso alvará de liberdade. Ele nos dá o espaço de que necessitamos para viver, respirar e aprender em direção ao futuro. Após 79 anos, esse é o primeiro reconhecimento oficial de que a filosofia de educação de A. S. Neill oferece uma alternativa aceitável às aulas compulsórias e à tirania das provas obrigatórias. Com esse salto que demos, estamos livres, afinal".

A Corte ouviu que o Ofsted colocara Summerhill em uma "lista de alvos" secreta de 61 escolas independentes, que foram listadas na categoria ASV ("a ser vigiadas"). O órgão inspecionou a escola todos os anos, mais recentemente em 1999, com um grupo de oito inspetores que não entendiam a filosofia democrática da instituição, tampouco fez alguma consulta a seus alunos, ex-alunos ou pais. O Ofsted insistia que a escola deveria implantar o sistema de aulas compulsórias, sabendo que dessa forma ela teria de fechar as portas. Summerhill, porém, recorreu à Justiça para contestar o pensamento estreito e carente de imaginação que estava por trás da recomendação. Depois de ter reunido provas coletadas por duas equipes de especialistas em educação e por um grande número de ex-alunos de renome, o representante do secretário de Estado concluiu, após uma inquirição, que a recomendação do Ofsted era inaceitável. As três "notificações de queixa-crime" oferecidas foram anuladas e chegou-se a um acordo formal entre a comunidade da escola e o secretário de Estado, com um protocolo que garantia a Summerhill o direito de continuar da maneira como A. S. Neill desejava.

Conferindo dimensão real à vitória judicial de Summerhill, o governo concordou em contribuir com os custos jurídicos com que a escola teve de arcar. Isso é notável, já que o Tribunal das Escolas Independentes não tem o poder de ressarcir os gastos de um apelante na Justiça. Esse é o reconhecimento da força dos argumentos de Summerhill e de que a causa judicial teria se tornado mais embaraçosa para o Ofsted caso o julgamento tivesse ido adiante. Zoë Readhead, filha de A. S. Neill e diretora da escola, afir-

Summerhill

mou: "Esta é a vitória mais maravilhosa que poderíamos ter: meu pai sempre acreditou na justiça e ficaria encantado ao ver como ela lhe proporcionou a vitória e a prova da solidez de seus argumentos diante de uma burocracia que nunca soube enfrentar suas ideias".

Em uma "declaração de intenções" de nove itens, o governo reconhece que a filosofia de Neill deve doravante servir de guia ao Ofsted em sua maneira de abordar a escola. Nessa declaração, determina que o local não estará sujeito a nova inspeção completa por pelo menos quatro anos. De forma admirável em relação aos direitos das crianças, a declaração admite que "a voz dos alunos deve ser completamente reconhecida em qualquer avaliação que se fizer da qualidade da educação proporcionada por Summerhill". Concorda, também, que "a aprendizagem não está confinada às aulas" e reconhece o direito das crianças de não frequentá-las.

No início de sua argumentação em favor da escola, seu advogado, Geoffrey Robertson, disse que reuniria provas para mostrar que Summerhill construíra um sistema que eliminara "os grandes males da educação contemporânea" – a intimidação, o racismo, a abuso sexual e de drogas –, sistema que poderia ser aproveitado de maneira benéfica por outras instituições. Ele argumentou que a educação consiste em dotar a criança para a cidadania responsável e que Summerhill é "a escola mais feliz do mundo". Disse que se George Bernard Shaw, amigo de Neill, tivesse examinado as provas desse caso judicial, ele teria mudado sua famosa máxima "Quem sabe faz. Quem não sabe ensina" para "Quem sabe ensina. Quem não sabe fiscaliza".

Zoë Readhead afirmou que "convivemos durante um ano com a falácia sustentada pelo Ofstead de que confundimos ócio com liberdade. O veredito de hoje refuta essa difamação e mostra que a liberdade e a aprendizagem caminham de mãos dadas em Summerhill. Podemos agora deixar para trás toda a mesquinharia e a incompreensão a que nos sujeitaram e buscar um relacionamento sensato e produtivo com o Ofsted e com o Ministério da Educação".

Eu e muitos outros que se preocupam com Summerhill e que a apoiaram nesse momento difícil sentimos imensa satisfação e grande alívio. Para

Matthew Appleton

além de seus próprios interesses, Summerhill travou uma batalha que resultou em um precedente jurídico histórico, que traz desdobramentos importantes para crianças e pais do Reino Unido. Também me pergunto de que maneira as crianças que se envolveram pessoalmente nessa campanha e no tribunal olharão em retrospectiva para esse episódio. Afinal, quantas crianças conseguem desafiar um governo e vencê-lo durante seu processo de educação? Nesse caso, porém, isso nada mais é do que a ética de Summerhill representada num palco maior.

MATTHEW APPLETON, 27 de março de 2000.

UM BREVE RELATO AUTOBIOGRÁFICO

ANTES DE MORAR em Summerhill, trabalhei numa série de ambientes relacionados à medicina ou a sociedades beneficentes. O trabalho com jovens sem-teto, frequentemente com problemas psiquiátricos e ligados a drogas, me levou ao interesse pelas raízes dessas dificuldades fincadas na infância. Tendo estudado Humanidades na Politécnica de Bristol, na Inglaterra, passei um tempo breve, porém criativo, cantando, escrevendo e fazendo apresentações com uma banda/grupo experimental de arte performática. Temas relacionados à infância e à adolescência eram o foco central de muitas de nossas *performances*. Meu interesse por esses assuntos naturalmente me conduziu a Summerhill.

Não foi fácil sair de Summerhill depois de ter sido membro de uma comunidade tão vibrante e afetuosa por tanto tempo. Deixei a escola porque senti que tinha dado o melhor de mim e não tinha mais o que doar. Chegara o momento de explorar outros caminhos. Enquanto ainda trabalhava em Summerhill, participei de treinamentos na área de terapia craniossacral em Londres e em psicoterapia em um Centro da Orgonomia na Alemanha. Hoje, tenho minha clínica própria, na qual combino ambas as disciplinas.

Meu trabalho com a terapia craniossacral enfoca sobretudo bebês e crianças pequenas que foram traumatizadas ao nascer. Interessei-me pelos efeitos traumáticos dos métodos modernos e tecnológicos de partos de crianças enquanto estava em Summerhill. Nessa época, comecei também a lecionar terapia craniossacral e fundei recentemente, com colegas, o Instituto de Estudos Craniossacrais. Meu trabalho na área de psicoterapia bebe muito da fonte da obra de Wilhelm Reich e de sua compreensão da

Matthew Appleton

relação entre a mente e o corpo. Continuo, no momento, meus estudos na área de psicoterapia do Core Process, no Instituto Karuna da Inglaterra.

Minha esposa e eu nos separamos quando nossa filha, Eva, tinha 18 meses de idade. Em razão de sua pouca idade, Eva retornou à Noruega com a mãe, onde vive no momento. É doloroso estarmos separados, mas me alegra saber que ela está tendo uma infância feliz e saudável, e a visito sempre que posso. Minha expectativa é de que, quando for mais velha, ela tenha a oportunidade de viver em Summerhill.

No momento, moro em Bristol, na Inglaterra, com minha companheira, Jenni. Em minhas horas de lazer, pratico *aikidô*, faço caminhadas no campo, nado, leio e continuo a escrever poesia, prosa de ficção e artigos sobre meu trabalho. Summerhill continua exercendo enorme influência em minha vida e visito a escola quando posso. Meus sonhos mais intensos e cheios de vida sempre encontram sustentação ali.

AGRADECIMENTOS

GOSTARIA DE AGRADECER a colaboração, os conselhos e o incentivo dados pelas seguintes pessoas, sem as quais este livro não teria sido publicado:

Aos drs. Dorothea e Manfred Fuckert, por todo o apoio e pelo papel fundamental que ambos tiveram em minha educação e em meu desenvolvimento.

A Sidney Solomon, por ter acreditado neste livro.

Ao dr. Ron Miller, pelo apoio dado à concretização deste livro.

A Tomo Usuada, pelas fotos encantadoras.

A Jenni Meyer e Catriona Neill, pelos conselhos e paciência na edição de meu texto.

A Sam Doust e Justin Baron, por sua destreza com a informática nos momentos em que me vi perdido.

À dra. Rosie Bailey, por ter acreditado nas minhas habilidades literárias.

A Casilda Rodriganez, por sua gentil doação, que me permitiu o investimento no computador em que este livro foi originalmente escrito.

A Gunn Saltvedt, pela paciência e pelo espaço que me proporcionou durante a fase de redação do livro, e a Eva Saltvedt-Appleton, pela inspiração.

A Maureen Chard, dr. Giuseppe Cammarella, James DeMeo, Montse Durban, Nana Hatzi, Bronwen Jones, Albert e Popsy Lamb, Ena Neill, Zoë Readhead, Penny Rimbaud, Peter Robbins, Patricia e Ric Staines, pela contribuição de cada um para este livro, com seu estímulo e presença.

Agradeço ainda a A. S. Neill e a Wilhelm Reich, que não conheci pessoalmente, mas cujo trabalho pioneiro abriu o caminho para gerações posteriores.

E o meu agradecimento especial às crianças de Summerhill, que tanto doaram de si mesmas e tanto me ensinaram.

leia também

QUANDO EU VOLTAR A SER CRIANÇA
Janusz Korczak

Um belo texto sobre a infância, a escola, os professores, escrito por um grande educador polonês. Livro cheio de ternura e verdade, amargo e áspero quando necessário. Leitura obrigatória para todos os que quiserem entender melhor a criança.
REF. 10130   ISBN 978-85-323-0130-7

AUTOGESTÃO NA SALA DE AULA
As assembleias escolares
Ulisses F. Araújo

Depois de conceituar a educação baseada na resolução de conflitos, esta obra oferece um guia prático para implantar as assembleias escolares, incluindo os passos a ser seguidos na promoção das assembleias de classe, de escola, de docentes e dos fóruns escolares. Por fim, dá voz aos sujeitos que já vivenciaram as assembleias, mostrando as mudanças vividas nas relações escolares e sua contribuição para a ética e a cidadania.
REF. 11006   ISBN 978-85-323-1006-4

A ESCOLA QUE (NÃO) ENSINA A ESCREVER
Edição revista
Silvia M. Gasparian Colello

A fim de repensar as concepções acerca da língua, do ensino, da aprendizagem e das práticas pedagógicas, este livro levanta diversos questionamentos sobre a alfabetização como é praticada hoje nas escolas. Depois de analisar diversas falhas didáticas e tendências pedagógicas viciadas, a autora oferece alternativas que subsidiem a construção de uma escola que efetivamente ensine a escrever.
REF.: 10246   ISBN: 978-85-323-0246-5

SEXO , REICH E EU
Trabalho corporal em psicoterapia
Fundamentos e técnicas
Edição revista
J. A. Gaiarsa

Este texto é uma reflexão sobre questões de sexualidade, no qual o autor faz inclusive depoimentos pessoais, tocantes e honestos. Embora seja a quinta edição da obra, ela está maior, pois foi acrescida de partes de um outro livro. Para leigos e profissionais da área.
REF. 20889   ISBN 978-85-7183-889-5

www.gruposummus.com.br

IMPRESSO NA GRÁFICA sumago
sumago gráfica editorial ltda
rua itauna, 789   vila maria
02111-031   são paulo   sp
tel e fax 11 **2955 5636**
sumago@sumago.com.br